TABANTCHI

CODE ET ETHIQUE DE LA TRADITION

TigBooks

ISBN : 978-9956-0-9860-6

Code et éthique de la tradition

Editions Tig

Téléphone: 00237 693 553 904
E-mail : tig.editions@gmail.com

REMERCIEMENT

Un honneur bien mérité à ma maman mãfœn NJANTANG qui sans le vouloir m'avait mis depuis le bas âge sur la voie des ancêtres en m'amenant à Bazou vivre dès l'âge de huit ans, à ma grand-mère mãɲĩ ngan qui m'a presque tout transmis, à mon fils SAMFOUYOU le cerveau de l'écriture et surtout aux ancêtres qui m'ont choisi comme leur instrument pour transmettre leur message.

HONNEUR AUX ANCETRES

Avant-propos

Être un homme, c'est d'abord faire en sorte que chacun ait la possibilité matériel, physique et morale de le devenir à part entière ; être un homme c'est accepter les opinions des autres et reconnaitre ses torts et ses erreurs pour mieux construire le monde de demain.

Piste allant à la forêt sacrée de Njeuta

Être un homme c'est avoir une conscience qui nous permet d'évoluer. Mais évoluer ce n'est pas rompre carrément avec toutes ses traditions pour adopter celle d'une race dont on admire souvent par snobisme le comportement, évoluer c'est perfectionner notre patrimoine qui n'est pas fait seulement de nos demeures, c'est surtout aménager notre pensée et notre manière d'être tout entière, c'est prévoir et vivre. C'est tout un long parcours dont le principe est de respecter les normes établies par le cosmos, le respect de son identité culturelle qui est la voie par excellence pour une bonne insertion sociale.

C'est le fait de nous éloigner de nos valeurs traditionnelles authentiques et aussi le fait de nous déconnecter de nos réalités et de nos us et traditions qui nous entrainent aux dérives. Qu'on soit roi, haut dignitaire, ou simple membre d'une société liée à sa culture, nous avons tous le devoir et la responsabilité de rester toujours en symbiose avec nos valeurs traditionnelles, pour une ascension et intégration sociale réelle. La culture, symbole de l'identité d'un peuple avant qu'elle ne soit individuelle est d'abord communautaire. Honneur aux ancêtres.

Chefferie Bamendjou

L'homme en tant qu'une entité se doit de réveiller en lui son être véritable loin des prétentions. Pour le faire, il faut nouer avec sa tradition véritable et être en contact permanant avec ses ancêtres, communiquer en tout temps et en tout lieu avec les forces de la nature qui sont un ensemble de manifestations liées à la matière et à l'esprit qui symbolisent le créateur NSE, l'énergie vitale qui est en chaque être.

Avertissement

Note sur l'orthographe des mots en langue locale et des noms géographiques. La transcription des mots en langue locale - il s'agit ici du **gõ zē** une langue bantoue du Grass Field-Bamiléké - se conforme à l'alphabet général des langues camerounaises qui, d'ailleurs, puise la plupart de ses signes dans l'alphabet français, quelques-uns dans l'alphabet phonétique international. Si nous nous sommes parfois écartés de la stricte transcription phonétique, c'est par souci de simplification du texte. On trouvera ci-dessous les tableaux des voyelles et consonnes employés ainsi que quelques indications de prononciation. Les tons, bien qu'ils soient pertinents dans cette langue, ne sont pas indiqués par simplification de la frappe du texte. D'ailleurs, leur absence ne cause pas de grosses erreurs sémantiques. Les noms géographiques sont orthographiés suivant l'usage courant dans les ouvrages de référence et les cartes de différents instituts géographiques (cette orthographe varie suivant les auteurs, nous l'avons à chaque fois respectée dans les citations). Les noms de personnes et de peuples sont orthographiés suivant l'usage courant dans les actes d'état-civil et les documents officiels. Enfin, nous avons mis entre parenthèses la transcription phonétique de certains noms pour faciliter leur prononciation et leur identification. La transcription de mots en langue locale a été faite avec l'aide d'une équipe de trois chercheurs mis ensemble par soucis de valoriser la langue ancestrale. Les tons sont :

- le ton haut noté à l'aide de l'accent aigu : **á**

- le ton bas est noté par la voyelle seule : **a**

- le ton montant noté à l'aide de l'accent anti Flex : **ă**

- le ton descendant noté à l'aide de l'accent circonflexe : **â**

- le ton étiré noté à l'aide de l'accent sinus ou tiré : **ã, ā**

NB : les signes, ˆ, ˇ, ¯, ˜ sur les voyelles ne sont pas des accents, mais des tons qui se réalisent bas-haut, haut-bas et étirés.

PRONOCIATION

a = a, æ = ha, b= beu, c= tch, d = deu, e=e, œ=he, f= feu, g= gue, ğ= greu, h=heu, i=i, ï = yi, j=jeu, k= keu, l = leu, m = meu, n= neu, ŋ=gneu, o = o, ə =ho, ö = yo, p = peu, r= reu, s= seu, t = teu, u = ou, µ = u, ü = you v = veu, w = oua, x = sts, y = yeu, z= zeu, '= heg, .

'= heg (cou de glote) = nkēlœ'

PARTIE I

L'HOMME PAR SA VOLONTE DE SE CONNAITRE SOI-MÊME

Personne n'écoutera vos excuses, ils ne verront que l'amélioration. Pour vivre une vie réussie, nous devons perdre notre peur d'avoir échoué. Tous nos rêves peuvent se réaliser si nous pouvons nous lever et commencer à travailler sur eux. N'attendons pas que de bonnes choses se produisent, sortons et prenons-les. Si nous voulons changer d'avenir, modifions le présent car notre avenir est le résultat de notre cadeau. Pensons aux idées, au lieu des événements et des peuples. Ne pas suivre les autres, découvrons ce que nous pouvons faire de mieux. Si nous voulons vraiment créer quelque chose, arrêtons d'abord d'être paresseux. Nous ne pouvons pas être une personne réussie si nous travaillons pour les autres. Le succès ne marchera jamais dans notre zone de confort. N'essayons pas d'être différent si nous voulons faire quelque chose. Si nous voulons avoir ce que nous n'avons jamais eu, nous devons faire des choses que nous n'avons jamais faites.

Ne soyons pas contre le changement, il est nécessaire et, tôt ou tard, nous devons accepter. Ne soyons pas un esclave du système. Si nous voulons les choses que nous n'avons jamais eu, commençons à faire les choses que nous n'avons jamais faites. Si nous voulons nous démarquer, faisons-nous valoir quelque chose. Continuons à travailler sur nous-même, pensons en dehors de la boîte. Une bonne personne peut secouer le monde, être le tonnerre et posséder le ciel. Nous ne vivons qu'une fois, après tout. Telle est la force de la pensée. Et Pensée et émotion ne sont pas des entités séparées. Ce que nous pensons est ce que nous éprouvons. Et un nouvel esprit dans la pensée est une nouvelle vie. Pour changer les conditions externes, nous devons d'abord modifier l'intérieur. Notre esprit va se créer et se manifester selon les images que nous pensons habituellement dans notre pensée quotidienne. Et Il est aussi nécessaire que nous utilisons la visualisation pour apprendre quelque chose.

A cela, notre cerveau ne peut pas dire la différence entre une action que nous avons accomplie et une action que nous avons visualisée. Toute réalité physique se compose de vibrations d'énergie. Nos pensées aussi sont des vibrations d'énergie: juste savoir l'harmonie et la capitaliser pour atteindre un certain seuil.

DU DÉVELOPPEMENT DE SA PUISSANCE PERSONNELLE

Si vous devez utiliser vos énergies intelligemment, vous allez développer une telle puissance personnelle en vous. Vous allez marcher comme un roi parce que la puissance est en vous.

Jusqu'où un être humain dans cette vie intelligemment, spirituellement et dans n'importe quelle dimension peut-il arriver ?

Il existe de nombreux êtres avec beaucoup d'énergies, mais ils n'ont pas la sagesse ou le système en eux-mêmes pour pouvoir transformer cette énergie en une puissance personnelle. La puissance ne concerne pas quelqu'un d'autre que vous-même. Cette quantité de puissance qui est en vous détermine l'intensité et la profondeur de votre vie et le degré d'efficacité que vous allez atteindre dans votre vie.

Quel que soit la situation dans laquelle vous vous trouvez, vous devrez utiliser votre énergie intelligemment. L'énergie peut être érigée en puissance avec le potentiel nécessaire que vous employez, au cas contraire cette énergie va se dissiper en quantité infinie de réaction et de pensée négative.

Quand vous observez votre vie au quotidien, combien de mots prononcez-vous les matins, les midis et les soirs ? Je sais que vous ne pouvez pas le savoir car vous ne les comptez jamais, pourtant vous deviez le faire. Alors essayez de réduire le nombre de mots que vous prononcez à 50% tout en disant les même choses au quotidien, vous verrez que votre énergie va monter en puissance et vos compétences linguistique vont s'accroître et vous verrez que vous allez développer tellement la puissance en vous.

Les recherches scientifiques ont montré que pendant votre repos, plus de 25% de vos énergie sont consommées par votre cerveau, et si vous réduisez cela en ne réagissent que sur des choses nécessaires, vous verrez que vous allez monter en puissance, mais ne le faites jamais avec votre mental car tout risque aller dans tous les sens et vous perdrez beaucoup d'énergies. Il en est de même des mouvements de votre corps qui faut réduire à plus de 20% tout en faisant la même chose. En voulant tout faire à la fois, cela affectera votre mental qui va provoquer une perte d'énergie vitale car l'énergie que vous avez se transforme en puissance potentielle.

Pour effectuer tout ceci, il faut déjà utiliser des invocations d'élévation, des mantra, et autres moyens de concentration pour accroître votre degré d'élévation qui vont vous permettre d'atteindre un certain seuil de puissance tout en évitant les mouvements et des pensées inutiles. Ceci génère une énorme et certaine puissance personnelle en vous.

Vous devrez cultiver un certain sentiment de puissance en vous, car vous devrez savoir que puissance ne veut pas dire domination, mais veut dire devenir efficace, devenir autonome, c'est seulement quand vous portez la force de la puissance en vous que, quel que soit votre rang dans la société, vous marchez comme un roi, parce que la puissance en vous, vous fait marcher comme tel.

Connaitre l'homme c'est chercher à ce connaitre soi-même car nos divers devoirs en résulte comme de leur principe et ces devoirs sont choisi d'après la classification commune des devoirs envers nous-même et envers les autres hommes, en devoirs parfaits et en devoir imparfaits.

Voici un homme, qui, à la suite d'une succession de calamites, est réduit au désespoir, il est dégouter de la vie, tout en restant assez maitre de soi-même pour se demander s'il peut sans violer les devoirs qu'il a envers lui-même attenter à ses jours. Il se demande alors si le principe de son action peut devenir une loi universelle de la nature. Son principe sera celui-ci : *par amour pour moi-même, je me propose d'abréger mon existence, si je vois qu'en le prolongeant j'ai plus de maux à craindre que de joies à espérer.* Mais toute la question est de savoir si ce principe de l'amour de soi peut être érigé en loi universelle de la nature. Mais alors, je vois tout de suite qu'une nature qui aurait comme loi de détruire la vie, en vertu du même sentiment a pour fonction spéciale de pousser à la conservation de la vie, serait en contradiction avec elle-même, et aussi n'existerait pas comme nature. Le principe dont il s'agit ne peut dont nullement devenir une loi universelle et conséquemment il est absolument contraire au principe suprême du devoir.

Comme suit, un autre homme est poussé par le besoin de faire un emprunt d'argent. Il sait parfaitement qu'il ne pourra pas le rendre, mais il n'ignore pas non plus qu'on ne lui prêtera rien s'il ne promet formellement d'acquitter sa dette a une durée bien déterminée. L'envie le prend de faire cette promesse, mais il a encore assez de conscience pour se demander s'il n'est pas contraire au devoir de se tirer d'affaire par un pareil moyen; supposons cependant qu'il prenne ce parti; le principe de son action s'exprimerait ainsi : *quand je me crois à court d'argent, j'en emprunte, et je promets de le rendre, bien que je sache très bien que je ne le ferai jamais.* Ce principe de l'amour de soi ou de l'utilité personnelle peut se concilier peut être avec mon bien-être futur; mais pour le moment la question est de savoir s'il est juste. Je transforme donc l'exigence de l'amour de soi en loi universelle et je pose la question suivant: qu'arrivera-t-il si mon principe devenait loi universelle ?

Je vois tout aussi tôt qu'il ne pourrait jamais valoir comme loi universelle de la nature et s'accorder avec lui-même, mais que nécessairement il se contredirait. Admettre en effet comme loi universelle que tout homme qui se croit dans le besoin puisse promettre ce qui lui vient en tête, avec l'intention de ne pas tenir sa promesse, ce serait rendre les promesses incompatibles avec l'objectif qu'on se propose d'atteindre étant donné que personne ne croirait plus à ce qu'on lui promet, et que l'on rirait de ces déclarations comme de vaines feintes .

Un troisième homme a un talent naturel qui, bien cultivé, pourrait faire de lui un homme utile à tous égards. Mais, étant dans une situation aisée, il aime mieux mener une vie de plaisir que de s'efforcer d'étendre et de perfectionner ses heureuses dispositions naturelles; toute fois il se demande si son principe, de négliger ses dons naturels, s'accorde aussi bien que certainement une nature ayant une loi universelle de ce genre pourrait encore subsister, alors même que l'homme laisserait en friche ses talents et ne songerait qu'à orienter sa vie vers l'oisiveté, le plaisir, la débauche, en un mot , vers la jouissance : *mais il ne peut en aucune façon vouloir que cela devienne une loi universelle de la nature , ni qu'elle soit en nous à titre par un instinct naturel.* En effet en tant qu'être raisonnable, il veut nécessairement que toutes ses facultés soient pleinement développées parce qu'elles lui sont utiles et qu'elles lui sont données pour toutes les fins possibles.

Un quatrième homme enfin à qui tout réussit, voyant d'autres hommes qu'il pourrait assister aux prises avec de grandes difficultés, se tient le raisonnement suivant : *à quoi cela m'importe que chacun jouisse du bonheur qu'il plait au ciel de lui accorder ou que lui-même peut se procurer* ? Je ne lui déroberai pas la moindre parcelle de ce qu'il a, je ne lui porterai pas même envie ; seulement je ne me soucie nullement de contribuer en quoi que ce soit à son bonheur ou aller le secourir quand il est dans le besoin ! certes, si cette manière de penser devenait loi universelle de la nature, l'espèce humaine continueraitsans doute de subsister, et en vérité beaucoup mieux que si chacun avait sans cesse à la bouche les mots de sympathie et de bienveillance, mettant même de l'empressement à pratiquer à l'occasion ces vertus, mais en revanche trompant dès que cela serait possible , trafiquant du droit des hommes ou le foulant aux pieds. Mais, bien qu'il soit possible qu'une loi de la nature conforme à ce principe puisse subsister, il serait cependant impossible de vouloir qu'un tel principe ait partout la valeur d'une loi de la nature. En effet une volonté qui agirait ainsi se contredirait elle-même; il peut, en effet se présenter malgré tout bien des cas où on a besoin de l'amour et de la sympathie des autres, et alors en vertu de cette loi issue de notre volonté, nous nous arracherions tout espoir d'obtenir l'assistance que nous voudrions pour nous: en examinant tout ce qui se passe en nous- mêmes, toutes les fois que nous transgressions un devoir, nous trouverons que nous ne voulons pas en réalité que notre principe devienne loi universelle, parce que cela nous est impossible; tout au contraire le principe opposé doit ,selon nous, rester une loi universelle.

Connaitre l'homme c'est se connaitre soi-même tout en développant en soi ce   principe de vie qui voudrait que toute notre volonté de bien faire soit pour nous la   propriétaire des lois et des libertés.

Soi-même. Un jeune garçon pose la question à son père: *Papa que faire pour vivre en paix dans ce monde ?* Son père le regarde tranquillement et lui dit *: demain je te donnerai la réponse mon fils.* Demain matin, le père réveille son fils, et lui dit : *allons, tu m'accompagnes.* Le père fait monter le fils sur l'âne et le papa marche à pieds. En chemin, tout le monde crie : Ah ! Un enfant impoli ! Son père à pieds et lui sur l'âne ! Le père dit à son fils : Tu as entendu ce que ces paysans disent ? Alors retournons à la maison. Le lendemain, le père sur l'âne et le fils à pieds. Les paysans crient encore : Ce papa est très méchant ! Un petit garçon à pieds et lui sur l'âne ! Le papa dit au fils: Tu as entendu ? Retournons à la maison. Le jour suivant, les deux, le papa et son fils à pieds, et ils tirent l'âne seul. Les paysans disent cette fois : Ah ! Ces gens sont fous, ils marchent à pieds, pendant que leur âne est libre ! Le papa dit au fils : tu as attendu ? Le jour suivant, tous les deux montent sur l'âne et tout le monde crie : ces gens sont méchants, ils exagèrent avec la charge ! Le père dit mon fils: tu as attendu ? Rentrons à la maison, je vaiste donner la réponse à ta question *que faire pour vivre en paix dans ce monde ?* Arrivés à la maison le père dit à son fils : *Mon fils pour vivre en paix dans ce monde, fais toujours ce que tu peux faire pour satisfaire ton cœur, car, en tout ce que tu feras dans ce monde, il y a toujours des gens qui te critiqueront même sans raison. Mais attention, rassures-toi seulement que ce que tu fais est en accord avec ta relation unique avec ton Dieu.*

L'HOMME ET SES LIENS

La graine

L'homme en tant qu'espèce humaine dans sa structure a fait l'objet de beaucoup de recherches qui nous ont conduits à développer plusieurs théories selon lesquelles il nous est arrivé de dire et de définir l'homme comme une entité composée de plusieurs corps astraux. Homme étant un élément de l'univers, il est contraint de se soumettre aux forces de la nature. Ce qui nous a amené à développer cette théorie qui voudrait que l'homme soit toujours au centre de toutes choses, et que dans son essence, nait, grandit, puis meurt. D'où l'étude des différents corps qui résident en l'homme.

LES LIENS ENTRE LES ÊTRES DANS LA SPIRITUALITE BAMILEKE.

Les hommes sont connectés les uns aux autres dans toutes les spiritualités du monde pour atteindre l'harmonie et l'équilibre spirituel. Il est très important de savoir et de maintenir ces liens sans quoi notre quotidien deviendra intenable et aussi pour mieux juger les relations qui puissent exister entre les humains. Ainsi chez les bamiléké, on distingue deux catégories de liens entre les êtres humains: *Les liens coutumiers et le lien du sang.*

A- Les liens coutumiers

Les liens coutumiers sont les liens qui permettent à l'Homme de s'identifier par rapport aux rites, la tradition et les coutumes, en gros ce sont les liens qui définissent la famille et ses membres.

1- Le lien de la dote

C'est un cadi qui relie une femme et sa descendance à une

autre famille. C'est ce lien qui permet à une femme ayant été dotée d'être   enterrée dans la concession de son mari. Ce lien donne le droit à la femme de devenir un membre à part entière d'une nouvelle famille et donne le droit à son mari de la considérer comme telle. Ce lien donne le droit à la femme et à l'homme de faire le rite de veuvage après la mort d'un conjoint et de jouir pleinement des biens du défunt. Ce même lien donne le droit à la femme de préparer à manger lors des réunions familiales pour faire manger la belle famille. De ce lien bien répandu découle celui du cordon.

2- Le lien du cordon ombilical

C'est le lien le plus fort sur le plan cosmique et mystique, il intervient dans tous les coutumes bamiléké. Il lie l'enfant directement à la famille maternelle et impose de commencer ses rites coutumiers toujours dans la famille maternelle. C'est la raison pour laquelle aucun bamiléké digne de ce nom ne peut accepter une chaise de responsabilités dans sa famille paternelle sans être assis sur la chaise dans la famille maternelle. Ce lien donne droit à la succession dans la famille maternelle et permet aux grands-parents maternels d'organiser la dote d'une petite fille au cas où le lien de dote n'a pas été établi entre ses géniteurs. On dit que l'enfant appartient et est celui du père de la mère. Il faut noter que ces deux liens sont interchangeables en ce sens que personne ne peut prétendre évoquer le lien de la dote sans avoir coupé le lien du cordon ombilical vice versa, le lien du cordon ne peut être évoqué par un parent que si celui-ci a établi le lien de la dote.

B- Le lien du sang

Si les liens coutumiers sont plus rependus et connus, il reste que le bamiléké a en tout temps établit le lien de sang dans la communauté. Ceci s'apparente à un sujet tabou chez les bamiléké, mais *« la calebasse qui reste longtemps sur la tête finit par anéantir son porteur, tombe, se casse et perd son contenu »* me disait ma maman Chérie pour dire qu'on ne peut pas cacher le soleil avec les feuilles du bananier pendant longtemps. En fait lorsqu'on évoque le « lien de sang » chez les bamiléké, on fait allusion aux pactes mystiques entre les individus. Ces pactes sont souvent si encrés dans certaines relations qu'on croit en faire un principe. C'est de ces pactes que naissent les sociétés secrètes, je parle bien de sociétés secrètes et non de sociétés coutumières, qui, sont saines. Dans le pays bamiléké, le lien de sang a été pour longtemps établi par les relations totémiques, les totems se chargeant des connections visuelles. le totem n'est pas un lien coutumier chez les bamiléké mais plutôt du domaine du lien de sang.

Il n'est pas exclu de voir une famille avec plusieurs totems mais toujours est-il, qu'il y a un totem d'identification maître de la vie dans les relations de sang. Dans cette même catégorie du lien de sang, nous avons connu dans l'histoire le pacte d'amour entre les individus «amoureux» qui ont été forcés de se séparer et ne pouvant pas établir le lien de dote, on crée le lien de sang au travers des incantations et parfois même en s'échangeant un peu du sang frais pour sceller leur relation. Ce type de lien est vulgaire dans les sectes et chez ceux qui pratiquent de la magie financière par exemple le *fomla*, ou les membres boivent du sang et jurent de garder le secret de leurs actes, à défaut de mourir. Le lien de sang est une relation individuelle qui n'engagent pas toute la famille ni influe sur les rites coutumiers en pays bamiléké. Il ne reste pas de moins que certains charlatan, pour faire régner le mal dans la communauté exploitent ce genre de relations afin de créer un couloir dans les familles. Toutes les familles bamilékés à un moment ou un autre auront un membre de la famille qu'on accuse à tort ou à raison d'être dans une secte ou un clan de vampire, en fait c'est la manifestation du lien de sang. Il peut exister un lien de sang entre une femme et son Djouba mais cette relation ne lie pas l'enfant à son géniteur si celui si n'est lié à ces derniers pas le lien de la dote.

IL existe le cas exceptionnel des Djouba de nos māfœh. Ici il n'existe pas de lien de la dote, mais le bamiléké lui accorde une place de privilège dans la communauté. Il a un statut particulier en ce sens que si nous respectons les fondamentaux de la tradition bamiléké, celui qui accepte de vivre et de faire les enfants avec une māfœh dans un village devrait recevoir une portion de terre et un champ cultivable. Ici je ne parle pas des māfœh de 25 à 25 f que je vois pousser comme des champignons dans certains villages aux prises du pouvoir financier. Celui-ci peut même devenir notable de la catégorie des notables venant d'ailleurs cas il est et doit être adopté par le fœh et considère comme fils de la chefferie. En somme, le lien de la dote et du cordon sont les seuls liens qui lient l'enfant et sa descendance à une famille et créent le droit de pratiquer les coutumes sur ces enfants. Le lien coutumier même si il devient de plus en plus fragile dans le pays bamiléké est au-dessus du lien de sang qui est un lien individuel et qui n'a que d'impacts négatifs sur la communauté. Invoquer donc le droit de sang pour résoudre un problème coutumier est ce que j'appelle du charlatanisme mystique.

Si nous nous appuyions sur ces différents liens nous dirons que le corps physique qui est la partie visible, le support de l'essence vital qui prend sur lui les charges des autres corps tels que le corps mental, qui est le domaine par excellence de la sensibilité et de réflexion de l'homme qui est enfouie dans le corps émotionnel et spirituel connecté directement avec notre esprit qui nous met en relation directe avec l'être suprême NSI en élargissant notre conscience qui nous permet à être mieux en contact avec notre nature, notre conscience, nos ancêtres, nous-mêmes et NSI le suprême.

L'existence d'un homme commence par une équation, une assimilation de deux êtres en fusion qui après une fécondation et évolution donne vie à un être. Cet être suit un processus de développement qui part du nourrisson, adolescent, adulte, vieillard puis la mort, et le cycle reprend par ce phénomène de la transportation de l'esprit du mort à un corps nouveau.

L'être né devient homme et cet homme est-il en liberté ou lié par un certains nombres de fibres ? L'affirmation nous conduit à dire avec certitude que en se basant sur la spiritualité africaine que l'homme est une composition et chacun unique en son genre. L'ordre traditionnel africain nous a déjà démontré que l'être que nous sommes est relié à sa nature et son univers par des liens : Les liens de sang qui dans l'ordre nous permet de trouver l'arbre généalogique   d'une famille. Les liens du cordon ombilical qui est le canal par excellence de la transmission de la puissance de la mère à l'enfant ce que moi bamiléké j'appelle : tūh'. Les liens de la dote, qui est ce canal qui donne tous les droits au père sur les enfants qu'il soit géniteur ou pas. Les liens totémiques qui s'installe une fois que l'homme invoque l'esprit des morts qui s'installe en lui et lui dicte ses lois, ceci peut être transmis par les parents et aussi par la volonté de l'être qui décide de se détacher du chemin normal pour embrasser la facilité d'où la poussée comme des champignons des multiples confréries de sang qui ne peut que servir l'obscurité. Mais il faut que ce lien totémique puisse se transmettre par héritage suivi d'une initiation pour servir. L'homme étant lié à sa nature, son univers, à lui-même sa conscience, à ses ancêtres et à NSI, il est dont inévitable à ce dernier d'avoir des rêves et surtout les avoir et les réaliser.

L'HOMME ET SES REVES

Toute possibilité à l'homme de réussir est appelé rêve. Mais il faut noter en ces différents types, le rêve d'une situation future dont le rêveur ne sait pas qu'il peut se produire ce que j'appelle rêve prémonitoire, plus loin, nous avons les reflets de tout ce qu'on a fait ou pensé dans la journée qui va se reproduire pendant notre sommeil, ce que je pourrai appelé rêve creux ou on exprime un grand étonnement d'une chose qui est arrivée ou arrivera. Tout ceci se joue particulièrement sur notre corps mental et émotionnel. C'est à nous de le développer et en trouver un issu. Pour ce qui est de la réalisation de son rêve par le corps physique, il faut automatiquement que les corps (Mental, émotionnel et physique) soient synchronisés et que l'être qui est l'homme éprouve ce qu'il a à réaliser en mettant un certains nombres de principes de valeur en priorité. Alors, êtes-vous sure de réaliser votre rêve? Car vous êtes nombreux à avoir des rêves, mais vous êtes très peu à faire le premier pas. Vous avez des rêves au fond de vous, des choses que vous souhaitez réaliser mais la plupart vous vous en voyez incapables. Tous les rêves nous sont donnés pour qu'un jour vous puissiez les réaliser. Vous n'accomplissez pas vos rêves et vous vous levez tous les matins en ayant un travail ou une vie qui ne vous plait et ne vous correspond pas et vous pensez ne pouvoir rien faire pour changer cela. Vous avancez sur le chemin de la vie sans réel but ni motivation et vous subissez ce que la vie vous apporte sans réellement choisir ce que vous voulez.

Vous avez tous des rêves différents : créer une entreprise ou devenir médecin ou simplement fonder une famille. Peu importe votre rêve, vous avez surement déjà rencontré des difficultés durant leur réalisation qui vous ont poussées à abandonner par manque de motivation ou en vous disant que vous n'y arriverez jamais. Mais est-ce pour autant perdu ? Je tiens à vous dire que non ! Est-ce que vous acceptez que les problèmes financiers ou de santé ou de toute autre forme vous obligent à baisser les bras ? Non, rien est impossible, peu importe la nature de votre rêve, vous pouvez le réaliser.

Tout rêve commence par une vision, cette vision de votre rêve, vous vous voyez en train de le réaliser et saches que cette vision que vous avez est la projection de ce que vous pouvez devenir dans le futur. Et si vous ne faites rien, il ne deviendra jamais une réalité. Les rêves donnent un sens à notre vie, ils nous donnent un but à accomplir, mais pour beaucoup vous en croyez incapable. L'humain à la base est défaitiste, il pense ne pas y arriver avant même d'avoir commencé. Mais je dois vous dire quelque chose ! Vous ne réalisez rien sans échouer. Tous ceux qui ont réalisé un rêve ont à un moment donné échoué. Si vous voulez changer de vie, si vous voulez que votre vie soit mieux, il n'y a que vous qui pouvez prendre cette décision. En ce moment pour certaine personne vous doutez et vous traversez peut être des difficultés. Mais ce que vous êtes en train de passer comme impasses, tout le monde l'a déjà eu : moi le premier. J'ai fait d'énormes efforts pour réaliser des choses qui étaient très importantes pour moi, mais j'ai échoué. Mais est-ce que c'est pour autant que j'ai perdu l'espoir en disant que je ne réaliserai jamais rien dans ma vie ? Non !! j'ai échoué mais c'est pas pour autant que je suis un échec, bien au contraire des fois la vie avec vous, vous traversez des temps bêtes et vous ne savez jamais quand cela va terminer, tout est contre vous et vous essayez de faire de votre mieux, vous ne demandez rien à personne mais la vie vous apporte quand même des situations négatives et vous avez l'impression de ne jamais vous en sortir. Vous avez la vie peut être belle mais souvent elle peut se jouer de vous et vous rendez votre existence difficile. Vous traversez et vous ne savez plus trop comment vous y prendre et vous devez croire en vous. C'est super important même si pour le moment rien ne montre que vous allez y arriver.

Dites-vous qu'un jour vous allez y arriver à être heureux avant le bonheur que vous souhaitez. Tout ça, vous le méritez autant que n'importe quelle autre personne sur la planète terre.

Ne croyez pas que la vie est contre vous, elle ne l'est pas, elle vous fait évoluer et vous apprend à persévérer et à ne pas abandonner ce que vous cherchez à accomplir dans votre vie. Vous êtes capable de vous battre pour ce que vous souhaitez le plus. Rêver c'est bien, mais si vous voulez que votre rêve se concrétise, vous allez devoir prendre la décision de passer à l'action, vous devez vous fixer des objectifs, vous ne devez en aucun cas laisser la peur être plus fort que vous. Vous avez toujours ce petit vent en vous qui vous dit : vous n'êtes pas capable de réaliser telle ou telle chose, ou que ça va mal se passer. La peur utilisera vos faiblesses pour vous faire douter de votre capacité à réussir de nouvelles choses. Celui qui se fixe ses propres limites c'est vous. Vous allez devoir vous surpasser à un certain moment, tenter des choses que vous n'avez jamais faites, mais oser le faire, oser croire en vous. Pour certains, vous sous estimez vos capacités. Ne vous rabaissez jamais, car vous êtes capables des choses ; de toutes les façons que vous vous croyez capables ou non, dans les deux cas vous avez raison.

Je voudrais dire que vous allez accomplir votre rêve sans échecs, sans le moindre problème mais malheureusement, ce n'est pas le cas, vos émotions seront mises à rudes épreuves et vous allez rencontrer d'obstacles. Certains ne croiront pas à votre rêve et dire que vous êtes incapables de le réaliser, le seul qui doit croire en votre rêve c'est vous et vous seul, peu importe ce que les gens diront.

Tant que c'est important à vos yeux vous devriez le réaliser. Nombreux sont ceux qui n'auront pas la même perception de votre rêve que vous. C'est pour ça qu'il est important de ne pas écouter ceux qui vous diront que votre rêve est impossible et que vous ne pouvez rien. Si au fond de vous, vous pensez que c'est réalisable, et que vous pouvez y arriver, faits-le. Jouissez amitié, jouissez une vie que quand vous vous levez le matin vous serez fières et heureux de le faire. Que voulez-vous apporter à ce monde? Ne pensez à aucun moment que votre vie n'a aucun sens, bien au contraire, vous pouvez apporter quelque chose à ce monde et peu importe ce que s'est. De quoi voulez-vous être fière ? À la pire de vos vies, la pire des choses est d'avoir des règles, c'est pour cette raison que vous devriez choisir ce qui vous passionne. La raison pour laquelle vous vivez car c'est en choisissant ce qui vous plait réellement, que vous surmontez les obstacles qui se dressent contre vous c'est un choix à prendre et il n'y a que vous qui devez le faire. Mais la chose la plus importante est la personne que vous allez devenir durant la réalisation de ce rêve. Tout ce que vous voulez développer. Le courage ? La confiance en soi car durant votre rêve ? Vous allez devoir travailler très dure pour le réaliser vous allez tenter des choses qui des fois marcheront et des fois non. Vous allez échouer et échouer encore ce n'est pas grave? Ça fait partie de la vie ça fait partie du processus pour réaliser ce rêve mais le plus grave c'est d'abandonner.

Vous échouez et vous voulez encore et encore vous relever peu importe le nombre de fois. 5, 10, 100 fois s'il le faut vous apprenez de vos erreurs et vous allez réfléchir a une nouvelle façon d'y arriver, c'est de cette manière que vous apercevrez. Soyez patient chaque jour qui vous ait offert à vous est une chance en plus pour accomplir vos rêves vous ne devez pas abandonner, vous devez continuer même si c'est dure, même si vous souffrez vous devez continuer. La société nous a trop habitués à avoir tout, tout de suite. Certains rêves peuvent prendre plus de temps que d'autres à être réaliser cela dépend de ce que vous voulez mais peu importe votre temps passez le a la réalisation de votre rêve.

Chaque jour vous devez vous dire ce n'est pas fini tant que je n'ai pas gagné, c'est le rêve que vous avez envie d'avoir, si c'est la vie que vous envisagez vous allez devoir le prouver. La vie en fait est celui de voir si c'est vraiment ce que vous voulez elle veut vous testez pour l'importance que vous donnez à votre rêve, ça sera la commande la plus dure de votre vie ou vous allez devoir affronter la peur les plus profonde de votre vie vous allez faire d'énormes sacrifices mais si vous ne vous battez pas jusqu'au bout vous allez y arriver.si c'était facile tout le monde le ferais mais c'est loin d'être le cas, il n'y a pas d'excuse, cherchez les excuses ne changera rien à votre situation, rien de plus facile tout le monde peut le faire, mais le plus dure c'est d'essayer de chercher les solutions et vous pouvez le trouver. Eux aussi ont eu des rêves et ils ont réussi à les réaliser et à changer le monde car ils ont cru à leur idée et leur rêve. Vous aussi vous pouvez changer les choses. Votre rêve peut apporter quelque chose à votre société et vous ne le savez peut être pas encore, le monde se construit d'idées qui devient des rêves, à vous d'apporter le vôtre, vous savez autant que moi que la vie est un perpétuel combat et si vous ne frappez pas plus fort qu'elle, elle vous mettra à terre chaque fois qu'elle en aura l'occasion c'est de montrer à ceux qui ne croyaient pas en vous que vous y êtes arrivés. Ils ont essayé de détruire votre rêve, de vous dire que vous n'y arriverez jamais, mais vous allez leur prouvé qu'ils ont tort.

Comme disait ma grand-mère mãŋī ngan : *Notre vie sur terre est de libérer notre lumière pour devenir une source de lumière pour les autres*. Osez devenir une possibilité, osez prendre des voies que peu de gens ont emprunté. Je sais que j'ai encore beaucoup de choses à apprendre de la vie, mais une chose est sûre, je ferai en sorte d'accomplir ce que je désire dans ma vie. Chaque jour, travaillez pour vos rêves et un jour viendra, en temps voulu, vous saurez que vous êtes arrivés.

Vous savez, ceux qui ont réalisés leur rêve n'ont rien de plus que nous, ils ont juste pris la décision de réaliser leur rêve et de croire en eux. Vous aussi vous pouvez prendre cette décision. Prenez-là maintenant ; comme le disait tout le temps ma grande mère : *si vous doutez de votre pouvoir alors vous avez donné le pouvoir au doute.*

PARTIE II

LA GENESE DU MONDE SELON LES BAMILEKE

Danse du Nzen

La femme dépositaire exclusive de l'art sacré de la création. Au commencement était la terre et la terre était Nse dans la plupart des Langues de l'ouest Cameroun, le même mot Nse désigne autant l'être suprême que la surface terrestre. Nse résidait dans la terre et en constituait l'élément mâle et le principe actif. Nse trouva que la surface de la terre manquait d'animation et décida de la peupler. Comme un potier, l'Être suprême modela le premier homme avec de la terre. Il se servit de la couleur de la terre et d'une pierre de finition pour diversifier à l'infini la plastique de ses modèles. Il y a des grands, des petits, des clairs, des bruns, etc. À la fin de l'ouvrage Nse propulsa l'homme de l'atelier souterrain vers la surface de la terre Câ'a et chargea la terre de le porter et de le nourrir. En contrepartie du rôle maternel de la déesse terre, Nse fit à l'homme quatre prescriptions majeures: L'institution d'une période sabbatique pendant laquelle les travaux agricoles seront suspendus pour permettre à la terre de se reposer et de se régénérer. L'interdiction de souiller la terre sacrée, lieu de repos éternel des âmes bienveillantes par les corps des suicidés et ceux des personnes dont la mort n'a pas respecté le code d'honneur en vigueur. L'organisation d'une cérémonie de pénitence populaire destinée à apaiser la colère de la terre quand il lui arrive de châtier par des catastrophes naturelles, les dérives humaines et l'obligation d'enterrer un moignon du cordon ombilical de chaque nouveau-né afin que l'Être humain reste connecté à sa terre, aux siens et à ''NSE''.

La femme, le dépositaire exclusif de l'art sacré de la création fidèle à sa discrétion, ''NSE'' fera de la femme la dépositaire exclusive de l'art sacré de la création. Ainsi, les jeunes mamans porteront le titre prestigieux de Mãvet (mère de l'art), le papa ne sera pas Tãvet (père de l'art). Mais seulement, la femme mariée qui rendra l'âme sans jamais avoir conçu sera enterrée avec une pierre dans la paume de la main. Les humains la chargeront ainsi de remettre à Nse l'outil de création dont elle n'a pas pu faire usage sur terre. De même, la jeune fille qui s'assiéra sur un rocher, manquant ainsi de respect à la pierre de modelage de l'espèce humaine, s'exposera au risque de ne pas procréer plus tard. La femme enceinte sera considérée comme un temple sacré dont l'accès est fermé aux créations imparfaites. Son partenaire évitera par conséquent toute relation charnelle avec elle jusqu'à qu'à la date du sevrage du bébé. Toute contravention à cette interdiction équivaudra à la profanation d'un lieu sacré. Cette sacralité de la femme dans sa fonction créatrice fondera la polygamie. Selon une formule consacrée, c'est pour éviter que le mâle dans sa fougue naturelle, ne tire des coups de feu sur l'autel sacré qu'il lui a été autorisé de prendre plusieurs femmes pour épouses. Il reviendra prioritairement à la femme le droit de mettre en valeur la terre avec laquelle elle partage les mêmes attributs de fertilité. Sur le calendrier divin, la durée du transit terrestre sera comparée à la durée d'une journée ; c'est ainsi qu'on dira de ceux qui mourront vieux que la nuit les a surpris sur terre. Il n'existe en bamiléké aucun mot pour désigner l'enfer.

La notion de "grand feu" connue de nos chrétiens est une pure invention des premiers missionnaires. Le feu, comme nous le verrons plus loin dans l'exégèse des éléments liturgiques de la spiritualité bamiléké, est plutôt associé à la notion de bravoure et à la flamme de la vie. C'est la cendre (les restes du feu) qui symbolise la destruction et l'anéantissement. Cependant, il existe des mauvais esprits et même des mauvaises divinités qui peuvent s'en prendre aux vivants, mais jamais aux morts. Nous sommes par conséquent très loin du personnage de Satan véhiculé par le christianisme. Toutes les âmes rentreront au sein de la terre à la fin de leur séjour en surface, "Câ'a", non plus pour subir un quelconque châtiment mais pour partager la quiétude, la stabilité et la plénitude de leur créateur. C'est encore dans la terre qu'ils trouveront les ancêtres qui les y ont précédés. Tous les manquements seront par conséquent corrigés en surface; et si au moment de "rentrer", le mort n'est pas pur de tout reproche, il léguera son fardeau à sa descendance ou à ses proches sous forme de malédiction. Une fois la vie en surface organisée, "Si" se referma dans la terre où il accueille dans sa félicité ceux de ses poussins qui ont achevés leur mission dans le poulailler terrestre. La mère, codétentrice du pouvoir divin de la création, certains indices comme la polygamie ou le mariage sous le régime de 'kāp'' ont fait conclure, trop hâtivement, que chez les Bamilékés, la femme à défaut d'être une esclave, ne vaut pas mieux que les autres biens meubles. La gestion phallocratique dessociétés bamiléké n'a pas véritablement réussi à contrebalancer la puissance que les femmes tirent du matriarcat originel. Détentrice du secret de la création, la femme reste discrètement le pilier central du système social. La loi de la manu chez les Indous s'applique ici dans toute son autorité : *Là où les femmes sont honorées, les dieux sont contents ; là où elles ne le sont pas les sacrifices sont stériles.* Dans l'impossibilité de percer le mystère de la maternité, les Bamiléké se sont placés sous le système du cordon ombilical.

La maternité est un fait, la paternité une assertion parce que le doute peut toujours subsister sur la paternité, le lignage paternel se segmente régulièrement en de nouveaux foyers. La famille du côté maternel reste par contre une et indivisible. La stérilité qui est considérée comme une rupture de la chaîne ombilicale est le plus lourd des châtiments que la providence puisse réserver à une femme mariée. L'être mâle est considéré comme une impasse sur le chemin de la vie. Il est un véritable mortel. Ce statut malheureux justifie, sans aucun doute, les excès que la société lui concède. Les privilèges supposés du genre masculin n'ont pas plus de consistance que l'ultime magnanimité d'un bourreau qui cède aux dernières volontés et même aux derniers caprices d'un condamné à mort. Bien que chaque femme bamiléké caresse le rêve d'être un jour la mère du père fondateur du clan, elle cache à peine sa culpabilité quand elle ne possède que des descendants mâles. Autant qu'une femme stérile, elle redoute la probabilité de voir le lien ombilical se rompre après elle. Une anecdote, mainte fois racontée souligne tout le poids de la procréation dans la conception bamiléké du monde : pendant la colonisation, les chefs traditionnels du Grass Field intervinrent à la grande surprise des administrateurs des colonies pour que les femmes stériles soient exemptes du paiement de l'impôt. Les gardiens de la tradition trouvaient qu'il était cynique de continuer à exiger des sacrifices financiers à des sujets déjà lourdement imposés par la providence. Notons bien qu'il s'agit d'une femme stérile et non d'une femme qui n'a pas d'enfant. Même une fausse couche confère, pour toujours, à la femme mariée tout son statut de déesse.

LA CELEBRATION DE LA FECONDITE, L'ART BAMILEKE

La fécondité

Il n'est pas jusqu'à l'art bamiléké qui ne fasse de la célébration de la fécondité l'un de ses thèmes favoris : Les seins, symboles par excellence de la fertilité et du pouvoir féminin, sont démesurément grossis sur les sculptures consacrées aux femmes. Les photographies aériennes des toits de chaumes coiffés de leurs touffes faîtières, donnent l'image sensuelle des seins nus dont les tétons assoiffés appellent discrètement sous le feuillage des kolatiers une caresse divine. Le manche du plantoir, l'outil agraire le plus utilisé par les cultivatrices est sculpté sous la forme d'un phallus. Rien ne semble de prime abord justifier ce choix artistique si ce n'est un besoin de rappeler en toute subtilité aux femmes qu'elles tiennent les hommes entre leurs mains. Les poteries de cuisines de nos grands-mères, par leur design un peu trop ventru, ne sont pas sans rappeler les rondeurs d'une femme enceinte. Dans la même symbolique, les losanges, motifs très prisés pour l'impression des tissus batiks, représentent, sans aucune arrière-pensée pornographique, le vagin sacré de la femme pendant la parturition. La malédiction la plus redoutée, comme on pouvait bien s'en douter est la malédiction maternelle. Une maman qui dans un pic de colère exhibe sa nudité à un fils particulièrement désobligeant, le condamne de manière irréversible pour le restant de ses jours. Heureusement que les mamans, dans leur immense mansuétude, reconsidèrent presque toujours leur position avant qu'il ne soit trop tard. La puissance de la femme décuple si elle peut créer plusieurs êtres à la fois. Ainsi les femmes qui ont eu le privilège de faire deux ou plusieurs accouchements gémellaires sont particulièrement respectées. Elles tiennent dans la vie de tous les jours un rôle d'arbitre impartial et d'apôtre de la paix. L'initiation qu'elles reçoivent en préparation leurs nouvelles fonctions sociales ressemble étrangement à l'initiation du roi.

Comme des rois, les mãɲi[1] bénéficient d'une priorité de préséance très élevée en public. Elles doivent par ailleurs, dans la vie de tous les jours, posséder et distribuer avec générosité le

---

[1] Mère des jumeaux

fruit « œdœh »[2] et l'arbre de la paix, symboles de la paix et de la concorde. Elles doivent être enfin pour leurs contemporains, des modèles de rectitude morale, d'impartialité et de l'amour de l'autre… Même dans la distribution des rôles au sein d'un ménage, la puissance et la magie du cordon ombilical confie des pouvoirs officieux exorbitants à la femme. Au-delà des apparences trompeuses, le mari n'est que le symbole de l'unité et du prestige de la famille. Sans nécessairement blesser la fatuité de son époux, la femme bamiléké joue véritablement le rôle de chef de famille ; elle possède ses champs, ses greniers et les gère à son gré.

Dans les foyers polygamiques, le patron du domaine prélève tout simplement sur chaque récolte une espèce de dîme qu'il conservera dans ses greniers propres et qu'il redistribuera équitablement à toutes les femmes et à certaines de ses filles mariées pendant la période soudure. Conscient de sa faiblesse, le mari joue essentiellement le rôle de régulateur du système et restreint la relation conjugale à sa plus simple expression fonctionnelle. L'exclamation "yé malé"[3], si courante dans le parler Bamiléké se traduit plutôt par "Seigneur" en français, alors que l'expression "wo nse o" littéralement "Ô Seigneur" se traduit strictement par merci Seigneur. Le préfixe Māa[4] ajoute aux mots les sens de grandiose, grand, magnifique, important, mûr. L'expression ŋwō māa[5] signifie mon frère avec une charge très affective alors que ŋwō tāa[6] désigne strictement les frères et sœurs consanguins. Il serait simpliste de denier à la femme bamiléké traditionnelle tout espace de liberté et

---

[2] Un fruit aux vertus apaisantes
[3] Ma mère
[4] Diminutif de ma mère
[5] L'enfant de ma mère
[6] L'enfant de mon père

d'épanouissement. Tout comme les hommes, elles ont leurs confréries. Les princesses sont même admises à siéger et à traiter d'égal à égal avec les hommes dans certains confréries traditionnelles. A côté des sociétés d'entraide à caractère presque familial, il existe des ordres majeurs animés par les reines.

L'ORIGINE DES BAMILEKES

Il est difficile de remonter dans le temps au-delà des Tikar dont sont issus les Bamilékés. Les historiens retracent l'histoire des Bamilékés à partir du déclin de la Nubie lorsque des envahisseurs arabes attaquèrent cette contrée et emmenèrent des populations réduites en esclavage dans le nord, entre 1171 et 1250. Lubos Kropácek note qu'au cours de cette période, la Nubie connaît la menace permanente des groupes de pillards du désert qui brûlent les villages, détruisent les norias et déplacent les populations réduites en esclavage dans le Nord. D'autres pensent que les Bamilékés seraient venus d'Égypte ou de la Haute Égypte et auraient quitté cette contrée qui leur était hostile pour se diriger vers l'Afrique Centrale. Certaines sources, révèlent que les Bamilékés (Cameroun) seraient issus du peuple d'Israël, de la tribu de Judas, qu'ils seraient rentrés en Égypte et arrivés, par un chemin détourné, en Éthiopie. Cette thèse se fonde sur Jérémie 44 :8 et 14 :13. Enfin une autre thèse encore plus mythique soutenue par Rundé, raconte que lorsque Mahomet est apparu pour prêcher l'Islam, les Mboum[7] se sont opposés à cette nouvelle religion. Une guerre s'engagea entre les deux communautés. Les trois fétiches Mboum qui étaient dans la Kaaba se seraient envolés vers une destination que les Mboum suivirent. C'est ce mouvement qui amena les Mboum jusqu'au plateau de l'Adamaoua. Selon Justin Mouafo, le mot Bamiléké serait le dérivé de Pue melekeu qui veut dire : 'les habitants des montagnes et des ravins ou des rochers'. Cette découverte est en accord avec celle de l'Abbé Ketchoua qui nous apprend que les gens de Fontem nommèrent les Bamiléké Mbuo-me le ku.

---

[7] Ancêtres des Bamileké

De l'Égypte au peuple bamiléké

La vérité brute sur les origines et l'anthropologie du peuple Bamiléké est reposée d'abord sur la tradition orale, résultante de récits étiologiques, de récits historiques, de souvenirs personnels, de commentaires explicatifs, de témoignages, de notes occasionnelles, de proverbes, de l'onomastique (noms de lieux et de personnes), de chansons populaires, de codes et symboles, et d'assertions et autres informations d'ordre généalogique et dynastique. Une vérité brute qui sera confirmée par la rencontre des Baladis et des écrits les concernant, ainsi que par le parcours d'une partie de la probable trajectoire des Bamiléké depuis l'Égypte jusqu'au pays Tikar. Mais avant, les travaux et réflexions de l'Égyptologue Moustapha Gadalla, en particulier, ont permis de corroborer le lien entre Baladis d'Égypte et Bamiléké. En outre, des rapprochements linguistiques ont étayé la thèse de la littérature orale sur la trajectoire des Bamiléké au cours de leurs mouvements migratoires depuis les berges du Nil. Les Bamiléké seraient donc partis de l'Égypte médiévale au IXe siècle de notre ère.

Ils arriveront en région Tikar vers le milieu du XIIe siècle avant de se diviser vers 1360 à la mort de leur dernier souverain unique, le roi Ndéh. Yendé, premier prince, va refuser le trône et traverser le Noun pour fonder Bafoussam. Sa sœur ira vers la région de Banso. Deux décennies plus tard, Ncharé, le cadet, descendra dans la plaine du Noun pour fonder le pays Bamoun. De Bafoussam naîtront quasiment tous les autres groupements Bamiléké entre le XVe siècle et le XXe siècle (Bansoa est né en 1910 à la suite de l'exil forcé de Fotaghe de Bafoussam). D'autres sources indiquent que les Bamiléké parlaient une langue unique, le Bamiléké, jusqu'à leur démembrement au milieu du XIVe siècle à la mort de leur souverain. Du Bamiléké naîtront le Bamiléké-Bafoussam et le Bamoun.

Le Bamoun se ramifiera en une vingtaine de sous-variantes dialectales avant de se voir unifié par le sultan Njoya au début du XXe siècle. Pour sa part, le Bamiléké-Bafoussam continuera à se ramifier pour donner naissance, au fil du temps, à de dizaines de variantes dialectales, elles-mêmes possédant de sous-variantes plus ou moins négligeables. Le Bamiléké-Bafoussam est donc la langue-mère des autres dialectes Bamiléké, hormis le Bamoun. Ainsi, les Bamiléké sont les frères du groupe des Bamoun qui ont décidé de traverser la rivière du « NUN», en dépit de leur connaissance du mythe de l'Égypte antique qui disait que *«L'eau de couleur noire apporte le chaos, les malheurs, la malchance »*. Plusieurs faits montrent qu'ils ont traversé cette rivière à l'eau noire malgré tout car ils ne voulaient pas être rattrapés par les musulmans. Contrairement aux Bamoun, qui s'identifient au Dieu Amon, les Bamilékés s'identifient par leur origine, celle de la Haute Egypte antique. La signification figurative des Bamiléké est la suivante : *descendantsdes Anciens égyptiens.*

Le mot « Bamiléké » est une appellation moderne, pour faciliter la lecture dans les langues occidentales. BA' Mieh Lah Ke' est l'appellation la plus proche de la prononciation originale gutturale. La signification littérale du mot « Bamiléké » son par son est la suivante: BA': Les, ceux de… (Pour designer l'origine géographique de quelqu'un) Mieh: les frères, Lag: le pays, la région, khe': Haut, le haut, ce qui est en haut d'un endroit, une région, d'une terre. Haut en parlant d'un pays ou d'une région en Afrique, il s'agit de la Haute Égypte. Rappelons que les Égyptiens anciens n'appelaient pas leur pays « Égypte ». Ils appelaient leur pays, « Haut pays » et « Bas -pays » ou Kemet pour les Égyptologues modernes. Nous sommes fondés à penser à travers le Bamiléké que l'on peut dire que Khe'Mieh= Kemet. Cela impliquerait donc que Kemet veut dire: Les frères du Haut Pays, ou les frères de la région haute, renvoyant à la Haute Égypte. Le haut chez les Égyptiens anciens était le bas (dans l'entendement actuel), et le bas désignait le haut. Le haut dans l'entendement des Égyptiens anciens désignaient donc le Sud.

On sait qu'ils ont toujours désignés le Sud comme le point cardinal originel de toute leur culture et source. La signification actuelle de Kemet voulant dire : «le pays des noirs, ou le pays de ceux qui sont noirs, brûlés ». Kemet avec pour signification « les frères du haut pays ou les frères de la Haute région, Haute Égypte, correspond mieux à l'esprit et au mode de pensée des anciens Égyptiens. Un mot égyptien ancien comme un mot africain possède plusieurs significations dont la graphie ou son «Khe» a plusieurs significations et interprétations selon le contexte. Khe veut dire aussi en Bamiléké: brûlé, noircir, noir, etc. Deux hypothèses différentes, datant de l'époque de la colonisation du Cameroun expliquent une fois de plus l'origine de ce nom. La première affirme qu'un interprète Douala serait à l'origine du mot Bamiléké. Selon cette version, le mot Bamiléké vient du terme "Baboté Ba leké" qui signifierait «les porteurs de masque au visage". La seconde soutient que le mot "Bamiléké" vient de l'expression de la langue Foto[8] "Pe me leké" qui signifie "les habitants des montagnes et des ravins. C'est cette dernière qui est le plus souvent retenue.

Les Bamilékés forment une communauté basée dans la région camerounaise de l'Ouest et parlent de langues semi-bantou plus ou moins proches les unes des autres (dont le

---

[8] Village situé dans la région de l'ouest, plus précisément à Dschang

yemba, le nda nda, le gõze, le Ghomala', le Fe'fe' et le Medumba). Ils représentent environ 20% de la population du Cameroun. Comme mentionné plus haut, les langues Bamiléké présentent plusieurs similitudes avec la langue de l'Égypte Pharaonique. Les toitures des chefferies Bamiléké sont obligatoirement en structure pyramidale. Ils sont particulièrement impliqués dans la vie économique du Cameroun et ont émigré en masse vers les deux grandes villes camerounaises Douala et Yaoundé.

JE SUIS TABANTCHUI DE BAZOU BAMILEKE FIER DE L'ETRE

LES CHEFFERIES DU HAUT NKAM
Arrondissement de Bafang

Banka (Nka') signifie Lumière, la lumière qui éclaire les gens, qui permet aux gens de voir. Bafang (Fa') vient de mfat (frère) et fut mal compris par le colon. Donc Fa' signifie frère (Poomaa). Le 1er roi de Bafang s'appelait Djatchoua (1645-1685), NganjuI Gaston, le 11 ème et depuis 1962 KAMGA NganjuiRene, le 12ème. Banfelouk (Mvilooh) Vhi est un quartier du village Bafang. Les Vhi et les Bafang se livraient habituellement les guerres, jusqu´à ce que les Vhi capitulèrent et devinrent esclaves des Bafang. Un enfant du chef Vhi le nommé Nga'bi n´a pas voulu accepter ce statut et s´est dirigé vers Lok où il devint chef. Lok veut dire endroit plein de pierres et les gens qui y vivaient étaient solide comme le fer. C´est ainsi que l´on les a appelé les Mvilok (les Vhi qui sont partis s´installer sur les pierres et sont solides et durs comme la pierre et le fer.

Bana (Nee) Bana en fe´fe´ veut dire Nee qui signifie insister, harcèlement, poursuivre, quand ils ont besoin de quelque chose. BATCHA En Bamiléké Batcha (Tcha') veut dire terre ou visiter. Tcha' était une terre fertile. On y rencontrait beaucoup de gibier et les gens aimaient s´y rendre pour visiter et s´approvisionner. Bandja (Ndjeu), Le village Fondjomekwet fait partie de Bandja. Situé à l'est de l'arrondissement, le groupement que dirige le Chef Kamga David, compte quelques habitants, et les principales Sous-Chefferies sont: La'acheu Djifo, Deumchang, Toula, Bakouocha. Le Café robusta et le Cacao sont les principales cultures industrielles de cette localité Babouantou.

Autres villages du HAUT NKAM

Foutouni, Fondjomekwet, Fondat, Mbeobo, Folentcha, Babouantou, Foyemtcha, Fongoli, Badounka, Babouate, Balembo, Fondjomeko, Baboutcha Nitcheu, Fonkouankem, Bafenko, Bapoungue, Fombele, Kekem, Fonti, Babone, Bassap, Fontsi, Bakassa, Bakondji, Baboutcha Ngaleu, Badoum Kassa, Fomessa I, Bakou Fotsinga, Fondjati, Bamako, Bankambe, Fopouanga, Baboutcha Fongam, Balouk.

CHEFFERIES OU PRINCIPAUX GROUPEMENTS NDE

Bangangté en Bamiléké Magha[9], Gha'ntua' qui refuse de se soumettre. Bangoua Comme Batoufam il fut fondé par un chasseur venu de Badrefam. Il est aussi peuplé des gens venus de Fongo-Tongo et de Badoundja[10]. Bamena en Bamiléké *Meno*

[9] Je refuse
[10] Quartier Mvú

ou *Meneu*, fut fondé par un chasseur venu de Baloum[11].

Bangoulap en bamiléké Ngoulap, est une fille de la chefferie de Bangou.

Autres villages du nde

Batchingou, Balengou, Bangang-Fokam, Bazou, Bakong, Bahouoc, Bassamba, Badounga,Mamaha, Bagnoun

CHEFFERIES SUPERIEURES MIFI OU PRINCIPAUX GROUPEMENTS DE BAFOUSSAM

Bandjoun En bamiléké Djo signifie acheter ou acheteur. Ce nom tire son origine de son fondateur qui achetait tout (vivres et esclaves) pour enrichir son peuple. Bangou le vrai nom de ce village tel que ses habitants et ses voisins l'appellent, est Niep. Bayangam (Yonguem) qui a vu les sauterelles les premiers. Baham (homme qui presse) et Bawang (wang) sont des chefferies sœurs. Bamendjou (Mendjo) Petit Ndjo a été appelé ainsi parun prince Baham. BATIE' Te' : bousculer, pousser : ce groupement est appelé ainsi à cause de ses guerres avec les voisins.

Bafoussam : Bafoussam-ville, fondé en 1926. Bafoussam-village, en bamiléké fù'sap (fù'sâ) -trésor de la tranchée. La terre à côté de la tranchée qui séparait Bamoun et Bafoussam actuel était très riche. On appela cette terre, fù 'sap. Les premiers habitants sont venus de

---

[11] Dans la Menoua

Bamoun (précisément de la plaine Tikar) comme les Baleng dont ils sont frères.

Bamougoum ; A l' origine, quatre frères de même père se sont partagé le terrain. L'un prit une part qui est l'actuelle Bameka, l'autre prit une autre part qui est l'actuelle chefferie de Bansoa, le troisième prit une part qui est l'actuelle chefferie de Bamendjou, et le quatrième prit la part qu'il nomma " Bamougoum «. Bameka Meka : Enfant de Ka (car le premier chef s'appelait Ka) qui se promène. Ceux qui se promènent. Balengsam En Bamiléké (Leng sap) - le viseur ou le fort.

Autres villages de la Mifi, du Koung khi et des hauts plateaux

Badeng, Bapi, Baleng etBangang Fondji, Batoufam, Bandrefam. Bameka, Bangam, Bapa, Boandenkop, Bahouan.

CHEFFERIES DE LA MENOUA

Dschang. Le grand chef de ce village s'appelait Leke'ane Fo, chef Leké'= abréviation de Leke'âne. Le nom du village c'est Atsan. Prononciation originale Foleke'atsan c'est á dire le chef Leke de ATSAN, on avait prononcé Foleke'atsan et l'européen allemand a entendu Foreke-Dschang. Baloum en bamiléké veut dire colique, maux de ventre. Le premier chef de ce groupement vint de Dschang. Les Baloum sont réputés pour leur extravagance leur esprit de corps. (Quand l'un d'eux est attaqué au marché, c'est tous qui courent à son secours). Bamendou en bamiléké Mendou signifie faiblesse, maigreur. Les gens de ce village venus de Bagam sont appelés ainsi parce qu'ils passaient tout leur temps à danser ce qui était considéré comme l'occupation des paresseux et des faibles. Bien que Foladin fut le premier habitant de Bamendou, c'est son serviteur Ka'tsie un habile chasseur qui fonda le village. Balessing ; Lessing : qui a peur, qui tremble. Le fondateur de ce village un chasseur venu de Bagam réussit par ses ruses à conquérir beaucoup de terre. Les différents chefs: Tetapoua-(Foyonta)- Youta- Tegouatioc- Ngouana -Tiognin. Les Balessing sont de même famille que les Bamendou, les Batouni et les Bagam. Un proverbe Bamiléké dit : *"Quand un Balessing part, vous croyez qu'il rentre."* Bansoa enbamiléké, Sâ veut dire Sorcellerie, magie. Au départ, la population était très têtue et pratiquait la sorcellerie grâce à laquelle elle était difficilement vaincue.

Autres villages de la MENOUA

Baleveng, Bafou, Fokoue, Fomopea, Fotomena, Fontsa-Toula, Santchou, Fombap, Fondemera, Foreke, Fossong Wetcheng, Fotetsa, Fongo Ndeng, Foto, Foto Tongo, Fossong Elelem.

CHEFFERIES OU PRINCIPAUX GROUPEMENTS BAMBOUTOS

Bangang signifie *qui aime la vérité*. Bangang est un important groupement du département de Bamboutos. IL donna naissance à quatre chefferies traditionnelles : Balessing, Batcham, Balatchuet, et Bamunoh. Batcham veut dire *"Hospitalier"*, souvent pendant des guerres, des gens allaient se réfugier à Batcham. Babadjou (dans le Bamboutos). Babadjou signifie conquis par les armes. Bagam en Bamiléké (Gang) - ngan (nie) (antilope) est un animal de chez nous. Bamissingue veut dire élastique. Ce village a été fondé par Fombu'ngong auquel ont succédé Folamawa, Fotoumatset, Fokelenkou, Konlak1. Bamete (dans le Bamboutos) pà tùie' ngo' kà tso' "ceux qui soulèvent une pierre inamovible". Ils sont avec les Bamendjinda, Bamenkombou, Bafounda, Bam endjo bamesso des enfants d'une même mère. D'après la légende, ils rencontrèrent un jour une grosse pierre qu'ils s'efforcèrent les uns après les autres de soulever et de déplacer. Les Bamete furent les seuls à soulever et à déplacer la pierre. Bamenkombou. Les Bamenkombou ne furent pas assez intelligents pour comprendre les ruses de Bamendjinda. D'où leur nom de Menkombou. Frère des chefs Bamesso et Bamete, il vint de la plaine de Ndop. Bamesso So' signifie instable.

Autres villages BAMBOUTOS

Balatchi, Bamougong, Bafounda, Bamendjo, Bamen Njinda, Bamenyam, Bati, Bamendjing.

LE SYSTÈME SOCIAL EN PAYS BAMILÉKÉ

DYNAMIQUE SOCIO ÉCONOMIQUE

La case à palabre

Pour ceux qui se sont de près ou de loin intéressés aux peuples des Grass Field, peuple qui fascine autant qu'il dérange, comprendrons qu'une partie de leur force économique provient de la mise en place depuis des siècles, d'une forme de cotisation dénommée : Tontine.

La Tontine est une organisation à but social (resserrer les liens entre les membres d'une communauté, vivifier le liant culturel qui les uni) et financière (cotisation des membres, spéculation financière, etc.....). Ce procédé, très ancien dans ce peuple a permis à bien de familles de palier à des situations sociales tragiques. Je m'explique. Une tontine ou réunion, se structure toujours en fonction des affinités des membres qui y participent. Elle peut être le regroupement des personnes issues d'un même quartier, d'un village, et qui se retrouve dans une ville, par exemple: La Tontine des Femmes Njœta de Douala, ou encore de façon plus élargie, le regroupement des personnes d'un village vivant dans une ville ; par exemple: La Réunion des Femmes Ngon ǧœm de Douala. Mais très souvent, quand on arrive à de tels ensembles, aussi grands, on parle maintenant de Comité. Et là, nos souvenirs d'enfances rejaillissent quand nous entendions et j'entends encore ma mère, mes tantes nous dirent ceci: "kup Comité", ça veut dire tout simplement on ira au Comité. C'est souvent un évènement majeur qui se déroule une fois par mois, ou une fois tous les deux mois. Là, les femmes, nos mamans, de quasiment tous les quartiers de Bazou se retrouvent, bref une véritable communion entre nos mamans où elles peuvent relâcher la pression avec le stress de la gestion familiale, les soucis du quotidien. Maintenant, il y a d'autres tontines qui ne sont plus, et ne respectent plus ce schéma. Ceux-ci se créent, non plus en fonction de la même appartenance à un village, mais plutôt aux activités économiques. C'est maintenant des affinités d'affaire, ou très souvent, les hommes d'affaires d'une ville, se réunissent entre eux et toujours dans le besoin de vivifier cette fibre Bamiléké en eux, décide de créer une réunion et là les montants de cotisation sont assez élevés ; du million à plusieurs dizaines de millions par mois. C'est ainsi que dans les grandes villes de ce pays, on a des réunions assez célèbres comme la réunion du 15, où des hommes d'affaire ultra influents se retrouvent.

L'Aspect Social dans ces réunions.

Dans toute réunion ou tontine Bamiléké, y a ce qu'on

appelle, hormis la cotisation normale et classique, le fonds de caisse, le jeton de présence. La caisse des imprévues est exactement ces trois caisses qui servent de levier d'entraide aux membres de la réunion, en cas de coup dur.

Comment ces caisses se constituent t elles?

Avant d'être une activité social et culturelle, les tontines sont aussi une activité financière et procède à des opérations et activités au même titre que les banques, c'est à dire : *La vente d'argent ou crédit*. Après une séance, les cotisations rassemblées vont au bénéficiaire du jour. Cet argent aussi, au cas où le bénéficiaire ne veut pas *bouffer*, car ayant d'autres projets et patientant d'avoir une somme conséquente pour le faire, peut décider de mettre cette somme aux enchères. Un ou plusieurs se manifestent et les enchères commencent. Dès que l'acquéreur le plus enchérissant remporte la mise, la plus- value dégagée lors de cette vente, ira, en bonne partie dans ces caisses, et l'autre partie bien sûr à la bénéficiaire du jour-là. Voilà donc comment se constitue ces caisses.

Comment l'aide se manifestait-elle?

Prenons le cas du décès d'un membre de la réunion ou d'un de ses proches (conjoint, enfants). Dans toutes les réunions, y a une charte qui stipule toujours que la réunion interviendra et aidera la famille du défunt, soit par l'achat d'un cercueil et des services y afférents (frais de morgue, corbillard, gerbe de fleurs, etc.…), soit pour la collation lors du deuil. Voilà pourquoi vous ne verrez jamais la dépouille d'un Bamiléké trainé et malmené, déshonoré comme on le voit chez certains peuples du Cameroun. Et aussi, le bamiléké le plus démuni est toujours au minimum membre de deux réunions (celle de son quartier et le Comité), c'est le minimum des minimas.

Prenons le cas d'une maladie. La réunion décide de payer ou avancer une partie des frais médicaux du membre malade. (Système de santé de l'occident ou communément caisse de maladie).

Prenons le cas de la rentrée scolaire. En fonction des excédents dégagées par la caisse des imprévues, la tontine décide d'octroyer une aide substantielle ou encore subside pour aider les parents à payer les frais d'écolage et les fournitures scolaires des enfants. Le montant est octroyé en fonction du nombre d'enfants dans le ménage. On voit bien que cette pratique ressemble étrangement aux allocations de rentrée scolaire en Occident. Je vous ferai remarquer que l'occident n'a mis sur pied tous ces systèmes d'aides qu'à la fin de la 2e guerre mondiale, alors que les Bamilékés le pratique depuis très longtemps, d'abord dans les villages, ensuite dans les villes, avec le phénomène de l'exode rural. Au vu d'une telle organisation, une question lancinante se fait pressante. Et si les Bamilékés étaient un peuple d'essence divine.

LA CHEFFERIE EN PAYS BAMILEKE

Je prends pour exemple la chefferie Bazou tout en me souvenant que la quasi-totalité des chefferies Bamiléké suit le même schéma.

La chefferie ou Sµih. Dans le langage courant, on appelle indifféremment "chefferie", le territoire ou TSU'IH que contrôle un Feu, et la capitale de ce territoire où réside le Fœh appelée tū fū'.

De là, quelques confusions. Il faut donc distinguer la chefferie en tant qu'unité territoriale de la capitale. La chefferie Bamiléké qu'on nomme parfois familièrement "le village" (mais un très grand village), est fortement centralisée et comprend : le territoire d'origine où s'était installé le fondateur. Les territoires conquis au cours de l'histoire, les territoires des chefs vassaux, la capitale, quartier du Fœh aussi appelé cī lâg. La chefferie est divisée en sous-chefferies, quartiers et sous-quartiers, Pour faciliter l'administration de certaines grandes chefferies comme Bazou, la centralisation est poussée au maximum. Le village Bazou est ainsi divisé en 63 grandes quartiers (tœn'lag) appelées sous-chefferies vassales. L'autorité est confiée à chacun de ses kēp par le fœh chacun issu d'une succession précédant une initiation.

Le NSU'IH est le principal centre administratif, spirituel et culturel de la chefferie. Il est situé au quartier tū sμih qui abrite tous les grands dignitaires et commande les autres quartiers.

La résidence personnelle du Fœh le tūfu' est le bâtiment le plus important du Sμih. C'est là aussi que vivent les femmes du chef, les serviteurs qui constituent son état-major et ses représentants. Le Sμih renferme enfin les lieux de rite dont les plus importants sont les cases qui abritent les crânes des ancêtres Fœh et son trésor (objets rituels). C'est le lieu de réunion des principales sociétés coutumières. Chacune des femmes du Fœh chacun des serviteurs dispose d'une case individuelle; chaque confrérie, aussi petite soit-elle et même si elle ne se réunit que rarement, tient à avoir une ou deux cases distinctes. Enfin, le Fœh doit pouvoir abriter les hôtes de marque, les Fœh amis et les notables du voisinage qui ne manquent jamais de venir assister aux grandes cérémonies. C'est ainsi que le Sμih peut comprendre plusieurs centaines de cases.

Aujourd'hui, les élites intellectuelles et commerçantes des différentes chefferies, compte tenu du progrès, édifient à côté des monuments traditionnels (grande case, case des sociétés secrètes), d'imposants palais modernes en béton.

Sur le plan urbanistique, le Sμih est toujours organisé de la même façon: ce schéma est repris, dans des proportions plus modestes par tous les notables. Il est installé sur un terrain en pente douce parcourue par une large allée centrale.et pour accéder au tū fu' il faut franchir trois clôtures : le Bu'lâg, le Bu'tœh, et le Bu'kūp.

La place du marché est tout à fait en haut appelée Tsēbē, Les cases des femmes de part et d'autre de ce "boulevard", la grande case et la résidence du Fœh (et ses dépendances) tout en bas, adossés au bois sacré et près de la rivière. Une allée latérale (perpendiculaire) conduit à l'entrée de la chefferie, défendue par un haut portique abondamment décoré de poteaux sculptés. Cette disposition, aux dimensions précises, est liée aux conceptions spirituelles. L'organisation de l'espace ici n'est rien d'autre que le reflet de l'ordre rituel. La place du marché domine la résidence personnelle du Fœh. Elle s'ouvre sur la perspective de la pente de l'allée centrale. Le marché se tient généralement une ou deux fois par semaine, selon les chefferies. Le Sim, outre son rôle économique, joue d'autres rôles essentiels dans la vie coutumière Bamiléké. C'est un véritable centre d'animation. Les cérémonies et les danses coutumières s'y déroulent. La place est très vaste et ombragée par des baobabs gigantesques auxquels est attaché un caractère sacré. On y trouve un certain nombre de cases appartenant aux grandes sociétés coutumières et chacune abrite un grand tambour d'appel, le dœ', ayant environ 1m de diamètre et 3 de long, avec des figurines sculptées aux extrémités.

Deux dœ' sont particulièrement importants : ce sont les tambours personnels du Fœh qu'il fait sculpter lors de son accession au trône.

A la mort du Fœh, les deux tambours sont exposés au marché où ils demeurent jusqu'à complet effritement et un autre jeu de tambours est confectionné à l'usage du nouveau Fœh. Ces tambours servent d'appel à la guerre. Chacun en l'entendant, doit venir au marché et se préparer au combat. Un peu à l'écart du marché, se trouve la place des rituels sacrés (Littéralement : le marché de la magie). On y trouve l'enclos de danse de la société ŋwãlag confrérie des princes qui gardent les instruments sacrés de la chefferie. C'est ici que se dresse une petite case sacrée appelée tso' dans laquelle ne pénètrent que les membres du nkōn ve'he pour les rites qui sont exécutés tous les deux ans, les années dite deug (de la magie).Il est formellement interdit de toucher ou de pénétrer dans le tso'. Même les animaux ne peuvent commettre pareil sacrilège mais est ce que nos chefferies sont encore traditionnelles ou l'ombre d'elles même.

ORGANISATION SOCIO TRADITIONNELLE.

La société traditionnelle est organisée en une structuration très vaste appuyée sur lerespect des règles et éthique des valeurs traditionnelles. Cette société est régie par des institutions qu'incarnent les chefferies traditionnelles donc le roi qui reçoit ses pouvoir et attributs de la divinité via les ancêtres est le garant des institutions, et cette société est organisée hiérarchiquement. On part des totems protecteurs du village, passant par un roi,des différentes confréries et le peuple. Le roi reste et demeure le père de tous mes fils et filles de sa chefferie ici définir comme son territoire de commandement. Et les plus en vues sont des confréries traditionnelles et qui dit confréries dit initiation.

L'INITIATION

lorsqu'on parle d'initiation les gens s'imaginent en général quelque chose de compliqué, de mystique, de magique ou d'incompréhensible, ou encore des gens qui détiennent des pouvoirs ésotériques ou magiques, etc. Or il n'en est rien.

L'initiation, c'est l'ensemble des épreuves par lesquels l'humain qui est pour nos ancêtres un être divin, un dieu incarné, se forme, suit le cycle de la vie et rejoint la condition divine qui il avait auprès du créateur avant son incarnation dans le monde ou nous sommes.

Car pour nos ancêtres l'existence ne commence pas avec la naissance physique. La naissance est le résultat d'un processus qui implique que l'humain qui naît existe déjà dans le plan divin et spirituel. La naissance est donc perçue comme l'incarnation physique d'un être qui existait déjà sous la forme spirituelle dans le monde spirituel.

Et pour pouvoir faire la preuve de sa divinité, l'humain doit pouvoir connaître (à travers les épreuves de l'initiation) la réponse à ces 4 questions fondamentales :

Qui suis-je ? (quel est mon statut social, mon rôle, ma fonction, mes forces et faiblesses ?) D'où viens-je ? (qui est le créateur ? Qui sont mes ancêtres, mes lignages, etc.

?) Ou vais-je ? (quelle est ma destinée, mon avenir, ma destinée après ma mort physique et mon passage dans l'au-delà ?) Et quelle est mission ? (Pourquoi je suis né, que suis-je venu faire en ce monde ? quel sens je donne à ma vie ? quel ancêtre je serai dans l'au-delà et quel sera mon rôle dans l'au-delà ?) Cela suppose pour l'humain de se connaître lui- même profondément (nature, statut, etc.), afin d'évaluer son potentiel divin, c'est-à-dire les capacités naturelles et divines que lui a transmis le créateur. Pour cela, l'humain doit subir tout au long de sa vie, une formation au moyen des épreuves (initiations).

Les épreuves (initiations) que l'humain subit lui permettent de connaître sa nature divine, sa fonction divine et le rôle divin qu'il a joué (sa mission) et remplir ce rôle vis-à-vis de lui-même et vis-à-vis des autres, dans la société ou il est issu et où il doit agir,

Pour nos ancêtres, le monde tel que nous le voyons, c'est-à-dire le monde matériel et physique n'est pas le seul monde qui existe, il existe aussi le monde spirituel divin avec le créateur, les ancêtres, les esprits, etc. ces mondes (physique et spirituels) sont liés, connectés par des lois et des principes qui les unissent pour ne former qu'un seul monde dans lequel le physique et le spirituel sont liés.

Ces lois et ces principes permettent au monde spirituel d'interagir sans cesse avec le monde physique et vice versa. Donc les êtres vivants ont des liens avec le monde physique (la nature, etc..) le monde spirituel (le créateur, les ancêtres, etc.)

L'initié est celui qui va donc subir des épreuves (initiations) en lien avec les lois de lanature, le monde physique et le monde spirituel. Les enseignements qu'il tire de ces épreuves lui permettent de se connaître lui-même (ses forces et ses faiblesses), de connaître sa place, son statut, son rôle qu'il ou elle doit jouer, sa mission, de même que lesliens qui l'unissent à la nature, au monde physique, au monde spirituel et d'agir et de réaliser sa mission pour laquelle il est né, en tenant compte de tous ces facteurs.

L'initié c'est donc celui qui peut répondre aux quatre questions suivantes: Qui suis- je ? (quel est mon statut social, rôle, fonction ?) D'où viens-je ? (qui est le créateur ? Qui sont mes ancêtres, mes lignages, etc. ?) Ou vais-je ? (quelle est ma destinée, mon avenir, ma destinée après ma mort physique et mon passage dans l'au-delà ?) Et quelle est mission ? (Pourquoi je suis né, que suis-je venu faire en ce monde ? quel sens je donne a ma vie ? quel ancêtre je serai dans l'au-delà et quel sera mon rôle dans l'au-delà ?)

L'initié est donc celui qui est formé, et qui sait d'où il vient, ou il va, quelle est sa mission, et qui connaît ses forces et ses faiblesses et les voies et moyens de réaliser sa mission divine. Les connaissances que détient l'initié sont les connaissances propres pour lui-même, qui lui permettent d'accomplir sa mission sur terre mais aussi d'arriver à rejoindre sa place et jouer son rôle dans l'au-delà.

Toutefois avant de pouvoir rejoindre sa place et agir dans l'au-delà, l'initié doit subir l'épreuve (initiation) du jugement divin pour être justifié et devenir un saint, un être de lumière totale, un ancêtre bienheureux. Tout être ayant une mission pour laquelle il est né, l'épreuve du jugement divin est l'épreuve ou l'initié doit rendre compte à Dieu de sa mission terrestre et prouver qu'il l'a accomplie.

L'initiation commence dès la naissance et se poursuit même dans l'au-delà. Par l'initiation l'être humain avance et rejoint de manière graduelle la condition divine totale. Il y a donc les initiations à la naissance (les cérémonies et rites qu'on fait à l'enfant lorsqu'il nait et qu'il est un bébé), il y a les initiations dans l'enfance (circoncision, etc. ;), les initiations a la vie sociale, les initiations à la puberté et à la sexualité, les initiations a l'âge adulte, les initiations lorsqu'on devient âgé, etc.. La mort même est une initiation. C'est pourquoi tous les rites et cérémonies qu'on fait lors des funérailles sont en fait des rites initiatiques qui sont faits pour le défunt afin que celui traverse la mort et accède à la vie éternelle dans l'au-delà. Le jugement divin est une initiation. L'initiation s'achève lorsque la personne après le jugement divin devient juste et saint (ancêtre) dans l'au-delà.

L'initiation c'est donc la formation pour suivre le cycle de la vie (naissance-vie-mort et au-delà) et rejoindre la condition divine au moyen d'épreuves (initiations) qui permettent de franchir ces cycles de la vie, tout en sachant qui on est et ou on va et quelleest notre mission. L'initiation n'est donc pas quelque chose de compliqué, de mystique, de magique ou d'incompréhensible comme beaucoup de gens s'imaginent ou n'a rien à avoir avec des détenteurs de pouvoirs occultes ou magiques, etc... Comme beaucoup de gensimaginent.

LES CONFRÉRIES TRADITIONNELLES

GENERALITES

Les associations coutumières ou sociétés secrètes sont dénommées **nkêm** ou **kup.** Elles constituent les rouages religieux, politiques, économiques et culturels sur lesquels s'appuie le **fo** ou **fœh** pour se tenir informé des besoins et de tous les problèmes de ses sujets. Elles sont une tribune qui permet à l'inverse aux individus de s'exprimer et d'être partie prenante des affaires de la chefferie. Le **fo** ou **fœh** en tire en outre de nombreux avantages matériels. **Les nkêm** ou **kup**, par l'intermédiaire de leurs dignitaires ne sont pas seulement préoccupées des fonctions et des besoins de la communauté mais aussi et jusqu'aux plus élémentaires, de chacun de ses membres. Cette solidarité mais aussi cette discipline rigoureuse, sont si fortes qu'un individu ne peut exister socialement sans appartenir à l'une ou plusieurs de ces sociétés.

A l'extérieur, les Bamiléké éloignés. De leur région d'origine, étudiants oufonctionnaires, commerçants ou planteurs, se réunissent spontanément en associations' dont le **fo** ou **fœh** est le parrain. Ces groupes sans véritable base traditionnelle sont différents des **nkêm,** ils en sont finalement les ersatz. En bref, les sociétés secrètes contribuent à résoudre les problèmes de la survie non seulement de l'état nation qu'est la chefferie mais aussi de tous ses membres individuels. Quelles que soient la grande variété des sociétés d'une chefferie à une autre (puisque le **fo** ou **fœh** en accédant au trône et dans des conditions précises, peut créer une confrérie nouvelle) et leurs différentes fonctions, toutes concourent au même but, la grandeur de la chefferie. Sans elles, on ne parlerait plus de ces états-nations. A noter que seules certaines d'entre elles sont authentiquement secrètes. L'individu et le groupe cherchent à accroitre leur puissance en s'alliant aux animaux, aux forces de la nature et au cosmos. C'est le totémisme qu'on rencontre un peu partout dans l'Ouest. Les membres de ces sociétés totémiques sont les dignitaires les plus prestigieux de la chefferie. Le calendrier est aussi lié au **nkêm ou kūp** dans la mesure où chaque jour de la semaine correspond à la réunion d'une ou plusieurs sociétés.

SOCIÉTÉS SECRÈTES ET CONFRÉRIES INITIATIQUES

La propagande mensongère, les discrédits et mépris jetés sur nos cultes par leurs religions ont fait de sorte que beaucoup de nos frères et sœurs ont une mauvaise perception de nos différentes sociétés secrètes africaines.

Il faut noter que l'appellation de sociétés secrètes est une invention coloniale car leur vraie appellation était et demeure les chambres consultative et ces chambres consultatives sont, en fait, des grandes écoles de la Vie, des ordres d'initiation, qui ont un rôle de divination, de protection, d'éducation, de socialisation, de formation morale, spirituelle, physique et psychique de l'humain à travers des découvertes d'objets sacrés, des vertus, des épreuves physiques, des leçons de morale et l'enseignement des lois de la nature. N'ayez plus peur de vous-mêmes !

Toutes les sociétés secrètes africaines ; les chambres consultatives (Kômô, Mbog, Bwiti, Poro, Vodun, Ceddo-Djom,

Kikimba, Lemba, Niagwaya, Koo, Afatroog, Gwa, Nama, Korê, Nku'ghan, ŋwalag, ŋikwang, Madjong , Butsi, Essa , Essam...) condamnent : l'injustice, la dictature, la trahison, le vol, la fourberie, le mensonge, la paresse, l'indiscrétion, l'envi, la haine, la trahison, la division, l'adultère, les crimes de toutes natures, les déviances sociales, l'ingratitude, etc.

L'unité de principe et la Nécessité de rebâtir la cohésion culturelle ancestrale entre les Africains émanent de notre volonté à bien faire pour pérenniser nos valeurs et rendre honneur aux ancêtres.

Leurs religions, à part la division des africains, ne nous ont donc rien apporté de nouveaux en terme de sagesse, puisque l'essence morale qu'elles enseignent ne sont que des plagiats d'une toute petite partie de ce qui existaient chez nous des millénaires avant la naissance de ces religions. La Religion négro-africaine est inégalable.

Dieu a créé la Diversité pour que chacun soit lui-même et il n'a demandé à personne d'abandonner sa culture, sa vision du monde au profit de celles des autres. Apprenons à nous connaître, avant de connaître des autres !

Vous comprenez donc pourquoi je parle de régression spirituelle, quand je vois un Africain laisser notre Or la vraie Civilisation, si tolérante, qui a permis le développement de l'humanité dans toutes ces formes pour s'emparer d'un métal pas très brillant

Dœ' la communication

Au jour dit, le tambour d'appel résonne pour appeler les membres du groupe à se réunir dans la case de réunion **dīã kūp.** Ces cases sont généralement ornées de poteaux, linteaux, statues, panneaux dont l'étrange symbolisme des motifs doit rester obscur aux profanes qui y voient toujours des expressions maléfiques. Les membres arrivent souvent distillés sous des masques en bois ou cagoules, destinés à les protéger du sacré. à côté des granges confréries, existent de nombreuses sociétés de quartiers ou de chefferies vassales **tœn lãg,** noyau d'anciens peuplement, qu'il ne faut pas négliger.

LA HAUTE CHAMBRE DES NEUFS

La société MKONG VE'HE, auxiliaire indispensable du Fœh, en pays Bamiléké. Littéralement, MKONG VEU'EH' signifie « les neufs notables ».C'est une société politique et rituelle, essentielle à l'organisation de la chefferie. Cette assemblée consultative comprend théoriquement les héritiers de ceux que le fondateur avait choisis comme compagnons, pour l'assister dans sa charge. Le MKONG VE'HE 'contrebalance les pouvoirs du Fœh et en principe, la limite. Le conseil du MKONG VE'HE comprend huit notables, descendants des compagnons du fondateur de la chefferie, et le Feu lui-même. Cependant dans beaucoup de chefferies, le conseil est élargi à d'autres dignitaires, Cμibu, Mãfœh, également descendants et responsables des règnes précédents. Par exemple, à Bazou, il compte 30 membres. Ce qui n'empêche pas que seuls les neuf notables titulaires aient le droit de participer aux délibérations et aux décisions. Les autres ne disposant que d'un droit de parole limité. Les membres titulaires portent accolée à leur nom, une particule signifiant "héritier de". Tous portent au poignet gauche un bracelet de cuivre doté d'un certain pouvoir. Pour les cérémonies, ils ont une jupette en tissu traditionnel, de couleur ocre et rouge ; ils tiennent à la main l'arbre de paix. Par exemple pour le rituel du Kem, tous les deux ans. C'est lui qui désigne le successeur du Fœh défunt, en tenant compte bien entendu de l'avis donné par le Fœh avant sa mort. Le conseil intervient aussi lors de la désignation et de l'intronisation des principaux dignitaires. Les funérailles d'un de ses membres ont lieu sur la place du marché au même titre que celles du Fœh. Le joue NKON VE'HE un rôle très actif lors des rituels magiques et mystiques de la période du Kem, tous les deux ans (initiations, rites agraires, etc.)

On peut dire que ce conseil intervient constamment, mais en particulier dès que la chefferie est menacée, il décide de la guerre ou de la paix, Il constitue un tribunal coutumier suprême C'est une sorte de collège de grands prêtres. Le nkon ve'he contrôle toutes les autres sociétés de la chefferie et se trouve d'office, membre des plus puissantes sociétés totémiques. Au point de vue social, il joue un rôle régulateur, met de l'ordre dans la chefferie. Il combat tous les maux sociaux, dont les désordres de l'adultère, par exemple. L'administration coloniale, puis celle actuellement en place, s'est plutôt appuyée sur le Fœh en élargissant son rôle par rapport au, dont elle a eu d'abord tendance à minimiser les fonctions. Cette politique a quelque peu transformé l'aspect des chefferies. En fait, les neuf notables sont les seuls vrais dépositaires de la coutume dont le Fœh, parmi ses pairs, n'est que le gérant. Le Fœh ne peut pas régner sans le concours actif du MKONG VEU'EH' et des sociétés coutumières, car les fondateurs des chefferies, ont tenu à faire respecter un certain équilibre des forces politiques en présence.

Deux exemples peuvent illustrer ce point de vue : l'intervention partisane de l'administration dans le choix d'un Fœh à Baham en 1954, à la mort du chef K Max, a entrainé une crise grave qui a pesé de tout son poids sur la résistance en pays Bamiléké en 1955 - 1960.Ailleurs, le refus de prendre en considération de l'avis des neufs notables et des dignitaires coutumiers, a entrainé une crise grave à Banka de 1954 à 1981, date à laquelle on est revenu à la règle traditionnelle de succession des Fœh en ligne légitime.

L'administration, de nos jours, s'appuie sur le Fœh, négligeant le nkon ve'he et l'on peut y voir une des causes très dommageables de la décadence des institutions traditionnelles. Lechiffre neuf signifie, les neuf orifices naturels humains:

> Les narines symbolisent le Pouvoir
> Les oreilles, la Prévoyance
> Les yeux, la Sécurité
> La bouche, la Communication

Le sexe, la Fécondité;
L'anus, le Service.

LA HAUTE CHAMBRE DES SEPTS

Kah'

Cette chambre consultative traditionnelle, inaperçue joue un très grand rôle de Veil au respect strict des lois et institutions traditionnelles, et sur le plan spirituel de par le chiffre sept symbolise les sept élévations de la pensée, les sept radiations de la lumière, et aussi les sept codes musicaux, voilà une preuve de plus que nos ancêtres étaient des érudits qui pratiquaient la supra science. Ne peut être membre que pour voir de transmission par succession pour la seule voie qui et l'initiation.

LES SOCIETES KWƎ'SI

Danse initiatique le kwə'si

A l'origine, le kwə'si est une confrérie guerrière qui était implantée dans certaines chefferies telles que Baleng; Bafoussam, Bandjoun, Baham, etc. Le kwə'si est en quelque sorte l'état-major du   o. Ses membres sont les gens les plus puissants et les plus riches de la chefferie. Ils portent, comme tenue de parade, une cagoule noire faite de tissu local. On y accède par héritage et/ou paiement d'un droit d'entrée assez élevé: une femme (ou la contre-valeur d'une dot de bonne famille) ou une forte somme d'argent (plus d'un million de francs CFA en 1983). Le kwə'si est fortement hiérarchisé. Lors des danses le type ou le nombre de parures, costumes ou ornements portés par un sociétaire est fonction de son grade. Il se divise en deux groupes distincts: le kwə'si des princes ou

70

kwə'si kēp a des fonctionnaires, des bourgeois ou anoblis: le kwə'si des hommes qui comprend aujourd'hui des intellectuels. Le kwə'si s'occupe de la mobilisation générale tant économique que militaire pour résoudre tous les problèmes graves menaçant la survie ou l'honneur de la chefferie. Il a des fonctions administratives il décide de la répartition des tâches dans les grands travaux d'intérêt général et des prestations de service entres les différents quartiers et les principales familles de la chefferie. Actuellement, le kwə'si s'exhibe dans les manifestations culturelles ou artistiques au plan national et même international.

A l'inverse de autres danses, la danse du kwə'si est particulièrement animée. Les danseurs sortent de la grande case et parcourent, bien alignés, la grande allée du dīã kup. Tous sont masqués sauf le fo qui ferme la marche. Dans un enclos entouré de nattes de raphia ou tīã sur lesquelles sont attachés de grands morceaux de tissus dop, les principaux instruments de musique sont cachés (tambours verticaux, doubles cloches, etc. ...) Les masques sont variés, nous en avons recensé une vingtaine de types différents à Bamougoum (1983). Les reines comme le fo, ne sont pas masquées et portent sur le dos des peaux de panthère perlées. Les coiffures des danseurs sont aussi très variées. Celle du fo est impressionnante par sa taille, celle de Bandjoun a 3 mètres de diamètre et 2 mètres de haut ! Chacun noue autour de ses reins des coupons de tissu dop portant des motifs traditionnels. Les danseurs ont aussi des corsages perlés, des ceintures décorées de motifs symbolisant la royauté de la chefferie, des grelots ou des bracelets de cheville, des peaux de panthère, etc. ... Les plus gradés ont à leurs côtés des serviteurs qui les aident à supporter les lourdes et encombrantes coiffure de danse. Dès que la musique retentit, les danseurs commencent à rythmer la cadence et font un tour complet de la place du marchéentre deux haies de spectateurs en liesse. Cris et coups de fusils (ou de pistolet de fabrication locale) ponctuent la danse et encouragent les membres. Les manifestations de Kwə'si sont annuelles ou lors des funérailles et retraits de deuil importants.

LA SOCIETE KWIMTƎ

Danse initiatique le nzouh

Le kwim'tə littéralement: "percer ou clouer les oreilles") est une redoutable société judiciaire chargée d'appliquer les sanctions contre tous ceux qui ont enfreint la coutume, notamment en matière de vol, adultère, banditisme et rébellion contre les institutions établies. C'est une confrérie redoutée et très fermée. En temps de guerre, elle s'occupe de lever des troupes (même de force). Elle est animée par les princes du fo ou fœh (cµbu, wãfo, mãfo) mais élargie à quelques dignitaires dont les notables du kwim'tə. Le tambour d'appel du kwim'tə est placé à la place du marché dans un abri clos. Les membres du kwim'tə portent des cagoules noires surmontées d'une multitude de coquilles d'escargots ou d'un ensemble de plumes. A Bapi, la cagoule est faite de bandes verticales noires et ocre. Les plus gradés portent des cannes en bois sculpté. Les membres de la société, en service, circulent toujours masqués, de jour comme de nuit, munis de longs bâtons en nervure de raphia, voire de matraques pour associer sans merci ceux qui voudraient entraver leur route ou même les apercevoir avec trop de curiosité. Ils utilisent des signes de reconnaissance qui sont des sifflements plus ou moins modulés. Le rôle du kwim'tə est apparenté à celui de la Hight Society" aux masques effrayants de l'ex-Cameroun britannique.

LE NKU'GHAN

Danse initiatique le nku'ghan

73

Comme la garde présidentielle dans une république, le nKu'ghan est idem pour un royaume. Le nKu'ghan est unique danse au monde qui se danse de la même façon et les chansons les même depuis des siècles. Sa ; particularité est donc dans cette unicité d'esprit et la cohérence entre ses membres de par le monde. Le nKu'ghan est la danse des guerriers bamilékés, charges de mettre de l'ordre dans nos villages et en tant que soldat le nKu'ghan est dévoué entièrement à la quête de la paix dans le village.

Comment devenir NKu'ghan?

On devient membre du nKu'ghan de deux façons simples :

- **Par adhésion personnelle.**

Le nKu'ghan n'est pas une danse fermée et réservée comme les déstabilisateur de notre peuple ont voulu nous faire croire et nous empêcher de former nos guerriers. Comme toute armée, son recrutement est ouvert à tous les fils et filles du village désireux d'en faire partir. La démarche est d'autant plus simple qu'il suffit de faire part de son envie au *ta'nKu'ghan* du village et remplir les conditions d'adhésion.

- **Par hérédité**

Tout enfant d'un nKu'ghan est un nKu'ghan, voilà le principe aussi simple et peut danser le nKu'ghan dans n'importe quel village bamiléké, mais le successeur d'un nKu'ghan est amené à organiser son propre nKu'ghan. Il est à noter que l'entrée dans la confrérie des guerriers nKu'ghan est libre mais la sortie est interdite.

La tenue du nKu'ghan

La tenue du nKu'ghan est compose d'un minimum de trois choses

- La robe : Elle se distingue et est constituée des fibres de cheveux et de tissu traditionnelN dop, il est facile de savoir l'âge de la tenue d'un nKu'ghan en utilisant la méthode carbone sur sa robe qui se transmet de génération en génération.

- Le bâton : Il est la marque déposée, il ne doit jamais tomber lors d'une parade auquel cas son interprétation est facile.

- Le chapeau : Il est orne de cauris et fait à base des cornes. Sa forme et le nombre de cornes disent long sur son propriétaire.

Le lieu de danse du nKu'ghan.

Le nKu'ghan se danse toujours en un minimum de deux étapes.

1- La nuit.

Comme toute danse traditionnelle et coutumière bamiléké, les opérations du nKu'ghan se déroulent la nuit. Qu'il s'agisse d'un deuil, d'une adhésion on dansera toute la nuit arrosée de boissons et de nourritures des nKu'ghan, il est à noter que les nKu'ghan préparent eux même leur nourriture.

2- Le jour

La danse du jour est juste la continuité de tout ce qui s'est passe dans la nuit. Cette fois ci les nKu'ghan seront masqués, pour mieux dire habilles en tenue de circonstance liée à leur rôle. Le Ta' nKu'ghan n'est pas oblige de porter son masque de nuit comme de jour. IL faut noter que lorsqu'un nKu'ghan sort de chez lui pour une opération, comme tout guerrier, il est sure de passer au moins deux jour sans fermer les yeux. Le nKu'ghan se danse en plein air et quel que soit le relief.

LE ŊWÃLA'

La calebasse sacrée

L'une des plus puissantes des confréries traditionnelles, et la plus structurée, tout comme le nKu'ghan, mais à une différence prêt dans sa structure et organisation. Le ŋwãla' regorge en son sein différent échelons et chaque membre seul possède en lui le secret de savoir qui est membre. Il faut noter que leur sortie reste un mystère et qu'à chacune de leur sortie, il est recommandé à la population chacune de fermer leur porte à leur passage. On n'adhère pas à cette chambre mais il se transmet de père en fils suivi d'une initiation par la voix et le son qui se termine par la transmission en l'être de la théorie de la calebasse Persée, c'est la raison pour laquelle toute leur cérémonie reste un mythe pourtant vrai. Leur rôle est très vaste : purification, sécurité, hauteur de la plupart des rites d'initiation avec leur pouvoir absolu dérivé du feu.

LE MÃDJÕN

Danse initiatique le tsõ

Le mãdjõn est une société de classe d'âge dont le but est

d'initier les jeunes gens au métier des armes et d'effectuer des travaux d'intérêt commun (construction de cases, pont chemins, etc...) Chaque quartier a une unité, autrefois militaire, de nos jours culturelle et économique, ayant à sa tête un tãmãdjõn (le chef d'état-major) Tout jeune Bamiléké de sexe masculin de plus de 12 ans doit obligatoirement être membre du mãdjõn. Le droit d'entrée est de deux sacs d'arachides et de plusieurs fagots de bois. LeLali est une section supérieure du mãdjõn, qui était très active autrefois, surtout en temps de guerre. C'était le peloton d'élite, les troupes de choc du mãdjõn. Le mãdjõn n'a pas de caractère religieux ou sacré ni de rites secrets hors mis quelques pratiques magiques de protection effectuées par l'état-major. Mais échappant à la masse des troupes.

Par exemple Le fœh de Bazou sa majesté NANA TCHAKOUNTE raconte : son père fœh TCHAKOUNTE devait à cette époque se battre contre des ennemis mieux armés et plus nombreux que ses propres troupes. Or, il avait heureusement en sa possession un mystérieux bâton magique qui en pleine bataille, pouvait transformer le jour en nuit ou vice-versa, selon les nécessités. J'ai vu ce couteau pour la dernière fois à côté de la case à palabre lors de la visite de la troupe allemande de 1929-1938. Cette troupe voulait s'emparer du bâton du fœh TCHAKOUNTE pensant que c'était l'arme absolue. Je ne sais plus où se trouve maintenant cette arme magique.

Cependant, certaines sections ou classes du mãdjõn sont de véritables clubs fermés qui utilisent des pouvoirs magiques et font des sacrifices propitiatoires pour la bonne réalisation de leurs objectifs. Dans ce cas, les tã mãdjõn secrètement réunis dans un lieude culte appelé dĩã kūp, se livrent à des incantations et des sacrifices. Avant de lancer les opérations militaires. Le mãdjõn a sa case de réunion au sɥĩh. On dénomme aussi cette société au garde royale. De nos jours, le mãdjõn est surtout connu pour ses dansesacrobatiques et les parures des danseurs.

Le mãdjõn (les guerriers en Nbum) contrairement à ce qu'on croit aujourd'hui était l'une des plus vielles confréries guerrières des temps anciens. Le mãdjõn qui veut dire les guerriers était dirigé en son temps par un tãmãdjõn désigné par le roi, leur mission, étaitla conquête et protection des territoires. Mais en ce jour cette noble confrérie a disparu eta laissé place au honnorifisme (culte des honneurs) et aux associations à but socio business, mais la question c'est ; est ce qu'il est encore possible de sauver cette valeur ? Moi je ne répondrai pas mais je laisse le soin aux gardiens de la tradition de se pencher sur le sujet.

LES LIEUX DE REUNION

Les réunions périodiques des sociétés kūp (confréries traditionnelles) ont lieu dans des cases spéciales, certaines installées sur la place du marché, chaque confrérie importante ayant la sienne. La case est décorée de motifs symboliques sculptés sur les montants des portes et les supports du toit. Elle est entourée d'une palissade laissant une vaste cour. Dans un coin, se trouve le lieu de culte avec la pierre fétiche. Généralement on trouve dans des cases de nombreux sièges. L'emplacement et le type de siège que doit occuper chacun des membres, sont fonction de son rang social. Deux types de disposition.

Premier cas: les sièges ayant des formes et des motifs symboliques variés sont disposés tout autour de la case. Celui du fo se trouve immédiatement à droite de l'entrée principale, les autres sièges se succédant selon l'ordre d'importance de leur propriétaire. L'homme le moins gradé se trouve donc à la gauche du Chef, de l'autre côté de la porte. Les sièges des membres décédés sont suspendus au plafond de la case tant que l'héritier n'est pas venu en prendre possession. Au centre de la case, il y a un foyer.

Deuxième cas (le plus courant) : la salle de réunion est carrée ou rectangulaire, seulstrois côtés sont occupés. Dans l'axe du rectangle, sur un des côtés, s'installe le fo ou son représentant entouré des plus grands dignitaires, sorte d'état-major connu actuellement sous l'appellation de "Comité mystique". Un des grands côtés est réservé aux membres de sang royal, le côté opposé aux membres ordinaires. L'éloignement plus ou moins grand du fo est fonction des grades respectifs des membres (ou de leur influence religieuse et sociale). - "Le plus important de l'urbanisme bamiléké réside dans la superposition hermétique du plan des réunions des sociétés coutumières au schéma urbanistique de la chefferie"(L'entrée dans les lieux de réunion n'est en principe réservée qu'aux membres des dites sociétés.

TENUE DES REUNIONS

Le jour de la réunion ordinaire, chaque membre du kūp se rend au marché, à la casede réunion, portant cagoule et signes de reconnaissance avec lui l'inévitable etindispensable calebasse de vin de palmier raphia et un petit fagot de bois pour le feu. Autrefois, il était en outre muni d'un gros bâton noueux, véritable gourdin destiné à rosserà mort tout individu qui aurait eu l'imprudence ou l'impudence de le gêner dans sa marche. Certains sifflaient pour avertir mais d'autres non, en particulier les membres du kūp Il y eu encore des incidents de ce type dans les années soixante. Il fut alors interdit auxmembres des sociétés coutumières de sortir en cagoule dans les chemins des chefferies en menaçant les gens. Cependant, de nos jours, lors des fêtes rituelles et funéraires acceptant à présence du public, les membres des kūp restent toujours hargneux et agressifs envers les curieux.

Des gens ont reçu dans ces conditions de sévères bastonnades (à Baleng, Baméka, etc...) pour s'être trop approché des membres du kūp. Dans des pareils cas, la foule se range tout de suite aux côtés des sociétés coutumières et donnent tort aux "curieux». La réunion elle-même commence toujours par un Sacrifice ou des libations à la pierre fétiche Il y a en outre Des cérémonies rituelles: j'ai vu de mes yeux une statue de femme Posée sur une peau de panthère, protégée par un parasol et Gardée par des serviteurs voilés Puis on s'échange les nouvelles et on discute des affaires de la chefferie et de la confrérie elle-même (cotisations, initiations, etc...). Au cours de ces réunions, les sociétaires se livrent à de copieuses libations de vin de palme et font Quelque peu ripaille avec de la viande de porc ou de chèvre Préparée à l'avance. Lors des débats, chacun doit être sincère Dans ses déclarations et ses opinions et peut parler librement Sans crainte, théoriquement, d'être trahi à l'extérieur. N'oublions Pas que beaucoup sont aussi devins et/ou sorciers. Même les actes du fo et de famille royale comme ceux des grands dignitaires sont examinés et éventuellement critiqués. D'autres cérémonies mystiques font partie des activités de certains **kūp**. Au cours d'une séance, chaque membre peut révéler à ses collègues, celui de ses enfants qu'il désigne comme son successeur. Dans ce cas, il choisit parmi ses amis, un parrain qui s'occupera de faire les démarches nécessaires (cotisation entre autre, droit d'entrée) au moment voulu. C'est ainsi qu'à la mort d'un membre, il y a toujours quelqu'un au courant, chargé de régler au mieux la succession. Après l'initiation, c'est ce parrain qui remet au néophyte le tabouret de son père et l'y fait asseoir. Ce geste est la conclusion desinitiations. Si le défunt lui-même et sa famille n'avait pas assez d'argent pour payer le droit d'entrée du candidat héritier, c'était le p3rrain qui devait compléter la somme pour éviter une vengeance posthume du père défunt. Le droit d'entrée pouvait être doublé ou triplé par le kūp, rançonnant ainsi un parrain riche au profit de tous les autres membres.

Le kūp a des règles de conduite stricte du moins en apparence, et tout manquementcaractérisé à ces règles pouvait entraîner de sévères sanctions, des amendes plus ou moins fortes à l'élimination physique pure et simple par envoûtement ou poison, dans le cas surtout .de trahison des secrets - A cet égard, seuls quelques membres avaient une connaissance approfondie de la coutume et de ses secrets, la masse des membres n'en avait qu'une connaissance superficielle. En fin de réunion et après, les membres dansent dans la cour au son de la musique sacrée. Si le mk3m vit bien des droits d'entrée de ses nouveaux membres et des amendes diverses infligées (sans compter les dons spontanés), la confrérie kūp est en contrepartie une société d'entraide sur laquelle on peut toujours compter en cas de difficulté (fêtes à organiser, funérailles calamité, etc)

CONCLUSION

Les kūp, les sociétés coutumières, sont des confréries initiatiques en grande partie secrètes. Elles sont de véritables groupements d'entraide mutuelle basée sur une morale stricte, la justice, la solidarité et la discipline de ses membres. Elles contribuent grandement à la formation des individus et à intégration poussée dans la vie de la chefferie. Chaque sociétaire se sent protégé et assuré dans la mesure où il suit les règles sociales coutumières établies. La force des kūp repose sur la force de la parole. Le sermentde secret à l'entrée est un véritable pacte magique qui contient en lui-même la sanction de sa trahison, la mort sans appel. Les cultes, les rituels mystiques, les pratiques magiques des kūp nous sont et nous resteront grandement mystérieux, beaucoup de symboles nous échappant en tant que profane. N'est-ce pas, à contrario, la preuve d'une vitalité intrinsèque dont il faut plutôt se réjouir dans un contexte général africain de déstructuration et d'acculturation plus ou moins rapide.

CHEFFERIE ET ANOBLISSEMENT

En pays Bamiléké, l'étymologie " Fœh" renvoi à roi, et non à chef, comme prévu par nos prédateurs .En plus, dans la quasi-totalité de nos royaumes, n'en déplaise à ceux qui veulent se prendre pour ce qu'ils ne sont pas en réalité. L'anoblissement de l'individu est le résultat d'un long processus de socialisation qui commence tout au moins, avec la naissance de chaque concerné. Bien plus, les sièges de nos institutions coutumières ont un caractère sacré, et ne devraient par conséquent pas être ouverts aux premiers venus pour quelque raison que ce soit ! Les chefs pour le designer ainsi, peuvent bien être les vassaux de l'administration dans les faits, dans certaines parties de notre pays! Mais, honnêtement, tel n'est en principe pas le cas, lorsque l'on se déporte vers l'Ouest Cameroun, où le roi ne rend véritablement compte de son règne qu'à son peuple. A Bazou par exemple, on a souvent coutume de souligner la nature interdépendante des relations qui existent entre le peuple et son souverain ! Nos rois sont craints, et cela ne dépend ni des caprices de l'administration, encore moins de celles de ceux qui tirent les ficelles de l'ombre ! Nous sommes un peuple à la fois très bien organisé, et laborieux ! Alors, que certains de nos leaders se trouvent parfois entrain de percer le mystère, ce n'est en réalité que le résultat d'une frustration endurée au fil des ans par beaucoup d'entre nous qui finissent parfois par perdre le sens du discernement et de dignité ! Faisons la part des choses, en attirant l'attention de cette catégorie de monarques sur les conséquences négatives de ce genre de comportement, au lieu de nous résigner à nous réduire à la mendicité et à un statut d'esclave perpétuel.

LA DECADENCE DU FEUH EN PAYS BAMILEKE.

Le Fœh selon une certaine tradition orale était choisi parmi les notables. Le plus souvent, il était le moins nanti à qui on offrait des présents, des présents qui étaient destinées à entretenir les notables lorsqu'il y'avait des réunions secrètes. A l'époque, chaque notable rôtissait son plantain dans la case secrète mais en choisissant un Fœh celui-ci se sacrifiait a cet acte pour nourrir l'ensemble. Le Fœh n'avait pas de totem et était un juge impartial car aucun notable ne pouvait influencer sur ces décisions par chantage. Qu'en est-il aujourd'hui ? Nous assistons tristement à la désacralisation de ces principes sacrés. Nos Chefs devenus des tout puissants et la multiplication de faux notables traînent nos villages dans l'abîme. Les testaments sont bafoués et on assiste amèrement à l'exclusion de certains notables de nos chefferies, simplement parce que ceux-ci veulent protéger l'éthique. "L'intellectuel" devient un danger pour nos traditions, d'où l'idée que nourrissent de plus en plus de grands savoirs au sujet de la succession en pays Bamiléké. Un Chef intellectuel, le plus souvent, n'est pas soumis et n'admet pas certaines initiations, Pourtant l'école traditionnelle demande de l'humilité encore que c'est la tradition qui vient à nous et non le contraire. Pour la comprendre, il faut être entier en se soumettant à ses codes métaphysiques. Nos traditions se meurent et le rôle trouble des retraites en pays Bamiléké devient inquiétant. Ils sont tous ou presque devenus anciens d'église et c'est ainsi que l'expansion des religions abrahamiques prend de l'ampleur chez nous. Nos Chefferies sont devenues des sanctuaires où l'on célèbre des messes d'action de grâce et certains Fœh sont devenus des choristes. Jusqu'où allons-nous laisser faire? Qu'allons- nous laisser à la postérité? La réflexion mérite d'être menée.

LA PLACE DU ROI CHEZ LES GRASSFIELDS

Le Roi détient son statut exceptionnel du fait qu'il représente le fondateur de la chefferie dont il perpétue la personne. Dans les temps anciens, le chef d'un village détenait le pouvoir religieux et administratif. Il était même considéré comme le dieu du village, et à ce titre, il importait qu'on l'entoure d'un mythe d'immortalité. Il n'était pas permis de dire qu'un chef est mort mais plutôt qu'il s'est transformé. Le chef détient son pouvoir des ancêtres, par conséquent, il n'a de compte à rendre à personne, sinon à eux. Il n'est ni accusé, ni jugé, et tous ceux qui tentent d'agir autrement sont bannis ; il est le garant de l'indépendance et de l'intégrité du village qu'il considère comme sa propriété privée ; il est principal prêtre du culte des ancêtres. Toutefois, il ne peut procéder lui-même aux sacrifices (offrande d'huile de palme et de sang de chèvres), tout comme ses fils. Il exerce cette fonction par l'intermédiaire des prêtres, ou des membres de la confrérie des « nKu'ghan ».

Le chef est le maître des associations à caractère religieux et singulièrement du « nKu'ghan » dont il préside les assises. Il intervient pour régler le rythme des saisons. Il est le chef de guerre, même s'il ne dirige pas personnellement les opérations ; il intronise les héritiers des sous chefs et des notables, il est le juge suprême du groupement et le protecteur de tous les habitants du village ; il veille sur le patrimoine du groupement : objets de culte, terres, biens sans maître. Le chef peut, sans toucher aux traditions ancestrales, prendre des mesures propres à renforcer les coutumes. Il peut ainsi prendre soit des mesures d'ordre général, soit des mesures prohibitives, des interdits ; il peut créer des nouvelles institutions, prendre des mesures individuelles comme le retrait du commandement, l'octroi d'un titre de noblesse à l'occasion de son intronisation, ou en reconnaissance des services rendus à lui ou au village. En raison de sa situation privilégiée, le chef a droit au respect et au dévouement de ses sujets (prestation en nature comme les constructions des cases de la chefferie et en espèces, pour les membres des différentes sociétés coutumières).

Le chef bamiléké n'est pas un homme-orchestre mais plutôt un chef d'orchestre, cela veut dire que ce n'est pas lui qui fait tout, mais que c'est lui qui fait faire tout : cela veut dire aussi qu'il ne décide pas de tout, mais que rien dans son groupement ne doit se faire sans lui, malgré lui, et encore moins contre lui. Cela veut dire enfin que les décisions qu'il prend ne sont pas et ne doivent pas être des diktats reflétant les caprices d'un homme seul, mais plutôt les résultats des délibérations des différentes structures de régulation qui l'entourent. Pour ce qui est de sa désignation, nous en saurons davantage dans la partie réservée aux rites et pratiques mystiques bamiléké.

LE CODE DES FEUHS

Un ministre, un directeur général ou un fonctionnaire n'est pas un Chef coutumier. Un grand notable n'est pas l'égal du roi (Fœh). Un vrai roi n'assiste pas aux enterrements. La succession d'un roi est héréditaire de père en fils. Le roi accueille tout le monde au Palais de la chefferie. On ne compte pas les femmes et les enfants du roi. Un chef traditionnel ne porte pas les habits de voyou et ne fuit pas les rites d'initiation. Un vrai roi ne fréquente pas les boîtes de nuit ou les bars, et ne fait pas l'usure. L'assemblée des chefs traditionnels n'est pas un syndicat, ni une ONG de capture de financements, mais une noble chambre rotative de concertation permanente. Un chef traditionnel n'est pas un camarade de parti politique mais un citoyen.

Un roi n'est pas paresseux et n'enlève pas les femmes de ses notables ni les terres de ses sujets. Un roi ne vend pas le patrimoine du musée. Un chef traditionnel ne porte pas des galons ni l'uniforme d'auxiliaire d'administration. Un chef traditionnel n'est pas le planton du Sous-préfet ni du commandant de brigade. Un roi n'est jamais absent de la chefferie. Un roi n'est pas l'ami de quelqu'un ni le valet d'une riche élite. Un roi a un territoire et jouit de la confiance de son peuple. Un roi ne marche pas sans serviteur. Même entre chefs il y a des aînés. Le roi ne parle pas, il pose des actes. On n'achète pas d'être roi on naît roi, on ne voit pas la bouche du roi qui mange. Le gouverneur et sa suite ne « retirent » pas le taro avant le chef (Fœh) sauf peut-être dans un dîner d'Etat qui ne respecte pas sa culture. Un vrai roi ne brade pas les titres de notabilité, il encourage l'excellence. La population soutient son chef à temps et à contretemps, à tort ou à raison pour que la paix règne et que le développement suive dans le village.

LE CALENDRIER BAMILEKE

En Août 1974, les notables venus de tous les quartiers au cours de leur assemblée hebdomadaire, ont eu à se pencher sur une proposition des noms des douze mois de l'année. A la fin d'un débat houleux, voici ces noms de mois traduits du Bamiléké.

Medumba (Bangangté) depuis 1976 : mots en français - signification

JANVIER - Feu de brousse

FEVRIER - Labour et formation des sillons

MARS - Semence

AVRIL - Mise des animaux en enclos

MAI - Sarclage, désherbage

JUIN - Légumes (feuilles de haricot ou coki)

JUILLET - Premiers produits champêtres

AOUT - Récolte des produits des champs

SEPTEMBRE - Séchage des produits Récoltes

OCTOBRE - Déterrage des tubercules d'igname

NOVEMBRE - Désherbage des   champs (effet
de 1ère chaleur)

DECEMBRE - Joli oiseau migrateur à la queue en
forme de faucille

Les marchandises: Les ressources de départ des Bamiléké dans le commerce se constituaient surtout des produits de leur région. Dans ce terroir à prédominance agricole, les échanges étaient essentiellement basés sur l'exploitation du bétail domestique, des ressources agricoles et des produits de l'artisanat. Les denrées alimentaires : Dans chaque groupe, on pratiquait l'agriculture avant tout pour les besoins de consommation familiale. Une partie des récoltes était cependant échangée contre des produits dont le groupe ne disposait pas. Comme denrées alimentaires : Le maïs, l'arachide, l'igname (en particulier l'igname blanc « Nku'ubaya »), le plantain, la banane, produits à Bafoussam, Bandjoun, Baleng, Bapi, Bamougoum, ainsi que d'autres villages des départements de la Mifi, Ménoua, et Bamboutos. Les cultures sèches (haricots, pois, patate douce, etc.), et plusieurs variétés d'ignames (les ignames à chair jaune par exemple). Les fruits tels que le fruit noir, le safout ou prune, la cola, la noix de palme et les condiments.

CULTURE TRADITION ET SPIRITUALITE

Quelques éléments de la spiritualité Bamiléké « Les spiritualistes Bamiléké croient qu'un objet matériel qui a pendant plus ou moins longtemps été en contact physique direct avec un défunt de son vivant, est imprégné de son essence spirituelle propre et peut constituer un excellent moyen pour faciliter le contact intérieur ou la mise en résonance avec son âme qui est dans l'au-delà ».

Mon développement va dans de l'intention de provoquer une réflexion sur un sujet spirituel qui est pour moi sacré tant dans la « Spiritualité Bamiléké » du Cameroun que chez les Chrétiens Catholiques. Je prends note des points de comparaison que nous avons mentionnés entre le « Culte des ancêtres » tel que pratiqué par les Bamiléké et « Culte des Saints » chez les chrétiens catholiques. Pour ce qui a particulièrement trait au Culte des Ancêtres ou des Cranes, ces points de divergences ont trait à des dégradations que le temps a apportées à cette pratique spirituelle.

Le culte des ancêtres doit être mieux compris. Le culte des ancêtres (cultes des cranes) tel que compris et pratiqué aujourd'hui à peu à voir avec ce qu'il était originellement. Comme nous le verrons, dans sa pureté originelle, ce culte est loin des éléments de croyances et pratiques parfois superstitieuses qui sont perpétrés aujourd'hui. En général, les pratiques ou croyances spirituelles de chez les bamilékés peuvent paraître obscures et impénétrables si nous perdons de vue les grands principes de base sur lesquelles repose toute la Spiritualité Bamiléké. A cet effet, Il serait opportun ici de revenir sur ce qui est ma compréhension des fondements de la « Spiritualité Bamiléké » en général et du culte des ancêtres en particulier.

LES FONDEMENTS DU CULTE DES ANCETRES

Le culte des ancêtres chez les Bamiléké est basé sur la reconnaissance intuitive du fait que L'homme est une entité spirituelle immortelle temporairement incarnée dans un corps physique. Les Spiritualistes Bamiléké (J'entends par Spiritualistes bamilékés les sagesqui originellement posèrent les fondements des traditions spirituelles bamiléké), croient qu'un seul courant d'énergie, qu'on peut aussi appeler courant de vie, de force, de puissance, de conscience ou d'esprit imprègne tout l'univers et tous les êtres qui s'y trouvent. Les bamilékés lui donnent le nom de « NSI ».

LA CONSCIENCE UNIVERSELLE

Le Spiritualiste Bamiléké, croit que « NSI », la Conscience unique, l'Energie universelle est sans origine et sans fin. En d'autres termes qu'Elle n'a pas de borne et il n y a pas de point identifiable où on peut affirmer qu'Elle commence et où Elle finit.

LA DUALITÉ DE L'ETRE

Le spiritualiste Bamiléké croit que « NSI » le Créateur se

manifeste dans l'univers sous deux aspects : un aspect matériel (visible) et un aspect immatériel (invisible). Selonlui, le monde est divisé en deux Plans : un plan qui nous est « visible » et un plan qui nous est « invisible » Il croit que chaque créature dans l'univers est un mariage de ces deux aspects.

Il démontre que tout comme chacune des manifestations du Créateur, l'être humain a une nature double : D'un côté nous avons un corps physique qui est visible et d'un autre coté nous avons un corps immatériel qui est objectivement invisible.

Les spiritualistes Bamiléké croient que notre Corps physique et notre Corps spirituel ont entre eux une force tampon que nous avons appelé « Force Vitale » ou encore le

«Souffle de Vie ». La Force Vitale est une Energie qui n'a aucune autonomie propre. C'est une force intermédiaire dont le rôle est de permettre le contact et l'inter -échange entre l'ÂME et son véhicule qu'est le Corps physique. La Force Vitale se trouve dans L'AIR de l'Atmosphère terrestre. Elle est introduite dans le corps par la Respiration. L'ÂME utilise cette force pour interagir avec le corps physique et produire les différents mouvements dela conscience et toutes les activités du corps que sont par exemple : la motion physique, la régénération, l'assimilation, la croissance, la sensation, le raisonnement, la réflexion, la vie, la conscience objective, etc. Les spiritualistes Bamiléké croient qu'à la « Mort » cette Force vitale se dissocie du corps et de l'âme, provocant la séparation définitive du Corps Spirituel d'avec notre Corps Matériel.

LA MORT EST LA SÉPARATION DU MATÉRIEL DE L'IMMATÉRIEL.

Ce dualisme de la manifestation divine est pour le

Spiritualiste Bamiléké la clé qui nous permet de comprendre le phénomène de la « mort ». La Mort n'est que la séparation de l'aspect « visible » ou matériel d'un être ou d'une chose, de son aspect « invisible » ou immatériel. Le spiritualiste Bamiléké pense également que notre corps physique n'est qu'un véhicule que l'âme, notre moi véritable, utilise pour s'exprimer sur terre. Pour lui, le siège de la conscience et de la personnalité se trouve dans l'âme. La Personnalité survit après la « mort » terrestre. Elle est immortelle.

LA VIE EST LA SEULE RÉALITÉ

Le spiritualiste Bamiléké pense que seule la vie existe. Il croit que le phénomène de la « mort » tels que nous le connaissons est purement illusoire. Les spiritualistes Bamiléké croient que l'Esprit Universel « NSI »se rend tantôt visible (à travers les myriades de tout ce que nous voyons dans le monde), tantôt Il se rend invisible et disparaît du monde objectif. Ce cycle d'incarnation et de désincarnation est perpétuel, éternel et infini.

LE BUT ULTIME DE LA VIE

Pour les spiritualistes Bamiléké, l'âme universelle ou l'Esprit divin « NSI » est en essence absolument parfaite. Mais « NSI », le Créateur n'est pas conscient de Sa perfection et aspirerait a cette prise de conscience totale. Les Spiritualistes Bamiléké croient qu'en manifestant un corps physique et en prenant possession de ce corps pour s'exprimer sur terre, « NSI » (la Puissance Créatrice) se donne une opportunité d'expérimenter et de se réveiller à la gloire infinie de sa propre divinité. Pour les spiritualistes Bamiléké, « NSI » (le Créateur) est en perpétuel éveil et en continuelle expansion à travers l'ensemble de la création. Cette expansion serait sans fin. Chaque être est sur le chemin de l'éveil spirituel. Les spiritualistes Bamiléké croient ainsi que chaque manifestation dans l'univers Co-participe de cette expansion et de cet éveil continuel de l'Esprit universel. Chacune d'elle est sur le chemin du réveil à la divinité de sa nature. En d'autres termes chaque être évolue vers la réalisation d'un contact ou d'une identification de plus en plus consciente et de plus en plus totale avec l'Esprit universel, « NSI» qui est tout.

Pour le Spiritualiste Bamiléké, plus l'être progresse dans ce réveil, plus il est objectivement conscient que lui et le Créateur sont un et que comme tel il a la même sagesse et les mêmes pouvoirs illimités. Dans le même ordre d'idées, les spiritualistes Bamiléké croient que la différence spirituelle fondamentale qu'il y a entre deux créatures est la différence entre le degré de réalisation consciente de l'unité intérieure de chacune d'elle avec « NSI », l'Esprit universel. De toutes les créatures terrestres, le spiritualiste bamiléké croit que l'être humain est celui qui est le plus avancé dans cette prise de conscience de son unité avec « NSI » (le Créateur). Entre les humains il y aurait de ce point de vue, d'une personne à l'autre des différences qui peuvent parfois être notables.

LA MORT EST UN RÉVEIL SUR UN AUTRE PLAN

Pour le Spiritualiste Bamiléké, Il n'y a pas de Mort proprement parler. Seules la forme, les apparences et le plan sous lesquelles nous nous manifestons changent. La « mort » telle que nous l'expérimentons souvent n'est qu'un réveil sur un autre plan de la vie. Le spiritualiste Bamiléké croit que pendant le phénomène que nous appelons « Mort » nous abandonnons simplement le véhicule physique qui nous était nécessaire pour fonctionner sur terre et continuons notre vie dans un autre monde. Ce nouveau plan est le Monde où vivent tous ceux des nôtres qui ont quittés le plan terrestre avant nous. Les Spiritualistes Bamilékés l'appellent le «Monde des Ancêtres ».

LE MONDE DES ANCÊTRES EST CELUI OU VONT LES MORTS

Pour le Spiritualiste Bamiléké, après un séjour, de durée variable selon les individus, dans le « monde des Ancêtres », nous revenons sur terre dans un nouveau corps physique, de préférence dans la même lignée familiale. Le spiritualiste Bamiléké croit que lors de notre retour sur terre, il peut arriver que pour des nécessités d'évolution ou de diversification de notre champ d'expériences, nous choisissions de changer de famille, de village, de pays, de race et même de sexe.

NOTRE PRÉSENTE VIE SUR TERRE N'EST PAS LA PREMIÈRE.

Selon le spiritualiste Bamiléké, nous avons pour la plupart, vécu plusieurs milliers de

« vies » sur cette terre. Ce qui signifie aussi que nous avons déjà effectué d'innombrables séjours dans le « Monde des Ancêtres ». Notre présente vie sur terre ne serait donc pas la première, ni la dernière. Comme énoncé plus haut, l'âme est une émanation directe de « NSI », le Créateur et a par conséquent les mêmes facultés et pouvoirs infinis que le Créateur.

L'INCARNATION DANS LA MATIÈRE LIMITE L'ÂME

Le Spiritualiste Bamiléké croit que l'âme incarnée dans un corps matériel est limitée par ce corps physique. Selon les spiritualistes bamiléké, l'être humain (l'âme incarnée) retrouve ses pouvoirs spirituels après sa séparation définitive avec le corps physique (désincarnation). Après la « désincarnation», l'âme du défunt, désormais débarrassée du poids et des limitations du corps physique, est consciente de son contact, de sa perfection intérieure et son unité avec "SI", l'Esprit divin universel. L'ÂME désincarnée a recouvré son état de pureté originelle et n'est plus capable que d'Amour.

LES MORTS NE SONT PLUS SOUMIS AUX CONTRAINTES DU CORPS PHYSIQUE

Le spiritualiste Bamiléké croit que les Ancêtres sont en excellente position pournous venir positivement en aide si nous les contactons. Cette position privilégiée qu'occupent les Âmes désincarnées (les «Ancêtres»), justifie la place sacrée qui est la leur dans la « spiritualité bamiléké ».Les « Ancêtres » sont tous ceux des nôtres qui ont quittés leur corps physique et qui par conséquent ne sont plus limités par les contraintes du monde matériel. Ils vivent dans cet état et sur ce plan purement spirituel où ils ontretrouvés la plénitude de leurs pouvoirs divins.

EST-IL POSSIBLE D'ENTRER EN CONTACT AVEC LE PLAN DES MORTS ?

Le Spiritualiste Bamiléké croit qu'il est possible d'entrer en contact avec nos Ancêtres qui sont dans l'au-delà. Lors d'un tel contact intérieur nous pouvons solliciter leur aide directe exactement comme si nous nous adressions à « N'SI », ou leur demander d'intercéder auprès de «N'SI» le Créateur, en notre faveur, pour nous soutenir ou nous aider à résoudre un problème quelconque que nous rencontrons sur terre. Le spiritualiste Bamiléké croit que ces Ancêtres nous pourvoiront une telle aide avec d'autant plus de promptitude et de bonne volonté qu'ils nous ont connus ou ont connus nos proches pendant qu'ils étaient sur terre; Ces Ancêtres répondront à notre sollicitation d'aide avec d'autant plus de bonne volonté qu'ils nous ont aimé et nous aiment très sûrement toujours. C'est la véritable justification de certains rituels et prières qui gravitent autour du Culte Sacré des Crânes.

L'UTILISATION DES CRANES DANS LE CULTE DES ANCÊTRES

Le spiritualiste Bamiléké croit qu'un objet matériel qui a pendant plus ou moins longtemps été en contact physique direct avec un défunt de son vivant, est imprégné de son essence spirituelle propre et peut constituer un excellent moyen pour faciliter le contact intérieur ou la mise en résonance avec son âme qui est dans l'au-delà.

Le culte ancestral

Pour le Spiritualiste bamiléké, l'os humain, par ce qu'il est l'un des objets matériels qui nous « appartient » le plus intimement et qui survit le plus longtemps après notre « mort », est un excellent moyen pour entrer spirituellement en contact avec le défunt qui se trouve dans l'au-delà et à qui cet os appartenait.la tête, par ce qu'elle est la partie supérieure de notre corps, est traditionnellement associée à l'esprit, à la pensée, à la conscience, à l'âme et aux plans supérieurs .le spiritualiste bamiléké croit que l'os crânien est de tous les os celui qui peut logiquement le mieux faciliter notre mise en résonance intérieure avec l'âme du défunt qui se trouve sur les plans purement spirituels .Telles sont l'origine, l'explication et la justification de la pratique spirituelle qui chez les Bamiléké vise à déterrer et préserver les Crânes des défunts. Les crânes des défunts sont utilisés dans le but de vibrer en résonance avec l'Esprit de ces défunts qui se trouvent dans l'au-delà .Le contact spirituel ainsi réalisé est utilisé pour communier avec le(s) défunt(s) ou plus souvent encore, pour effectuer des demandes ou des prières d'action ou d'intercession auprès de « NSI », le Créateur. Telle est la véritable signification et l'objet du Culte des ancêtres lié aux Crânes.

Dans la pratique, quelques mois ou plus souvent quelques années après sa désincarnation ou son départ du plan terrestre, le Crâne du défunt Ancêtre devrait être déterré. Le crâne devrait ensuite être placé en un lieu sacré de la concession sous la garde du successeur légitime de la lignée familiale. Les membres de la famille qui en éprouvent le besoin devraient venir auprès de ces crânes invoquer l'Energie et la Conscience des Ancêtres à travers des prières accompagnées s'ils le désirent de sacrifices ou de dons qui sont essentiellement ''symboliques' 'Sans la compréhension nécessaire, les pratiques qui entourent le «Culte des crânes » peuvent paraître très obscures. Sous des formes extérieures différentes, ces pratiques sont plus répandues que cela en a l'air.

L'utilisation par exemple des « reliques » des Saints chez les Chrétiens catholiques est le point qui nous intéresse ici. Le culte des ancêtres à travers les cranes et culte des saints à travers les reliques est essentiellement le même. Y aurait-il des similitudes fondamentales entre les pratiques du Cultes des Crânes chez les Bamiléké et le « Culte » accordé aux « Saints » chez les Chrétiens Catholiques? Le fait est que les croyances de base qui sous-tendent le culte des « saints » chez les catholiques sont essentiellement les mêmes que celles qui sous-tendent le culte des ancêtres chez les Bamiléké. Je m'explique : Chez les Chrétiens catholiques, les fidèles adressent des prières à certains de leurs défunts que la hiérarchie de l'Eglise a élevés au rang de « Saint ».Certains fidèles portent souvent sur eux, dans leur maison ou dans leur voiture des objets à l'effigie de ces « Saints » ou pour ceux qui peuvent des objet ou reliques ayant appartenu aux Saints. Le but clairement avoué est de s'assurer l'influence protectrice de ces défunts à partir de l'au-delà où ils sontsupposés se trouver.

Le corps physique des « Saints » est souvent déterré longtemps après leur désincarnation (mort). Les reliques ou OS de ces Saints sont utilisés de diverses manières qui toutes visent un seul but : attirer la protection ou l'influence positive du « Saint » sur une personne ou sur un lieu. Nous retrouvons par exemple ces reliques dans certaines Eglises où elles sont souvent incrustées sur l'Autel de la Messe au moment de sa construction. Le but étant d'attirer l'influence positive de ce « Saint » sur cette Eglise qui souvent porte son Nom .Comme nous l'avons vu, c'est dans le même esprit que les Spiritualistes Bamiléké se servent des crane de leur défunts.

PRINCIPALE DIFFÉRENCE ENTRE LE CULTE DES ANCÊTRES ET LE CULTE DES SAINTS

La principale différence entre le culte des Ancêtres chez les Bamiléké et le culte des Saints chez les catholiques est que pour les Spiritualistes Bamiléké, toutes les Âmes désincarnées (les Morts) peuvent être invoquées, alors que pour les Chrétiens Catholiques, ce privilège n'est réservé qu'a un nombre très limité d'âmes qui sont reconnues pour avoir mené une vie exceptionnellement pieuse pendant qu'elles étaient incarnées et qui par conséquent sont supposées occuper une hiérarchie particulièrement élevée dans l'au-delà ou elles se trouvent. Comme nous allons le voir, cette subtile différence entre le culte des ancêtres et les cultes des Saints n'est que superficielle. La question à se poser est celle-ci : Est-ce que les spiritualiste bamiléké accordent aux Âmes désincarnées (celles qui ont quitté le plan terrestre) la même place ?

CERTAINES ÂMES DÉSINCARNÉES SONT DES ÂMES REALISEES

Nous avons énoncé plus haut que les Spiritualistes bamiléké croient que l'Ame s'incarne dans un corps physique pour se donner une opportunité de s'éveiller a la réalisation consciente sa Perfection divine pendant qu'elle est incarnée. A cet effet, le degré de réalisation consciente de l'unité intérieure avec «NSI», DIEU, l'Esprit universel varie d'un être humain à l'autre .Quand un être humain (âme incarnée) a atteint ce qui peut être considéré comme le but ultime de l'incarnation à savoir : la Totale réalisation de son unité intérieure avec le divin, cette âme incarnée peut être considérée comme « Sainte ». Quand une telle Âme quitte le plan terrestre, elle peut (contrairement aux autres Âmes qui n'ont pas encore réalisé leur unité avec le divin) choisir de ne plus revenir sur terre, car il n y a vraiment plus de nécessité spirituelle pour son évolution .Cette Âme retrouve alors l'au-delà ou elle assume une position de gloire et de puissance spéciale. La puissance d'une telle Âme est relativement plus grande et nous devons nous attendre quand on l'invoque lors de nos rites et prières à plus des résultats plus « merveilleux

».Sous cet éclairage, nous pouvons affirmer que le culte et les pratiques autour des reliques des Saints chez les Chrétiens Catholiques convergent avec l'essentielle des croyances et pratiques spirituelles originelles qui sous-tendent le culte des Ancêtres et les Cranes chez les Bamilékés.

CHEZ LES BAMILEKE, LE RETRAIT DU CRANE EST IL POUR LE VIVANT OU POUR LE MORT?

La dernière volonté d'un homme prime t'elle sur les coutumes? En ce qui concerne le pourquoi des coutumes, le retrait du crane fait partir du processus de deuil et le deuil est fait par les vivants et non par les morts. La coutume découle du fait de le faire ou de nepas le faire. Le crane est une relique pour le vivant qui veut communiquer avec son ancêtre ou passer par cet ancêtre pour retrouver l'harmonie du cœur. Un parent qui de son vivant demande de ne pas retirer son crane est souvent un coup de colère, et si celui- ci le faisait avec les autres et décide de bloquer son entrée dans le cercle de la mort, alors ça veut dire qu'il ne veut pas être considéré comme ancêtre, mais ce n'est pas à lui de décider de cette appellation. La dernière volonté pour un bamiléké qui ne veut plus qu'on fasse son deuil devrait refuser tout ce qui va avec, on hérite dans la tradition des dettes et des biens. Donc je pense pour ma part qu'on retire le crane pour le bien des vivants et non des morts, ce sont les vivants qui se servent du crâne, les morts se servent de leur esprit. Retirer le crane et le mettre dans cette maison des ancêtres c'est connecter tous ces esprits ensemble.

Je suis d'accord qu'il y a des exceptions en toute chose, mais ces exceptions c'est pour confirmer la règle et non pour remplacer la règle. Je connais un ancêtre qui avant sa mort avait dit qu'il ne pourra jamais faire subir le dūh (coutume) à ses enfants, mais après ses funérailles, le successeur qui avait été impose est devenu fou, et pour le soigner il fallait qu'il renonce à tout et boive de l'eau dans le crane de son père. C'est par un cas contradictoire la ? Je ne veux pas dire ici que les enfants peuvent décider de ne pas retirer le crane de leur parents non plus, ce n'est pas une histoire de volonté mais plutôt de devoir et même d'obligations. Nous appartenons à une famille, une communauté et les règles sont établies pour l'harmonie du groupe, je sais aussi que certaines personnes, surtout ceux qui a un moment donne ont eu un peu d'argent et s'occupaient pratiquement de toutes les charges de la famille, se disent qu'il ne faut pas que leur enfant continue avec cette charge. Mais nous subissons la tradition par ce que nous refusons de la vivre simplement.

Tabantchui dans ses responsabilités traditionnelles implore ses ancêtres d'intercéder auprès du NSI tout puissant d'accorder à tout le monde paix, santé, amour et prospérité surtout donner la guérison à tous ceux qui sont malades.

La connexion ancestrale

LA PRIÈRE

Nī bœ'

Comment prier chez les bamilékés? Durant des années, l'une des questions que mesamis et mes détracteurs me posaient étaient de savoir comment un Bamiléké doit-il prier ?

La prière est un moment d'échange entre un individu, sa conscience, ses désirs etses ancêtres, voir son histoire. Chez le Bamiléké, la prière n'est pas une récitation uniqueet applicable pour tous et pour chacun. Le Bamiléké associe sa prière a des moments précis, dans un en environnement précis et pour atteindre un but bien précis. Ainsi, la prière pour concevoir un enfant diffère d'une personne a une autre dépendant des causes de son problème et les solutions y afférentes. La prière d'un homme à la recherche d'une femme est conforme à ses aspirations, en ses vœux et de qualités référentielles.

Un bon Bamiléké polygame n'oubliera jamais le souhait d'avoir une femme avec un bon cœur capable d'accepter ses coépouses dans la concession. Ceci dit, ces exemples montrent clairement et simplement que le Bamiléké n'a pas une forme spécifique ou un formulaire de prières et que le Bamiléké est toujours tourne vers la pureté du cœur, sa parole, a l'harmonie autour de lui. Le bamiléké est caractérise par une chose non négligeable qui guide sa spiritualité, c'est le fait que tout Bamiléké, est lie et possède toujours les trait de la concession dont il est issu, la morphologie et les actions que le bamiléké produits se retrouvent toujours dans le geste de l'un de ses ancêtres, au point oùnous avons l'habitude de dire : » quand on surnomme une personne, l'enfant se comporte comme lui. » Le bamiléké est donc rattache à son lieu de vie et a sa concession de naissance, loin même du cordon ombilical l'esprit d'une femme règne sur des générations entières et ne se perd jamais. Dans certaines spiritualités, tel que la religion esclavagiste, inquisitions, les prières sont uniques et structurées autours des sujets précis, pour des moments précis. Ils ont même des prières du matin et celles du soir répétitives et sur des générations infinies. Ils ont même ce qu'ils appellent « Prière aux morts », prière des saintset prière pour recevoir les dons.

Cette spiritualité inquisitions ignore complètement l'évolution des esprits et de l'environnement ; de ce fait emprisonne l'Homme. Leur prière aux morts ne tient même pas compte des circonstances de la vie ni de la mort en ce sens qu'elle est universelle et s'applique à tout le monde accompagnée même des récitations appropriée sans oublier qu'à la fin il faut payer celui qui vient les prononcer. Par contre chez le Bamiléké, il sera surtout question des rites lies aux causes de la mort. Par exemple quand une personne décède par accident, le bamiléké priera pour que cela n'arrive plus au sein de la famille, le Bamiléké s'occupe des causes pour limiter les dégâts alors que certaines ignorent les causes mais se cramponnent sur le repos éternel de l'âme et son accueil par un « être » dans un milieu inconnu qu'ils appellent « les cieux ou paradis » selon que l'âme est bon oumauvais.

C'est le mort qui est en moment juge et non les actions de ceux qui vivent. En conclusion, je dirai que le Bamiléké dans sa spiritualité, est un homme libre de toute forme de dogmes sectaires. Il est donc primordial de noter que cette spiritualité Africaine n'est pas basée sur les récitations mais plutôt sur les vécus et l'adaptation à l'évolution de son biotope. C'est ici qu'on voit très bien la différence entre les incantations dogmatiques et les prières africaines. Chez amis et ennemis , adaptez vos prières cas en récitant une prière vieille de plus de 2000 ans , sans connaitre les réelles motivations et les besoins de cette époque, vous vous renvoyez à cette époque et ne vivez pas votre temps présent , le temps présent et le future sont les horizons qui s'offrent à nous et que nous pouvons maitriser . Une prière écrite à une période pour lutter contre la peste ne peut donc pas s'appliquer et être efficace pour un malade du sida ou du Paludisme. Alors réveillez-vous de votre sommeil, les églises réveillées ou endormies qui trainent les Africains vers le passe de lavie d'un peuple qui lui-même ne réfère plus à ces récitations pour leur, vous mènent vers votre perdition et il ne revient qu'à vous de savoir ce que vous voulez faire de votre vie spirituelle, soit vous emprisonner votre esprit dans le passe soit vous regardez dans le futur en vous servant du présent. Dans : La spiritualité africaine, la prière est évolutive.

LA FETE DU TARO CHEZ LES BAMILEKE.

Nous savons tous que le taro est un aliment pas facile a cuire si seulement on a une grande confiance et un peu de vrai en soi et j'appelle cette cérémonie la fête du taro et que la plus part des bamilékés ne sais pas de quoi il est question. Certes avec raison par ce que nous avons abandonné ce rite au profit de Noel. Il fut un temps en pays bamiléké, entre le mois de Novembre et Décembre, dans les villages ont organisait la fête du taro pour purifier le village et prédire la bonne récolte pour l'année à venir. En quoi cela consistait, Je parle ici de la sortie sur la place du marché des NKu'ghan, les deux types de NKu'ghan ensemble et à leur tête le Fœh. La danse se faisait de concessions en concessions et les tã nku'ghan présentaient à la population tous les nouveaux NKu'ghan et les problèmes qui quêtent le village. La fin de cette cérémonie se passe avec l'entrée en scène des Mani nsi et Nkam nsi du village.

POURQUOI CETTE PRATIQUE EST EN VOIE DE DISPARITION?

Je crois que la première cause est l'usurpation dans nos chefferies avec la division des élites, du coup aucun grand maitre spirituel n'est prêt à partager son repas avec un Fœh qui n'a pas la capacité (ventre) pouvant supporter les vibrations des ancêtres du village. La deuxième cause est l'entrée en jeu des religions esclavagistes suivis des sectes buveurs de sang. La disparation de cette danse s'est accompagnée par la disparition des greniers de nos chefferies. Le pays bamiléké sera en paix quand nous allons revenir aux fondamentaux spirituels en réinstaurant au plus vite les rites suivants : la danse des princes, la fête du taro et la fête de la récolte, le ŋan ŋan, le kœkra, le Nzuh' et autres au tour d'un festival culturel et traditionnel organisé à l'occasion à une période bien déterminée.

LES LIEUX SACRES

Bã vœ'

Les lieux sacrés sont tout simplement ceux consacrés à Dieu, les lieux où l'on va méditer et prier le « NSI »; ces lieux permettent alors aux bamilékés d'être en relation directe avec lui. Ils sont des endroits où la puissance de Dieu est plus manifeste que partout ailleurs. Ces lieux sont choisis à partir des oracles et des révélations reçues par des kamnsi (prêtre), Manisi (prêtresse) et autres médiums. Ils sont multiples, il s'agit par exemple des forêts, de la case des ancêtres. Ils sont qualifiés ainsi parce qu'ils permettent d'entrer en contact avec Dieu.

Pierre sacrée

LA FORÊT SACRÉE

Vœ' ǧœ

Dans le pays Bamiléké au Cameroun, l'un des signes qui montrent au voyageur qu'il est aux abords du palais royal ou de la concession d'un grand notable c'est souvent une immense forêt manifestement bien entretenue. On y voit de grands arbres, et les longues lianes qui s'enchevêtrent indiquant que ces forêts ne sont pas trop fréquentées ou sont peu exploitées. Ce lieu sacré se retrouve dans chaque grande concession à l'intérieur de laquelle se trouvent plusieurs cases. C'est ainsi que, tous les habitants de la concession peuvent aller s'y recueillir. Les forêts sacrées sont encore des lieux de concentration par excellence des arbres et des zones des pratiques religieuses.

Entrée de la forêt sacrée de Bamena

A l'époque, la forêt sacrée jouait le rôle de l'église, des temples que nous avons aujourd'hui. Contrairement à l'imagerie populaire, les bamilékés sont considérés comme étant des êtres très religieux, ils sont monothéistes car ils croient en un seul Dieu ou « SI »,ce qui s'explique alors par l'utilisation chez eux des forêts sacrées. celles-ci ont différents statuts ; nous avons les forêts sacrées familiales : il s'agit généralement des entrées ainsi que des bas-fonds divinisés des concessions des grands notables ; ce sont les membres de la famille et les voisins immédiats qui y viennent célébrer des rites. Les forêts sacrées du village « **vœ'** » : il s'agit des lieux saints où tout nouveau chef doit venir faire des offrandes aux esprits du village. Le nouveau chef y fait immoler une chèvre, il offre de la nourriture, du sel, de l'huile de palme, le dœdœh (jujube) et d'autres objets prescrits par la coutume. A la fin de la cérémonie le sacrificateur remet une poignée de terre ramassée à cet endroit au chef. Il y a des rites que l'on célèbre seulement aux abords de la forêt sacrée. Quand il s'agit du chef ou d'un grand notable, on pénètre plus profondément dans la forêt sacrée pour officier au « NSI » ; le « mbœn », sur le sanctuaire.

Dans le même sens, la forêt sacrée sert aussi pour les sacrifices ; ces sacrifices à l'époque étaient considérés comme une quête non monétisée des offrandes comme on le fait à l'église lors des fêtes religieuses ou lors des cultes ordinaires ou encore dans la Bible lorsque l'on égorgeait des taureaux en sacrifice. Les habitants de la concession s'y rendent alors pour prier Dieu et renforcent ces prières à l'aide de sacrifice comme le sel, l'huile rouge ou bien le sang d'un animal égorgé. La forêt sacrée est donc un lieu de culte. Les forêts sacrées abritent toutes les espèces d'arbres, d'oiseaux et d'animaux qu'on rencontre dans le village. Actuellement dans le village NJEUTA, commune de BAZOU, le seul endroit où vous pouvez encore voir des singes qui se balancent d'un arbre à l'autre c'est dans la forêt sacrée de **sâ'ca'** et de Maɲi Ngan. Il est interdit de chasser ces singes et ces oiseaux. Les totems des chefs et des notables sont réputés à se cacher dans les forêts sacrées.

La forêt sacrée est donc très importante du fait d'abord que c'est un lieu consacré à Dieu d'une part, d'autre part, elle peut permettre d'entrepôt pour des voyageurs pendant des jours sans surveillance et il n'y a pas de risque que des biens y soient être dérobés. Aussi c'est dans les forêts sacrées que les guérisseurs, « Kam NSE » et les guérisseuses ou «Mani NSE » vont cueillir les plantes et les herbes pour la pharmacopée traditionnelle. Les forêts sacrées sont le siège des dieux et des esprits du village. Les forêts sacrées sont également des sites de biodiversité et constituent aujourd'hui le dernier rempart dans la lutte pour la sauvegarde de notre environnement. Pour traiter certaines maladies, on fait boire au malade une eau puisée dans la source qui prend naissance dans la forêt sacrée.

LE LA'AKAM

Case d'initiation

Les bamilékés sont des êtres bien organisés ; l'intronisation du chef passe d'abord par une initiation qui se fait au la'akam. Ce lieu est aussi sacré puisque, personne n'a le droit de s'y aventurer à l'exception des initiés. Ce lieu ne se trouve pas forcément en forêt mais toujours à la chefferie, dans un endroit très reculé. Le la'akam peut donc être juste une case aménagée dans la chefferie pour le chef en initiation lequel n'a le droit d'entrer en contact avec personne d'autre en dehors des initiés. Il n'a non plus le droit de sortir de là avant la fin de son initiation qui se fait pendant 9 semaines. C'est là que le futur chef apprend tout ce qu'il y a à savoir sur la chefferie, les habitants, les relations que lachefferie entretient avec les autres chefferies, avec le préfet, le sous-préfet. Il y apprend aussi à ce qu'il doit faire et ne pas faire, comment il doit le faire; bref, son rôle au sein de lachefferie et son comportement.

En d'autres termes, on l'y initie sur ses différentes fonctions de chef. C'est aussi là que les notables s'assurent de la survie de la chefferie. En effet, n'entre au la'akam que celui qui a atteint l'âge de la procréation, et ne devient véritablement chef que celui qui est à mesure de procréer car procréer c'est aussi s'assurer de la survie de la chefferie. Ainsi, lorsque le futur chef entre au la'akam, certaines jeunes filles le suivent. Futur chef pourquoi ? Parce qu'il l'est pas encore et au terme de son initiation, il peut bien ne plus être chef. Comme dit plus haut, certaines filles en mariage, qui deviendront les épouses du chef, sont amenées au la'akam, pour porter en leur sein, le futur héritier du royaume. Si au terme du rite initiatique ou la'akam, aucunes des nombreuses filles ne sont enceintes, on considère le chef comme étant incapable de procréer. Et pour que la chefferie ne deviennecomme celle de Bafeko c'est-à-dire sans chef depuis environ 40 ans du fait qu'il n'y eu aucun héritier, le chef qui ne peut donc pas avoir d'enfants, se verra tuer et les notables auront dès lors pour charge d'en trouver un nouveau roi.

LA TRADITION ORALE

Voilà comment a été nommée la transmission des connaissances en Afrique par les envahisseurs esclavagistes .ramenant tout à l'histoire et non à la connaissance. Je ne comprends pas pourquoi en Afrique lorsqu'on parle de transmission du pouvoir, de la puissance, les gens ne voient que l'aspect magico- sorcellerie. La transmission de la médecine africaine à travers les ngan nkan et les Nkamnsi font oublier la transmission artistique au point où, un artiste qui émerge est tout de suite traite de sorcier et de sectaire. Dans mon enfance, quand un enfant chantait, on disait qu'il va vendre ses yeuxou ses cheveux. Est-ce que le fait de rendre visite à un Nkamnsi (gardien de la spiritualité chez le bamiléké) doit éloigner de nous notre valeur artistique? La transmission de la médecine a eu des difficultés avec la médecine étrangère, mais on s'accorde à dire que la médecine est basée sur les médicaments, donc sur les herbes et les écorces africaines.

Les Africains ont réussi à pouvoir transmettre des connaissances médicinales à des générations par la magie du pouvoir ancestral. Je crois que la notion de gêne est universelle et que nous devons trouver une voie de la transmission artistique comme les Nkamnsi et le ngan nkan ont réussi à faire dans leur domaine. Je pense que nous devons trouver des voix et moyen pour transmettre notre connaissance à la génération montante de la belle manière il faudrait que l'art de l'écriture se transmette.

Masque de protection Bakong

L'Afrique a accepté cette insulte de la <tradition orale > par ce que nous n'avonspas la réplique écrite? Je dis non, c'est tout simplement parce que les Africains ont échoué dans la transmission du gène de l'écriture, ayant une écriture, nous n'avons pas réussi à l'utiliser pour notre tradition.

LE BAMILEKE ET LA NATURE

Les plantes vivantes jouent un rôle très capital sur la vitalité de l'homme que je suispar le phénomène de la photo synthèse ce cycle quasi complète qui nous fournit de l'oxygène pour respirer et qui dit respirer dit vivre. Il en est de même pour les être morts consumés par le feu qui est l'un des quatre pouvoirs de l'univers: je parle ici de la cendre dont le véritable message dans nos cultures africaines est comme suit. La cendre peut être définit comme le résidu d'un corps organique après sa calcination. On fait souvent mine d'ignorer les deux fonctions principales et vitales de la 'cendre" ; En effet, la cendre symbolise l'annihilation, la destruction, la mort, le néant, le vide...ce que les chrétiens appellent "retourner a la poussière" Mais, elle a aussi une autre signification notamment la régénérescence, la renaissance, la vie, la fertilité de la terre, la purification, la protection.

Conclusion

La cendre représente la Vie et la Mort. Nous savons tous que le chemin de chaque être humain se termine par celui de mourir...mais dans la culture africaine, il ne s'agit pas de la mort au sens stricte du terme, mais juste de la destruction de notre enveloppe charnelle; car notre esprit, ce que les mayas, les indiens appellent le feu sacré, lui ne meurt pas! Dans la culture africaine. La cendre est utilisée dans le règlement des conflits; en effet, celui qui recevait la cendre dans le dos, était considéré comme banni de la communauté; Remarquez très souvent que l'on peut rallumer les braises d'un foyer de bois, avec une cendre toujours chaude... bien plus, la cendre est utilisée par nos grand-mères et par les agriculteurs comme un engrais ou fertilisant de la terre pour leur champs et cultures. Dans le même ordre d'idée, la cendre était utilisée pour la protection et éloigner le mauvais sort et les mauvais esprits de nous...qui se souvient que la grand-mère parfois aimait mélanger la cendre avec l'huile de palmiste (mãŋaga) et parfois aussi l'huile rouge et nous faisait lécher ça...Elle embaumait aussi tout notre corps de cette mixture. Nos grand-mères utilisaient aussi la cendre dans la composition du savon de toilette, pour rendre le linge plus blanc, pour se brosser les dents etc. (augmente leur blancheur). Elleest douce, fine, très légèrement abrasive, absorbe et dissout les graisses. La cendre nettoie, purifie. Elle sert aussi à rendre brillant certains métaux (les marmites, cuivre, laiton, argent). Les messages de la nature ne sont jamais fortuit mais véridique...alors ne négligeons jamais ce que la nature nous donne et sachons toujours en comprendre la signification.

Certes notre vie sera faite des obstacles et d'échecs mais comme le phœnix, nous saurons toujours comment renaitre de nos cendres! C'est la nature et quand je ne comprends pas les explications même la conclusion m'impose les règles tout comme la nature, car elle ne trompe pas nous nous devons de la respecter d'autant plus que tout tourne autour d'elle sans oublier qu'elle nous parle. Je sais aussi une chose, la nature est bonne bien qu'elle nous joue des tours mais ceci dépend de comment nous l'abordons. Ma question c'est : Est cette la nature peu contribué au mal être ? Seul celui qui est ému par la réalité humaine, qui est baigné par l'immensité de la vie est digne d'être un chef. Et c'est par manque de vrais chefs qu'un pays, qu'une organisation ou mieux qu'une institution s'étiole .Vous n'avez pas raison parce que d'autres sont d'accord avec vous .Vous avez raison parce que vos faits sont exacts et que votre raisonnement est juste.

QUELQUES RITES

1° TOK

Il existe des anecdotes chez les bamiléké portant sur certains êtres qui se transforment la nuit en espèce animale pour s'introduire dans des chaumières afin de secourir les malades,

Certains nKamnsi et chirurgiens traditionnels détenteur du gène y recourent pour entrer en contact avec leurs malades afin de les soulager de leurs douleurs, ou détruire les ennemis ou les mauvaises personnes. Le plus grand mystère règne sur leur nature.

Sont-ils des élus de ciãbœ nsi. Le « Tok » est comme une substance tapie dans l'abdomen de certaines personnes, en général héritée mais qui peut aussi être introduite du dehors faisant de son possesseur un sorcier ou un puissant guérisseur. Le gène « tok » àl'origine du pouvoir surnaturel, se fixerait soit sur le foie soit sur le cordon ombilical. Il se transmet héréditairement de la mère aux enfants, sauf que le gène est récessif chez tous les garçons et exceptionnellement chez quelques filles. Il faut généralement une initiation complexe pour activer le principe « tok» qui sommeille dans le corps des enfants mâles. Les femmes détentrices de « tok» sont passées des femmes les plus recherchées à celles les plus redoutées chez les Bamiléké. Plusieurs possesseurs du gène en font donc usage pour combattre le mal et les ennemies en dévorant chez leurs ennemis les organes vitaux que sont le foie ou les poumons ou encore pour introduire dans leur organisme des objets destinés à miner leur santé (débris d'os, petit coquillage, cheveux, grain d'arachide ou de maïs, etc.). Il faut comprendre qu'en général, le NTOK n'est pas un don destiné à faire le mal, il est en réalité donner à certaines personnes pour faire le bien, mais c'est un mauvais usage qui fait que certain le considère comme une mauvaise chose.

2° RITE VEUVAGE

Etymologiquement, le veuvage est l'état d'une personne qui a perdu son partenaire. Mais en ce qui et de la définition en pays bamiléké, le veuvage est un rite de purificationdu veuf ou de la veuve qui dans sa pratique est considéré comme un tribunal traditionnel permettant à cette dernière de prouver leur innocence ou leur culpabilité pas rapport au décès de son conjoint, et pour en fin rompre avec l'esprit du défunt.

Mais est-ce nécessaire d'en arriver là ? Je dirai non, juste pour dire que autre fois au temps de nos aïeux les raisons étaient valables, car l'honnêteté, la franchisse étaient leplat de résistance. Aujourd'hui ce rite est transformé en un champ de batail où chaque vient régler ses comptes en usant de la haine, les rancunes et surtout l'égoïsme. C'est dece constat amère qui m'amène à interpeler les rois pour introduire un code universel des rites de veuvage qui respectera les droits de la femme sans toutefois entrer dans les pratiques anciennes qui étaient très rudes et pour certains aujourd'hui.

LES SUGESSIONS SELON TABANTCHUI

Rituel de veuvage

La femme, la veuve puisqu'elle l'élément clés devrait avoir le droit de choisir dans sa belle-famille qui sera son parrain pendant les rites, que les jours soient réduits à deux pas plus. Elle doit se coucher sur un matelas et le rasage des parties intimes doit être symbolique tout comme la tête en utilisant un objet unique compte tenu des maladies qui sévissent actuellement. La veuve pendant ces deux jours doit être bien alimentée dans un calebasse bien propre et surtout hygiénique. Et pendant son lavage compte tenu du climat elle devrait le faire symboliquement avec le passage de la calebasse témoin entre ses jambes par une corde pour faciliter les choses et surtout éviter des mauvaises personnes qui pourront freiner le processus des rites. Tout compte faire on a jamais tué ou emprisonné une veuve quel que soit les résultats sortis à la fin des rites. Tout a été toujours symbolique.

Quant à un héritier, s'il s'agit d'une grande famille, il doit faire coucher toute les femmes de son défunt père excepté sa mère et traverser sur elles pour les libérer de leur poids et aussi rompre les liens considérer comme femme du père car ma grande mère me disait toujours : l'héritier du père n'est jamais et ne serait jamais le père sauf à titre symbolique dans la continuité des œuvres du défunt. Après ça il est libre de choix de femme.

3° LA NEUVAINE

L'homme est une entité qui dit entité dit composition de plusieurs corps astraux. Dans ma tradition plus précisément en pays bamiléké, l'être qui est la vie est une constituante de trois corps : un corps émotionnel qui s ressource sur le second corps qui est le corps mental, et tous deux enfouirent dans le corps physique qui est le support visible et palpable par essence de l ; existence de l'homme.

L'homme vivant s'identifie par son (nom, éloge, titre

d'anoblissement etc....) mais une fois décédé il est identifié tout simplement à un corps. Etrange mais vrai car on parle à l'instant du corps, levée du corps, transport du corps, inhumation du corps.et c'est a cet instant de l'enterrement que le compte à rebout de la neuvaine est enclenché. Pendant les trois premiers jours, le corps émotionnel ne pouvant plus résister et se sent étouffé se trouve obligé de se détacher de son support qui est le corps mental, ce corps mental trois jours passés ne pourra plus se ressourcer se trouve aussi obligé de quitter le corps physique .ce corps physique qui est charnel entre en phase de décomposition trois jours après, ce qui nous donne la somme de neuf jours. Et quand on parle de neuvaine on voit le chiffre neuf, c'est dont à l'aube du neuvième jour que tout rite de rupture avec les esprits des morts des vivants est organisé. Mais tout dépend des familles. C'est à ce moment que toute personne lié au défunt peut se donner le plaisir d'organiser des funérailles qui ont pour but de commémorer avec les êtres chers qui ont été appelés par le créateur NSI.

4° NFANG

L'africain est toujours très rattaché à ses origines et cultures, et connait dans sa spiritualité que tout le monde doit mourir. Mais la cause de cette mort élucidée doit être mise hors d'état de nuire.

Tout être vivant décède par suite d'un accident quel que soit le genre de, amène la famille à pratiquer le « nfan » qui est ce rituel qui consiste à rompre les liens de l'esprit des morts avec le reste de la famille et de la descendance de défunt. On utilise chèvre, cabri (mâle castré) qu'on tape jusqu'à la mort et une partie pour les lieux sacrés (vœ') une autre partie à consommer par la famille et les pattes plantées à quatre bambous à l'entrée de la concession jusqu'au carrefour qui fait éloigner l'esprit des accidents et enfin le chef de famille procède au kâ qui est ce geste que les églises occidentales appellent l'encens. Ici le chef de famille utilise le bœbrē cette plante unique ou à défaut le roi des herbes pour prendre cette composition qui est fait à base d'huile, sel, le sang de la chèvre et la terre qui est l'un des quatre pouvoir de l' univers pour apposer la bénédiction sur la poitrine de tous les membres de la famille : aux hommes le sens est de haut vers le bas et l'inverse pour les femmes.

5° CÃP NSE

Le CÃP

Par sa tradition on pourra la définir comme la boisson. Le Cap est un rite très délicat et précis. Ici il est provoqué par la fâcherie, la haine, ou les rancunes, qui ont été emportées dans la tombe par le concerné décède

Ceci se produit plus pour nos parents qui, à chaque fois fâchés prennent sur eux parfois dans l'ignorance de soit verse le vin ou de l'eau au sol tout ceci sur l'emprise de la colère. Une fois décède, voilà que sa colère refait surface par le canal de cette eau qui l'un des 4 pouvoirs de l'univers.

Une fois le processus enclenche il n'est plus possible de l'arrêter, alors les seul l'intervention d'un Nkamnsi ou maɲi nsi pour inverser la vapeur en creusant les lieux ou proche avec ses composante ; et cette terre est consommer par toute la famille. Mais il faut noter qu'il ne faudra jamais faire ce rite pour une femme enceinte que vous êtes informés.

Evitons de se laisser emporter et commander par la colère, apprendre à pardonner éloignerait de tout être vivant de se voir entrain de pratiquer ce rite. Car tout peut être évité si on peut cultiver en soi l'amour du prochain et le partage dans la volonté du bien vivre ensemble.

6° RITE D'INITIATION

L'initiation est une succession, d'acte, d'admission à la connaissance de certaines choses secrètes et sacrées, une transmission du pouvoir de générations en générations par le canal de la succession. Pour y arriver il faut que quel que soit le rang (dignitaire, notable,chef, roi) ces rites commencent

1- Par la mort du dignitaire ou roi2-Arrestations de l'élu

2- Préparation et purification pour l'entrer au la'akam

3- La phase de la transmission du pouvoir commence jusqu'à la sortie

4- Sortie du la'akam et fin de l'intronisation et installation du nouveau dignitaire ou roi.

A partie de la ou commence la canonisation du défunt roi ou dignitaire par les cérémonies des funérailles qui marquent la fin d'un règne et le début d'un autre « le roi est mort vivele roi ».

Mais pour l'ordre traditionnel vrai il sera mieux que chaque dignitaire, notable, chefou roi initie lui-même son héritier avant son décès car seul le père peut mieux transmettre son savoir à son fils héritier que personne : comme disait ma grande mère toute initiation faite par une tierce personne est toujours incomplète.

7° LE RITE SACRÉ DU GŬP BUƎ

L'offrande des prémices chez les bamilékés. Les gens naissent et viennent au mondeavec des prédispositions naturelles et surnaturelles différentes des uns aux autres. Nous perdons ensuite le sens de notre nature, et nous disons que nous ne progressons pas, n'évoluons pas et que nous ne savons pas ce qui nous arrive. La culture et la tradition africaines se perdent au jour le jour. Or dans les temps anciens, nos parents, grands-parents et arrières grands parents disposaient d'un rituel simple qu'ils pratiquaient pour connaitre le destin et l'avenir de tous les jeunes enfants garçons et filles de la famille. C'est le rituel du **gŭp būə**. Autrement dit, le rituel de ton Créateur.

Ce rituel proprement dit consistait à faire une collecte des boutures de toutes les cultures des champs des parents maternels ou de la tante maternelle entre autres : igname, taro, manioc, haricot, patate douce, banane plantain, maïs, pomme de terre, piment, etc. Il fallait ensuite faire un trou d'environ 1m de profondeur sur 1m de largeur, sur lequel deux morceaux de bambous secs solides et bien résistants étaient déposés.

Et sur lequel le jeune homme ou la jeune fille devrait s'asseoir en son bon milieu pour recevoir son bain de purification et de sanctification pendant que les eaux de ruissellement descendaient et coulaient droitement dans le trou. Ensuite, la collecte de toutes les boutures de récoltes devait être enfouie dans le trou. Dans celui-ci, un jeune rejeton de plantain devait être planté. Au fur et à mesure que le rejeton grandissait, la vie du jeune ou de la jeune adolescente était lue et interprétée sur le jeune tronc de bananier plantain comme une sorte de miroir magique. Ceci jusqu'à ce que la production du régime ait atteint la maturité.

La grosseur, la minceur, la longueur et même la couleur des doigts de régime déterminaient le reflet exact de la vie de nos jeunes gens. Ils décrivaient ainsi, si ceux-ci deviendraient des hommes riches, pauvres, puissants ou malheureux ; s'ils mourraient vieux ou jeunes, si la jeune fille se mariera et aura une grande progéniture ou non et vice versa pour l'homme etc. Bref toute la vie présente et future, voire l'avenir, était déjà connu. Il n'était pas permis de toucher à ce régime n'importe comment. Une échelle y était dressée et les doigts de plantain devaient être détachés ou disloqués main après main, en laissant les pédoncules et la fleur rouge pendante en place. Le tronc devait rester debout et se désagréger tout seul jusqu'à sa chute dans son trou. Bien entendu tous ces signes étaient interprétés rigoureusement. Ce rituel est l'équivalent de l'étude graphologique chez les occidentaux.

Rappelons pour toute fin utile que dans le sillage de ce rituel, un mélange d'herbes sacrées en part égales était infusé, chargé et consacré pour la purification et la sanctification des jeunes gens, mais sans sacrifice des victimes à cette étape du rituel. En vérité, le rite du gǔp būə est un rite complémentaire à celui de l'offrande de la poule du créateur (gŭp būə.) et de Dieu (gŭp nse). À l'époque de nos ancêtres et de nos aïeux, ces deux rituels marchaient de pair pour qu'il ait un équilibre parfait et harmonieux avec les forces de la nature Mère terre. Ce bon vieux rituel oublié, perdu et méconnu de la génération actuelle, a pour conséquence malheureuse de tourmenter, de perturber d'égarer et de déstabiliser la vie de bon nombre d'individus qui pourtant sont nés sous desauspices ayant des prédispositions qui les destineraient à accomplir ces rites-là.

Nous en connaissons des individus qui ont effectué ce rituel à plus de 40 ans révolusafin de remettre de l'ordre et la stabilité dans leur vie. Mais à ce moment précis, ce rituel leur ouvrira les portes du bonheur dans leur future réincarnation. Le rituel du gŭp būə. Comparé à l'Ancien Testament correspond bel et bien à l'offrande des prémices de la récolte des champs ; tandis que le sacrifice sanglant des lieux sacrés correspond au sacrifice d'Abel, celui des produits d'élevage.

Bon à savoir : le rituel du **gŭp būə**. Offrande des fruits de la récolte des champs et le gúp būə. (La poule du créateur) se font exclusivement dans la concession familiale et non ailleurs. Puisque dans l'Afrique antique et même de nos jours, c'est l'esprit groupe de la concession familiale qui vous a façonnés et vous a permis de pousser les premiers cris à la naissance. Par ailleurs, nos ancêtres associaient certaines racines vertueuses avec une partie des boutures des récoltes des champs, les calcinaient et obtenaient une fine poudre noire qui était une panacée universelle contre toute sorte de maladies infantiles et la sorcellerie.

Cette initiation terminée, une poule ou un coq tacheté, multicolore était préparé selon votre sexe en l'honneur de votre créateur (Bu) que vous devrez manger tout seul, et enterrer les os au pied du jeune rejeton. Au cours d'une existence, votre créateur Bu peut toujours vous interpeler à faire ou à refaire ce rituel salvateur selon votre thème de naissance et votre poids karmique (loi de cause à effet). Dans le cadre de nos consultations spirituelles nous avons eu à conseiller ce rituel à des individus dont plusieurs perturbations ont émaillé leur vie : des maladies incompréhensibles et incurables, des insomnies prolongées y compris ceux qui ne se souviennent jamais de leur rêve et qui ne songent jamais pendant leur sommeil jusqu'à ce que ceux-ci se réconcilient en retournant à leurs sources de naissance connecter leurs brins d'ADN à celui du battement de cœur de la mère-terre.

Certains individus nés en ville ou en occident faisant face à des pires difficultés et ayant perdus tout repère, des africains non bamilékés et même des occidentaux mais qui étant épris du désir et de la ferveur de retourner communier à leurs sources ancestrales, en accord avec les lois naturelles de la mère-terre, ont pu eux aussi par nos soins bénéficier de ce rituel à titre exceptionnel après une étude approfondie au cas par cas. Car Dieu est amour.

De nos jours, en ce temps de la modernité et des générations dites androïdes, l'absence de ce rituel salvateur, rénovateur et fondamental fait des Bamilékés des êtres plus ou moins complets auprès de leur créateur Bu. Car selon la tradition juive reprise dans l'Ancien Testament, le rite du **gŭp būə** est la réplique exacte du rituel d'offrande des prémices par Caïn. Confère les Saintes Écritures (…).

7° LE RITUEL DU RETOUR DU DISPARU À L'ANCESTRALITÉ

tīp kê cú

Il existe plusieurs cas de rituel du disparu et aussi par rapport au genre de mort ou de disparition, ce qui est du genre de mort nous énumérer, la mort part accident, les disparus qui ne sont plus jamais revenu au cas où on douterait de leur existence ou non.

Pour le cas d'une mort par accident ou une mort normale en route au cour d'un voyage, en ce moment, il existe deux hypothèses pour le rituel, la première, soit ramener le corps, dans sa concession, avant de le construire dans sa terre ancestrale. Soit on l'enterre directement au village et après extraction du crâne, il est recommandé de ramener ce dernier dans son domicile avent de ramener le mettre en lieu indiqué dans la terre de ses ancêtres.

Dans le cas où le corps est introuvable, il est impératif de kro' tμi dans un carrefour avec une pierre qui est symbole du crâne, et on le ramène au lieu indiqué, il faut préciser qu'il est très important de faire appel à ce défunt par son nom pendant le rituel.

8° LE RITUEL DE LA DOT

C'est un rituel qui a pour but d'unir deux familles à travers deux enfants qui font se mettre ensemble pour passer le reste de leur vie ensemble, et ce rituel se fait à partir de lacola et du vin de palme qui est d'accord consommé par la fille qui après le remet à son père pour consommation tout ceci accompagné des paroles d'engagement et d'acceptation de sermon et pour après redonner à son mari pour confirmation et scelle des liens du mariage. Il faut préciser qu'après cet acte, ce lien ne peut être dénoué car on ne rompt pas un lien spirituel, ceci dit le divorce n'existe pas.

9° LE RITUEL DE PURIFICATION DES LIEUX

cëp

La sagesse ancestrale a été toujours la mère des sagesses humaines, une fois par an surtout à la fin des récoltes, il rituel de purification des lieux qui s'accompagne avec les paroles de remerciement, se fait avec pour guide les maîtres spirituels, se fait avec une grande Canarie qu'on pose au centre de la concession où chaque fils et fille du village vient déposer une des plantes qui peut être soit maléfique ou bonne, et après les maître des lieux font bouillir et faire consommer à tous puis après cette canarie est cassée et une danse est organisée au tour qui permet de souler la poussière comme symbole de distiller les forces du bien dans tout le village ceci pour annoncer un bon début de la nouvelle saison.

10° LA CIRCONCISION

ma' gwâ

Le prince pour un homme d'avoir accès dans lieu sacré c'est d'accord passer le rituel de la circoncision, contrairement à ce que la modernisation nous a fait copie aujourd'hui, de circoncire les enfants dès sa sortie des entrailles, le rituel d la circoncision se fait quand l'enfant c'est conscient d'acquérir la douleur et à cela il est conseillé de passer ce dernier à une préparation psychologique, au moins pendant 7 ans,

11° LE RITUEL DE LA CHAISE

sēh ndīon

Le principe instruit que tout fils ne peut s'asseoir sur une chaise de trois ou quatre pieds si et seulement si les parents se sont déjà assis, mais la fille peut s'asseoir à croit moment quand les parents sont en vie et peur avoir sa propre chaise si celle si oui a été transmise par voir de succession.

12° LE RITUEL DU NON ENFANTÉ

mã kê ywo

Le fait d'avoir un successeur qui doit exercer les fonctions de cette dernière, toute offrande pour lui être adressée doit passer par ce dernier qui est la courroie de transmission. Mais il faut noter ce le crâne de ce dernier se place toujours haut de la maison sacré, et que l'offrande dans la plus part des car c'est un coq qu'on brule et assaisonne avec le sel, l'huile de palme et tout couvert avec le būtŋi puis enterrer à côté de la calebasse recueillant.

13° LE RITUEL DES JUMEAUX

Tous les enfants qui naissent de la façon la plus inexplicable doivent passer un rituelpour être chargés et qui les mettra sous la protection de la divinité via les ancêtres à travers une série de danse mystico spirituelle appelée le nkêm. Nous profitons de l'occasion pour énumérer les différentes catégories de jumeaux.

CLASSIFICATION DES JUMEAUX CHEZ LES BAMILEKE

La classification des enfants jumeaux chez les bamiléké ne respecte pas la classification scientifique liée au sexe mais plutôt est alignée sur une classification spirituelle et magique.

La classification européenne basée sur le sexe nous permet tout simplement de connaitre la provenance des chromosomes, elle ne permet pas de découvrir les valeurs spirituelles. Pourtant de par le monde on accorde une importance magique aux jumeaux.

Chez les bamiléké, la classification est essentiellement liée à la façon et la manière donc les jumeaux sortent du cercle de la vie (vagin). Ainsi on distingue:

- Les jumeaux de confirmation (Suiveurs des jumeaux)

- Les jumeaux de régulation (premiers nés)

- Les jumeaux de pérennisation (Triplé jumeaux)

- Les jumeaux de bénédiction (seul, l'autre étant mort à la naissance oupendant la grossesse)

- Les pieds devant, tip krœ (Nés avec les pieds en premiers)LES JUMEAUX DE REGULATION

On retrouve ces cas chez les femmes qui ont passé des années de mariage sans concevoir et donc elles ont subies des rites de rectifications et de rétablissement qui peuvent être lies à un dūh ou un câp nse. C'est aussi le cas dans certaines concessions ou nous avons des disputes pour la succession. Ces jumeaux, premiers nés viennent souvent pour confirmer que la personne de leur père ou mère mérite cette place. (Parfois dans certaines chefferies on pose cela comme prévue de légitimité, cas très rare)

LES JUMEAUX DE CONFIRMATION

Ce sont en principe des jumeaux qui naissent entre deux gestes de jumeaux .Dontils n'auront pas de kœnmy, ni de bīkep l'ainé de jumeaux et on est obligé d'attendre la prochaine naissance dans la concession pour faire leur danse (le nkœ). Il faut noter que les femmes qui faisaient plusieurs fois les jumeaux dans le temps ancien, étaient appelées à recevoir un domaine prive de la part du roi et ses enfants étaient pris en charge par la communauté villageoise.

LES JUMEAUX DE PERENNISATION

Ici c'est le cas des triplets et autre, bref Durant le geste, la maman a poussé plus de deux fois Ces cas sont reconnus et valorisés dans tout le monde entier, en Angleterre par exemple, la famille royale finance automatiquement ces cas exceptionnelles.

LES JUMEAUX DE BENEDICTION

Il s'agit du jumeaux qui vient tout seul au monde par ce que son partenaire est mort Durant la grossesse ou directement à la naissance. Parfois la maman ne se rend même pas compte qu'elle est toujours enceinte après une fausse couche et se retrouve quelquesmois après à mettre au monde un autre enfant.

(La légende dit qu'elle ne ressent les douleurs que lorsque celui-ci est prêt à naitre). Chez le bamiléké, on dit qui l'a refusé de partir et a choisir la maison de cette femme et c'est une grande bénédiction. Mais il est à noter que si ses rites ne sont pas faits à temps, celui-ci aura beaucoup de difficultés et d'ennuis dans sa vie. Tout simplement parce que malgré la mort de son partenaire, les deux restent lies dans le cosmique et dans le spirituel. Il n'est pas exclu de le voir parfois s'isoler du reste de la famille et parler tout seul dans un coin comme un fou. Il est recommandé de faire préparer son rite des jumeaux par une miŋinse lui-même jumeaux et n'y participeront en premier que les miŋinse de cette catégorie.

LES TIP KRŒ

Ce sont les enfants qui viennent dans le cercle de la vie en présentant les pieds au lieu de la tête. Ils peuvent facilement tuer leur maman Durant l'accouchement ce qui a valu leur classification parmi les jumeaux. En somme, les jumeaux bamiléké sont hisses au rang des rois comme leur géniteurs d'ailleurs. Les grands parents ont aussi le privilège de se faire appeler TAƉI ou MAƉI et se font saluer de deux mains. Les jumeaux ont les seuls titres indiscutables chez les bamiléké mais ces titres ne se transmettent pas de père en fils comme un héritage. Leur pouvoir cosmique leur confère des privilèges et des attributs, mais ils entrent dans le cercle de la mort avec leur titre qu'ils ont acquis dans le cercle du matériel.

14° LA RÉCONCILIATION

Apres l'acceptation de leur tore par toutes les parties, une nourriture traditionnelle et fait accompagnée du vin blanc un communion d'ensemble et pour un retour définitif de la paix.

15° LE RITUEL D'UNE MORT PAR SOUILLURE

Phénomène qui arrive à un décédé mort avec le ventre ou certains parties du corps gonflés, alors le rituel du **vəlē.**

QUELQUES ÉLÉMENTS DE LA NATURE UTILISER POUR LES RITESKOLA

Kola

Omniprésente dans la vie sociale et culturelle du Cameroun, le colatier est un arbre fruitier originaire des forets de l'Ouest du Cameroun. Rouge ou blanche, mais au Cameroun selon les régions on a la kola Atala la kola Batia la kola bamiléké ceci en plus on a la kola du singe et la kola du lion. La kola a cette particularité d'être amer et âpre augoût. C'est un fruit très prisé au Cameroun. Elle annonce la venue d'un enfant lors de son baptême, officialise l'union de future mariée où honore un défunt lors de ses funérailles. Ses principales vertus médicinales sont liées au fait qu'elle contient de la caféine. Stimulant nerveux et physique, aphrodisiaque elle augmente la résistance à la fatigue. Elle détient également des vertus diurétiques et cardiotoniques. Elle s'avère être un coupe- faim efficace. La noix de kola: ses vertus et ses bienfaits Issue du kolatier, la cabosse contient les graines de kola appelées noix de kola, qui ressemblent aux graines de cacao, et pèsent environ 25g. La noix de kola possède de nombreuses vertus, reconnues depuis longtemps, notamment au Cameroun, et confirmées par des études cliniques. En usage externe ou en usage interne, elle est réputée pour soigner de nombreuses affections. De nombreux bienfaits, sa forte teneur en caféine et en kolatine, extrait phénolique de la noixde kola, en fait un excellent tonique.

La noix de kola est ainsi utilisée comme anti dépresseur, pour lutter contre l'hypotension, contre les rhumes, contre la fatigue physique ou intellectuelle, commestimulant cardiaque et tonique musculaire. Elle possède également des vertus digestiveset diurétiques. Il est à noter que les effets de la noix de kola se font sentir plus longtemps que ceux d'autres excitants, comme le café ou le guarana. La noix de kola peut être simplement mâchée, ou bien infusée après broyage. Son goût amer n'incite pas à laconsommer naturellement, pourtant elle est à l'origine d'un fameux soda né aux États- Unis et consommé par des millions de personnes.

Le coca-cola a en effet été créé par le Dr Pemberton, pharmacien de son état, pour remplacer le vin par une boisson plus stimulante, composée de feuilles de coca et de noix de cola. Ladite boisson ne contient plus, de nos jours, ni coca, ni cola. D'autres vertus La noix de kola est réputée pour être aphrodisiaque. Du fait de sa richesse en alcaloïdes : théobromine, caféine, kolatine, la graine de kola agit effectivement comme un excitant nerveux. En phytothérapie, elle est associée au gingembre, lui-même connu pour ses propriétés aphrodisiaques. La noix de kola peut donc être recommandée en cas de dysfonctionnement des organes de reproduction. Elle accroît l'afflux de sang dans le sexe et permet ainsi d'améliorer le fonctionnement des parties génitales, chez l'homme. Chez la femme, la noix de kola pourrait aussi avoir un effet positif, notamment en période de ménopause

JUJUBE

Il faut commencer par faire la différence entre le jujube et les autres fruits aux apparences semblables. Il s'agit entre autre du Mbongo, un condiment très utilisé dans un plat originaire de l'ethnie Bassa, le Ndong qui est lui aussi un condiment, mais plus connu sur le marché pour ses vertus aphrodisiaques. La différence entre le jujube plus connu en ethnie Bamiléké sous le nom de Djidjim (madumba) Dœdœ en gō zē et les autres tient du goût. Alors que le jujube est sucré, le Mbongo est fade et a une odeur forte alors que le Ndong est très pimenté et fait venir des larmes aux yeux de ceux qui le consomment.

Le Jujube

Le jujube, fruit produit par le jujubier dont il est question ici est originaire de Chine. Il a une forme ovoïde et mince. La couleur de ce fruit à pépin lorsqu'il est mur est rouge. Mais il est plus connu sous sa forme séchée. Il se vend sur le marché à partir de 25F l'unité.

ARBRE DE PAIX

Les dracenas sont appelés arbres de la paix en pays bamiléké et dans toute l'Asie tropicale c'est à dire, pour plus d'un milliard de femmes, d'enfants et d'hommes. Et en pays bamiléké, c'est le privilège et le partage par excellence des pères tãŋi, mères et autres parents de Jumeaux (ğo'dĩa) !« fũ kœn » peut se décrypter de plusieurs manières par exemple: « fũ »: écrouler, détruire, défaire, déconstruire, destruction, défection et « kan »: battant (ce qui permettait de fermer la porte coulissante traditionnelle bamiléké), fermer, fermeture, barrière; ...« fũ kœn» signifie donc soit destructeur de fermeture, de barrière, d'exclusion, d'obstacle à la rencontre, à l'entente , soit un ordre en mode impératif et sans appel: Détruis ce battant coulissant de porte qui nous coupe les uns des autres; "supprime cette barrière qui sépare et surtout qui oppose les gens! Voilà tout le sens authentique et profond de ce symbole végétal d'interpellation impérative à faire la paix et à aider plutôt à la rencontrent.

C'est ainsi qu'on qualifie la dracena l'arbre de la paix en français, peace bambu en anglais. Il en existe une multitude de variétés. Utilisées dans les haies vives, elles en anhélaient symboliquement la violence mentale d'instrument de fermeture et mêmed'exclusion !

Arbre de paix

A ce titre la dracæna a atteint une dimension religieuse et une fonction au mieux spirituelle et au pire, diplomatique. C'est l'équivalent du drapeau blanc de d'autres civilisations! Cette plante dont une mãŋi (mère de jumeaux) s'armait toujours dans ses déplacements pour exprimer ostentatoirement à tous qu'elle était contre la guerre, contre la division, en tradition bamiléké fondamentale, Chez les peuples dits "bamiléké", les mãŋi étaient les servantes instituées par la providence en toute liberté comme "dévouées de la promotion de la paix"; des pacifistes par nature et par devoir. Pour se livrer à la guerre, les hommes devaient leur cacher les lieux de combat et surtout les en éloigner systématiquement. Sinon, dès qu'elles apparaissaient sur un champ de bataille armées de leurs seuls rameaux de « fũ kœn » et s'interposaient systématiquement entre les armées ou les camps en guerre, ceux-ci devaient, non seulement cesser les combat mais surtout, ne repartir qu'après avoir dûment négocié et accepté sincèrement la paix !

L'OUEST CAMEROUN
LE PAYS BAMILEKE et LE PAYS BAMOUN

Avec la traverser de l'équateur l'Afrique centrale est le socle de la civilisation et l'ouest Cameroun l'un des greniers riche dans la culture et tradition. Le peuple bamiléké comme il est connu, vient de quelque part et a transité par chez le Tikar avant de s'installer dans la région de l'ouest qui est une zone de haute plateau. On ne pourra pas parler de cette région qui est le creuset de la civilisation sans parler de son peuple et à ce peuple, cette région s'identifie par deux grandes tribus bamiléké et Bamoun.

Nous comptons pour cette région (ouest) selon les lois administrative onze (11) chefferies du premier degré et cent vingt-trois (123) chefferies du second degré. Mais je ne pourrais pas finir sans donner la description de la structure traditionnelle du peuple Bamoun qui reste encore jusqu'à ce jour un exemple a suivre, une référence aussi pure que les recherches ont prouver que plus de 50% du peuple bamiléké sont descendants du peuple Bamoum à l'instar de certains rois.

On ne saura terminer l'histoire des bamiléké sans pour autant parler du peuple Bamoun qui est en partie l'un de aïeux bamiléké. Un peuple diversifié uni par une seule culture le NGOUN avec un symbole qui signifie puissance rassemblement paix unité et amour et transmis de générations en générations assis sur une langue qui est le shumùmle peuple Bamoun est un peuple plein de savoir et de la créativité et regorge au sein du sultanat a sa tête un sultan entouré des grands dignitaires chargés du respect de latradition et conservateur des patrimoines traditionnels.

PEUPLE BAMOUN

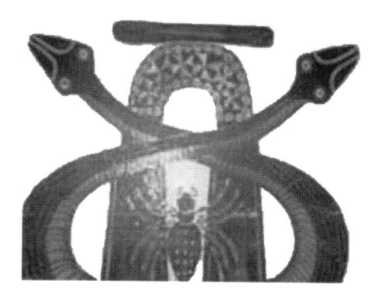

En l'an 1394, un jeune prince Tikar, en compagnie de deux de ses oncles, Morunta etNguonso, quitta sa contré à Rifum dans la vallée du Mbam. Les trois princes partirent de Mbankim à la recherche d'un royaume qui leur appartiendrait. Lorsqu'ils atteignirent la rive du fleuve Mapé, chacun décida d'emprunter sa propre voie. Morunta et Nguonso allèrent fonder les royaumes de Nditam et de Banso respectivement. Attiré par les riches terres des hauts plateaux qui aujourd'hui sont connus sous le nom de département du Noun, Nchare traversa le fleuve avec 7 compagnons, à savoir : Nji Monshare, Nji Kumnjuo, son demi-frère, Njianga, un guerrier et en même temps beau-frère de Nchare, un autre guerrier dénomme également Njianga, Njimanka et Nji Monanka, amis de Nchare et Njiamfa, son neveu.

Ils se dirigèrent vers le village de Njimom où Nchare, fils de la princesse Yen renversa astucieusement le chef de ce village et s'y installa comme chef. Au milieu des Nguon mystificateurs, Nchare Yen et ses sept compagnons s'assirent sous l'ombre de karité dans le village de Njimom réfléchissant sur leur quête du pouvoir. C'est sous cet arbre assis sur sept pierres qu'ils donnèrent naissance au concept du royaume Baou. Au fil du temps, Nchare Yen se lia d'amitié avec Mfo Mokup, chef d village voisin de Mofu. Mfo Mokup avait au sein de sa chefferie une société secrète dénommée Nguon, qui assurait l'approvisionnement de son palais en denrées, ainsi que la distribution équitable de la nourriture dans toute la chefferie. Chaque année pendant la période des récoltes, les possesseurs du Nguon parcouraient la chefferie pour s'assurer que les villageois apportent leur récolte au palais du chef Mfo Mokup qui redistribuait les produits de la récolte à ses sujets, en s'assurant que chacun avait un peu de tout ce que produisait la chefferie. S'il y avait un surplus, l'excédent de la récolte était conservé dans un grenier au palais pour être consommé pendant la saison sèche ou au cours d'une année de mauvaise récolte. Ce rassemblement de villageois se terminait par la célébration d'une fête pendant trois jours au cours de laquelle chacun buvait, mangeait et dansait à satisfaction. C'était la fête des récoltes connue sous le nom de Festival du Nguon. Un son étrange et mystérieux emplit l'air.

Les Nguon sortaient en jouant à leurs tambours lesquels imitent le son des sauterelles appelant leurs femelles. Les femmes fuyaient et se réfugiaient à l'intérieur de leurs maisons. Quelques temps après, Nchare Yen assujettit le village, de Mfo Mokup et adopta le Nguon comme élément culturel par excellence. Nchare Yen célébra son premier festival du Nguon en 1395. Il voulait étendre les limites de sa chefferie et se lancer une foisde plus à la conquête de la région. Nchare Yen se dirigea vers le sud dans le village des Pa mben (de nos jours Foumban), Nchare Yen construisit son palais et s'installa comme Roi. Dans sa lancée, il vainquit quinze autres Rois de la région et se déclara finalement Roi de tous les Pa mon (Bamoun). Nchare Yen, le petit fils de Mforifum, Roi des Tikar de Mbankim, parvint avec brio à réaliser son rêve. Sa progéniture consolida ces acquis au fil des siècles.

La société secrète Nguon jouait de plus en plus un rôle déterminant pour la survie du royaume. En ce temps-là, les possesseurs du Nguon n'avaient plus comme unique rôle celui d'assurer l'approvisionnement du palais en denrées, mais ils avaient en plus la charge de parcourir toute la région pour rassembler les informations relatives aux griefs des habitants du royaume et pour constater les abus commis au nom du Roi. Ils avaient la responsabilité d'informer et de conseiller le Roi et ses compagnons (aujourd'hui connus sous le nom de grands conseillers ou Nkom). Le Nguon était davantage devenu une police secrète et le service des renseignements du palais.

Pendant la période des récoltes, lorsque des villageois amenaient leurs produits au palais aux fins de redistribution, les possesseurs du Nguon s'entretenaient avec les conseillers. Le peuple, au bout du compte, attendait avec impatience les trois jours de célébration du Nguon.

Le festival du Nguon était devenu une tradition culturelle. Au fur et à mesure que croissait le pouvoir de Mbuembue et l'étendue de son royaume, les intrigues se développaient. La vie au palais devint de plus en plus labyrinthique entrelacé dans une toile d'araignée complexe. C'est ainsi qu'entre autres, traîtrise et usurpation caractérisaient une grande partie de l'existence quotidienne au palais. La stratification socio postes de responsabilité, des titres, des fonctions et des castes furent institués. La structure administrative s'établit ainsi qu'il suit :

LE MFON (Roi/sultan) : propriétaire de toute chose et de tous à l'intérieur du royaume, avait le droit de décider de la vie ou de la mort de chacun de ses sujets. Chef suprême des forces armées royales détenant le pouvoir de déclarer la guerre ou la paix, avait le droit de déplacer des populations, le pouvoir d'anoblir et de retirer titre et rang.

LES NKOM : Grands conseillers et gardiens du royaume détenant le pouvoir d'introniser et de déposerun Roi.

LE NJI FON FON : Premier Ministre/conseiller du Roi.

LE MGBETNYI MFON : l'adjoint au Roi sultan (il pouvait y avoir plus d'un adjoint)

LE TITA-MFON : Conseiller politique du Roi

LE MANSHUT TUPANKA : Ministre de la défense/commandant en chef des forces armées royales

LE TITA-NGU : Porte-parole du Roi et de ses conseillers. Il annonçait les décisions et les affaires duroyaume.

LE MANSHUT TAKUM : Chef des serviteurs en charge de l'approvisionnement du palais en denrées alimentaires(c'était habituellement une reine).

LE NKOMSHINSHUT : Noble de la cours du Roi

LE MFO-GHOME : Grand vassal qui supervisait les terres et propriétés du royaume

LE SHUEFON : Chambellan du Roi

LE NJI: Prince/noble généralement en charge de village ou chef de famille également.

LE MFO-TUE: Chef d'un village vaincu et assujetti par le Roi

LE NSHINNSHUT : Serviteur du Roi

LE MKEN: L'esclave.

La structure administrative crée par le Roi Mbuembue resta en vigueur jusqu'au début des années 1900 lors du règne du Roi Ibrahim Njoya, le 17ème Roi de la dynastie Bamoun.

Ensuite vinrent les allemands, suivis par les français...Le Cameroun fut sous administration coloniale allemande de 1902 à 1915. Les principaux intérêts des allemands au Cameroun étaient le commerce de l'ivoire, du latex ainsi que la construction d'un chemin de fer. Ils autorisent les Rois et les autres chefs traditionnels à poursuivre la pratique de leurs coutumes et traditions et à jouir des pourvoir dans leurs territoires respectifs. Le Roi Njoya entretient de très bonnes relations avec les allemands et pu à leur époque faire d'extraordinaires avancées dans ses recherches et inventions. Il voulut consigner par écrit l'histoire et les traditions du peuple Bamoun, tout comme ses inventions et ses découvertes relatives aux plantes médicinales dont l'efficacité était avérée. Mais sa langue était essentiellement orale, ce qui apparaissait comme un réel handicap. Pour résoudre ce problème, le Roi Njoya inventa vers 1895 un alphabet qui comportait plus de 500 symboles, idéogrammes et chiffres.

Vers 1906, le Roi Njoya commença à effectuer un enregistrement détaillé des naissances, des décès, des évènements importants, etc. S'étant aperçu que son alphabet était touffu, il réduisit des signes. En fait, son inspiration s'activait dans les domaines les plus variés, ainsi, il s'essaya aux dessins architecturaux. en 1908, le sultan Njoya se rendit à Buea dans le sud-ouest du Cameroun. Il vit la résidence dans le sud-ouest du Cameroun. Quelques temps après, le Roi Njoya décida qu'il lui fallait créer une nouvelle langue. en 1912, il inventa une langue secrète réservée aux seuls inities. Cette langue était une synthèse entre l'haoussa et quelques autres langues africaine, y compris l'anglais, le français et l'allemand. Cette langue secrète reste encore d'usage, bien que parlée par très peu d'habitants du royaume.

L'arrivée des français à Foumban le 23 mai 1916 marqua le début de la fin du Roi Noya. Vers 1916 le Roi Njoya avait déjà révisé son alphabet six fois, réduisant le nombre de symboles à quatre-vingts et les chiffres à dix. Cette version finale de l'alphabet est connue sous le nom de « à ka u Ku ».

Vers 1918 le Roi Njoya avait ouvert 20 écoles à travers le

royaume ou plus de 300 élèves étudiaient son alphabet. Il y a quatre-vingt-dix documents écrits dans les différentes versions de son alphabet, trois ont été rédigées dans la version finale. Le Roi Njoya rédigea un manuscrit de 547 pages sur l'histoire des Bamoun en (a ka u ku).Plus tard, il traduisit le manuscrit en shumùm, sa langue secrète. Le manuscrit fut traduit en français vers fin 1940 et, en 1952 (dix-neuf ans après son décès) la version française fut publiée.

Le Roi Njoya devenait de plus en plus influent dans la région, mais les allemands durent quitter le Cameroun, et il fut confronté aux nouveaux colonisateurs français qui n'appréciaient pas sa manière de gouverner le royaume. Le Roi Njoya était un génie avec une vision et une mission ce qui représentait une menace pour les colonisateurs français et ils durent limiter sa puissance. Ils voulaient un contrôle absolu et ce contrôle imposait qu'ils l'affaiblissent.

Les administrateurs coloniaux français décidèrent d'ôter tout pouvoir au Roi. Ils commencèrent par réduire le pouvoir de plusieurs institutions au sein du royaume. Le chefde subdivision français, M. Ripert, écrivit « Njoya est un tyran noir, élevé dans le sang, à l'orgueil démesuré, poursuivant des rêves insensés, exécutant sommairement ses adversaires, obligeant chaque famille à lui donner une fille en mariage. Il avait accédé au pouvoir après que sa mère n'eut pas hésité à supprimer tous ses frères ».En 1924, après avoir arraché au Roi Njoya le pouvoir de régner, les français interdirent la célébration du festival annuel du Nguon. Mais les colons n'avaient pas pleinement compris la signification, la quintessence du Nguon. Qu'est-ce que le Nguon ? Est-ce une sauterelle, une fête des récoltes, une société sécrète, un tambour à friction ou une danse rituelle ? Est-ce une célébration qui fait office d'action de grâce ou d'acte d'apaisement ? Est-ce social, politique, religieux ou mystique?

Les colons français ne comprirent pas que le Nguon était un élément identitaire du peuple Bamoun. Heureusement, ils ne purent pas détruire le Nguon, parce qu'ils ne l'avaient pas compris dans son intégralité complexe. Les français se dressèrent contre le grand secret du terroir, le nsheme ngu. Comment auraient-ils pu reconnaître le Nguon dans son camouflage cabalistique ?

Le Roi Njoya fut envoyé en exil en 1931. « L'affaire sanda fut une affaire idoine ». NjiKouotou Yenu, frère du Roi Njoya, fut désigné par l'administration française pour assurer la garde du palais. Les possesseurs du Nguon gardèrent leurs instruments en un endroit sûr. Ils continuèrent à rassembler des informations à travers tout le pays. Les possesseurs du Nguon continuèrent à danser à la naissance ou au décès des jumeaux. Les Nguon continuèrent à émettre leur son à chaque saison des amours.

Le Roi Njoya mourut en exil en 1933. Les acteurs du Nguon sortirent leurs instruments et enterrèrent le Roi Njoya dans le « gbetnja » la crypte des Rois Bamoun et ce malgré l'opposition du lieutenant français, M. Clapot, et du traitre Bamoun, Mosé Yeyap.

Les acteurs du Nguon installèrent le 18eme Roi de la dynastie Bamoun, le sultan Seidou Nji Moluh Njoya.

Sultanat Bamoun

Tout comme le peuple fondateur du pays Bamoun, le peuple fondateur Bangou aïeux du peuple Bazou vient du haut Mbam.

HISTOIRE DU VILLAGE BANGOU

147

Chefferie Bangou

Bangou fait partie des ressortissants de la grande famille des Bamiléké de l'Ouest du Cameroun. Ceux-ci ont migré depuis le 13e siècle du Haut-Mbam des pays Tikar, pour s'implanter dans la région du Noun. Etant chasseurs pour la plupart, ils partirent dans tous les sens pour leurs conquêtes, se résolvant des fois à s'installer à des campements, et repartaient pour certains. De fil en aiguille, des villages naissaient. Le fondateur du village Bangou est venu de Bamendou, un village de la Menoua. Par ses largesses et ses ruses, il conquit les huits autres chefs trouvés sur place. Cette ruse serait à l'origine du nom traditionnel du village, à savoir GNIEUP (action d'élargir depuis l'intérieur).

Nombreux de ses sujets se déportèrent à leur tour et fondèrent plusieurs villages, notamment: Bazou, Batchingou, Bangoulap.

Les différents chefs ayant gouverné Bangou à ce jour sont les suivants:

1°-NKOUANGONG

2°-NGUIESSEU I

3°-KEPSEU

4°-YEPJOUO

5°-NKOUANKEP

6°-NJOSSEU

7°-NGUIESSEU II

8°-TALEANI

9°-DJOMO I

10°-TAYO I

11°-SINKEP Charles

12°-KEMAYOU Paul Bernard

13°-DJOMO Christophe

14°-TAYO Marcel Depuis 1979

Tous ces chefs ont marqué leurs œuvres chacun de sa manière dont entre autre:

-   DJOMO s'est illustré en donnant à son village une plus grande extension.

-   TAYO fût président du Tribunal coutumier à Bana et à Bafoussam. Il fût également le premier chef bamiléké à s'acheter et conduire une voiture. Intelligent et tenace, il envoya les enfants à l'école officielle qu'il obtînt pour son village et qui malheureusement fût fermée en 1931.

Il faut noter qu'à la chefferie Bangou il n'y a ni de NTOUKEP, ni de POKEP comme dans d'autres chefferies traditionnelles bamiléké, de Bangou fut fonder le village Bazou.

MESSES PATRIMONIALES (SUGGESTIONS DE TABANTCHUI)

Qu'est-ce qu'une messe patrimoniale ?

La Messe Patrimoniale est une cérémonie liturgique patrimoniale organisée par les «prêtres» africains, et qui rassemble les hommes et femmes d'un même Peuple, ou des personnes ayant les mêmes croyances et pratiques coutumières dont la conception de l'absolu, de l'être humain et du vivre ensemble.

Pourquoi une messe patrimoniale?

Depuis la pénétration des religions étrangères en terre d'Afrique, les africains sont accablés par une pluralité d'enseignements tous se réclamant de Dieu.

Seulement, ces religions se déployant dans une contradiction qui s'illustre par la multitude de confessions et d'obédiences en compétitions et bien souvent en guerres permanentes. C'est ainsi que, d'une part, certains peuples en Afrique ont été amenés à faire des guerres de religions et à se stigmatiser mutuellement alors qu'au paravent, ceux-ci vivaient en harmonie et dans la fraternité.

D'autre part, l'inadéquation entre les traditions africaines et les enseignements que dispensent ces religions étrangères, a radicalisé le déracinement des peuples d'Afrique par rapport à leur culture. Pire encore, la pratique de ces religions, creuse en permanence, l'écart entre les Africains, leur patrimoine historique et leurs Ancêtres. Au final, les religions étrangères ont réussi à créer au sein du Peuple africain, une dépendance dans la division du temps, la connaissance, l'organisation sociale et la relation avec Dieu. On ne peut désormais plus travailler, s'organiser, s'exprimer et communiquer avec l'absolu qu'en se soumettant et en se référant aux calendriers, aux lois, aux coutumes, aux auteurs, aux documents, aux langues et aux ancêtres des autres.

La célébration de la Messe Patrimoniale sera bénéfique aux peuples africains à plus d'untitre.

- Sur le plan culturel, elle garantit la base métaphysique des rites et des traditionsafricaines.

- Sur le plan religieux, elle assure l'identité, l'harmonie et le fondement del'éthique religieuse en Afrique.

- Sur le plan social, la Messe sera le gage de la paix, de l'unité et du développementen Afrique.

L'organisation de la messe patrimoniale. L'organisation de la Messe Patrimoniale sera conforme au calendrier, aux Us et Coutumes de chaque Peuple en Afrique. Au cours de la Messe, une place de choix sera consacrée à l'audition et à la méditation des lois et préceptes que Dieu a donnés aux Peuples d'Afrique, par l'intermédiaire des Ancêtres.

PARTIE III

HISTOIRE DE BAZOU

1) HISTOIRE DE LA FONDATION DU ROYAUME BA'ZE (Lag ze)

Un des princes du royaume GNIEUP (Bangou) mécontent des conflits de la succession, décide de s'éloigner de ce territoire, avec certains de ses compagnons. Ils utilisent la chasse comme moyen d'exploration, et atteignent le territoire ou zone des NKWA ou ils choisissent de s'installer. Ils développent particulièrement la chasse, dont le produit était régulièrement partager aux autochtones. C'est ainsi que par leur générosité et leur savoir-faire, ils réussissent à s'imposer. Lorsqu'il fallait choisir le roi des NKWA le choix fut porté sur le vaillant prince.

Le territoire des nkwân'æ désignant une vaste zone. Il fallait trouver un nom à ce territoire de commandement le nom de « zē » fut retenu, qui signifie « voyager, marcher » pour signifier la marche qui les a conduit à ce territoire. Et par la suite ce royaume va avoir l'appellation de « Bazou »qui signifie :

BA : les gens Ze : marcheur ou voyageur selon la langue gõ zē, la question qu'il se poser c'est : est-ce vraiment cette langue qui était parlée en cette période ? Je dis non alors cela nous amène à nous poser d'autres question ; puisque **zē** signifie aussi ; amère, laroute, éduquer et aussi discriminer.

1) Sa Majesté TCHUIBOU TAYOU, Le chasseur rusé
   Installe la dynastie Bazou

2) Sa Majesté TCHUIDJO, Rusé, entreprenant et
   généreux. Le nom caractérise lesdescendants de la
   dynastie Bazou.

3) Sa Majesté TCHAKOUNTE DJOTCHA'A
   (TCHAKOUNTE I)

4) Sa Majesté TCHUITCHA'A

5) Sa Majesté NANA I

6) Sa Majesté KEMAJOU I (dit SOUGANG) (a disparu dans
   la rivière Nko'fi)

Son message politique était basé sur la rectitude. Proscrit sous son règne les lois scélérates (Arrêt de la spoliation des terres aux petits paysans par certains sous-chefs)Mit lui-même fin à ses jours en disparaissant dans les eaux troubles de Nko'fi pour "ne pas retarder l'évolution de son village" car devenu trop vieux. Marque l'histoire du peuple Bazou en permettant à un cours d'eau de changer de dénomination pour être « Nko'fi ».

7) Sa Majesté TCHAKOUNTE II 1869 – 1911 Roi
   éclairé.

Agrandit son territoire en menant une guerre de 9 ans aux contrées voisines. A donné à Bazou son autorité et sa grande influence dans toute la région.

8) Sa Majesté NANA TCHAKOUNTE (NANA II): 1911 –
   1953

Symbolisait la sagesse et le développement .Les français et surtout les allemands ont gardé de lui des souvenirs de ses répliques pleines de sagesse (métaphore de la mère poule ayant mis à un terme aux travaux forcés en région Bamiléké). Pour ce qui est du développement de Bazou, il est important d'indiquer que le Roi Nana avait entrepris et réussi de creuser à mains d'hommes la route Bamena-Balengou-Bazou et la route Bangoulap-Bakong-Bazou, dans une région au relief essentiellement accidenté. Conquérant rusé et intrépide (a accru considérablement les limites du royaume en posant une borne au bord du fleuve Makombé). Les limites actuelles du royaume résultent de ses conquêtes.

ROI NANA TCHAKOUNTE

Fils de MAFEUH KWAYEP, le roi NANA TCHAKOUNTE est le symbole de la sagesse et du développement du groupement Bazou.

Symbole de ruse.

L'oralité du groupement Bazou nous rapporte qu'un message porté du gouverneur Allemand au chef de région Bamiléké à transmettre aux chefs de subdivisions, précisait que chaque chef indigène avait l'obligation d'envoyer des jeunes robustes et forts à la région, pour effectuer les travaux forcés de construction du chemin de fer Douala-

Yaoundé. Une semaine après que le message fût délivré, l'autorité colonial entrepris de parcourir chaque village afin de récupérer lesdits colis. Le jour de Bazou arriva et Le Roi NANA TCHAKOUNTE fut interpellé sur l'ensemble des actions attendus par l'administration coloniale ; en guise de réponse, Il fit venir une mère poule et ses poussins et demanda à un jeune piou blanc d'attraper juste un poussin. L'histoire raconte que le blanc se leva et tenta d'attraper un poussin, mal lui en a pris car à chaque tentative, la mère poule sautait sur son visage pour défendre énergiquement ses poussins. Face aux multiples échecs, le roi NANA TCHAKOUNTE s'exclama et dit : comment comprendre que le blanc incapable d'attraper un poussin d'une poule me demande d'attraper les humains qui sont plus forts et plus intelligent ? C'est sur cette métaphore que l'administration coloniale renonça aux travaux forcés à Bazou.

Symbole de la sagesse

L'administration coloniale convoqua tous les chefs du Ndé afin de leurs imposer la consommation du vin rouge en lieu et place du vin blanc. Le jour J, le blanc présenta aux populations les bouteilles de vin qui, d'après lui était la meilleure des boissons. Alors que tous les rois se mirent à déguster le vin rouge à eux proposé,

Le roi NANA arrivé en retard s'installa et demanda à son serviteur de lui servir une coupe de vin Blanc dans sa corne, action qui fera éclater de rire toute l'assistance, éberlué le blanc lui demanda s'il n'était pas informé des raisons de la réunion, en guise de réponse, le roi Nana lui posa la question de savoir: combien de bouteilles de vin il pouvait boire par jour? Le blanc s'empressa et dit : Deux bouteilles, le Roi NANA TCHAKOUNTE rétorqua par : bien je vais tout de suite boire cinq litres de mon vin blanc et tu vas également boire deux litres de ton vin. Ainsi dit ainsi fait : le Roi NANA TCHAKOUNTE but cinq litres de vin blanc, le blanc étant dans l'incapacité de boire deux litres de vin rouge au milieu des indigènes resta confus. C'est de cette manière que le roi NANA

TCHAKOUNTE par sagesse pérennisa le vin blanc et protégea les peuples du Ndé de l'alcool du vin rouge.

Symbole du développement

L'on ne saurait parler de développement à Bazou sans citer le roi Nana TCHAKOUNTE icône du développement participatif. C'est lui qui entrepris à une époque ont l'on peinait à circuler à faire creuser des mains d'hommes, les routes Bamena- Balengou, Bangoulap-Bakong-Bazou, Bazou-Banoumga. Très marqués par les prouesses du Roi NANA TCHAKOUNTE, les colonisateurs Allemands ont pris sur eux de raconter toutes ses épopées dans les livres d'allemand (Yao learn Deutsch) jadis inscrit dans les programmes scolaires du Cameroun.

Le roi NANA TCHAKOUNTE

9) Sa Majesté KEMAJOU NANA Daniel (KEMAJOU II): 11/06/1953 - 28/04/1984

Il fut:

- Chef des Services Administratifs et Financiers à Nkongsamba (Cameroun sous tutellede la France)

- Conseiller à l'Assemblée de l'UNION Française.

- Tout Premier Maire de la Commune de Nkongsamba dans le Mungo.

- Président de l'Assemblée Législative du Cameroun, L'un des négociateurs de la levée deTutelle de la France sur le Cameroun ayant abouti à l'indépendance du Cameroun.

- Ambassadeur itinérant de 1977 jusqu'à sa mort en 1984.

DISCOURS SUR LES PLEINS POUVOIRS, 29 OCTOBRE 1959PAR LE ROI DANIEL KEMAJOU

Le projet gouvernemental sur les pleins pouvoirs soulève de notre part plusieurs observations. Les pleins pouvoirs permettraient de lutter contre le terrorisme, sans doute par une répression purement militaire, d'élaborer le projet de Constitution hors de l'Assemblée, de préparer une loi électorale, de résoudre par des échanges de lettres les problèmes d'ordre international, d'élaborer des conventions avec la puissance tutélaire qu'est la France, et, enfin, de concentrer, entre les mains d'une seule et même personne les pouvoirs législatifs, exécutifs et judiciaire, c'est-à-dire d'instaurer une dictature, le pouvoir personnel ou, en d'autres termes, le règne du bon plaisir, de l'omnipotence policière, des camps de concentrations, des déportations, des arrestations et emprisonnements arbitraires, des exécutions sommaires, des pendaisons, des licenciements arbitraires et abusifs des fonctionnaires, des persécutions des étudiants dans les lycées et collèges, du chômage, de la misère noire, des injustices sur injustices, de l'exclamer, etc., etc., etc. Voilà ce qui nous attend. Comme vous le constatez vous-mêmes, messieurs, ces projets sont foncièrement dangereux et, de ce fait, méritent d'être purement et simplement répudiés. En effet, le bilan de la situation actuelle montre que le gouvernement Ahidjo a eu les moyens de rétablir le calme dans le pays, de résoudre le problème du terrorisme, et ne l'a pas résolu, n'en ayant pas étudié les causes d'une façon suffisamment intéressée, approfondie et objective. Pour nous, l'amnistie totale et inconditionnelle dans l'ensemble du pays, la Table Ronde, où seraient conviées toutes les forces politiques du Cameroun, et la formation d'un gouvernement d'union nationale peuvent seules résoudre le drame camerounais.

Quant à M. Ahidjo, la répression militaire seule suffit, et le projet de Table Ronde aboutirait, selon lui, à une assemblée de bavards. Pourtant, l'Assemblée n'a jamais gêné le gouvernement dans son action, et l'a toujours secondé quand il a été ferme aussi bien que lorsqu'il a été clément. Par ailleurs, la représentation effective des populations du pays Bassa a beaucoup contribué au calme qui règne dans cette région. En outre, la rapidité et l'efficacité d'une action gouvernementale menée sans avoir à rendre des comptes à l'Assemblée souveraine n'est pas prouvée. Jusqu'à présent, l'Assemblée a toujours su légiférer rapidement et efficacement lorsque la situation l'exigeait. Par conséquent, l'activité de notre Assemblée ne saurait être considérée comme entravant la marche du pays vers l'indépendance, amis bien au contraire, comme l'y guidant.

Enfin, l'Assemblée, représentant seule le peuple, ne saurait être écartée de la discussion et de l'alabastron des projets de Constitution et de loi électorale. En fait, les conséquences réelles des pouvoirs spéciaux seraient les suivantes : 1/- le gouvernement aurait les mains libres pour résoudre le problème du terrorisme par la répression pure et simple, risquant de pourrir définitivement la situation, et ceci dans d'autres régions que les pays Bamiléké et le Mungo. 2/- le gouvernement pourrait également procéder à sa guise au sectionnement électoral, à la répartition des sièges et à l'aménagement, au seul profit du parti de l'Union Camerounais, UC, de toutes les dispositions de la loi électorale. M. Ahidjo préparerait ainsi en paix l'élimination des gêneurs sur la route du pouvoir. Je m'explique. Si les pleins pouvoirs étaient accordés à M. Ahidjo, une nouvelle catégorie de régime politique serait née au Cameroun, consacrant une façade démocratique officielle, derrière laquelle se dissimulerait une autocratie plus rigoureuse que la monarchie de LouisXIV ou l'empire de Pierre le Grand.

Le système électoral et de savants découpages permettraient de maintenir une fiction démocratique qui ne tromperait personne, par une série de moyens simples en même temps qu'ingénieux, qui sont des entraves apportées à la propagande électorale de l'opposition jusqu'au trucage des urnes et du dépouillement, en passant par l'arrestation des candidats défavorables au gouvernement et de leurs sympathisants, les pressions directes ou indirectes sur les électeurs, les violations du secret des votes, etc., il sera appuyé par une infime minorité de citoyens, d'obtenir de confortables majorités électorales. A la limite, le système tend au régime du parti unique. Quand on sait déjà comment se déroulent les opérations électorales dans certaines régions du Cameroun, et plus particulièrement dans le Nord, il faut s'attendre au pire. On sait, par exemple, que le Lamido qui essaie de tenir tête à M. Ahidjo est menacé de destitution ou d'emprisonnement. On sait que le père d'un député qui n'obéit pas servilement aux ordres du Premier ministre …recevra immédiatement une inspection administrative…ou des gendarmes.

Je reprends. On sait que le père d'un député qui n'obéit pas servilement aux ordres du Premier ministre recevra, immédiatement, une inspection administrative ou des gendarmes qui le menaceront de poursuites judiciaires ou d'emprisonnement. Vous pouvez, messieurs, à partir du présent, juger de l'avenir lorsque, le 1er novembre 1959, M. le haut-commissaire Xavier Torre viendra, ici, au nom de la France, nous mettre à la porte pour sacrer M. Ahidjo « empereur du Cameroun ».

Mr. Ahidjo engagerait, pendant au moins six mois, notre pays devenu indépendant, le 1er janvier 1960, dans des accords qu'il serait seul à examiner, et seul à signer, sans contrôle possible des élus du peuple, et risquant d'obérer l'avenir du pays sur tous les plans. Politiquement, l'indépendance, la vraie indépendance que le peuple camerounais attend, ne sera qu'un leurre, la liberté, ce bien précieux pour lequel nombre de nos meilleurs fils sont morts et continueront à mourir, la liberté pour la quelle tant d'hommes, de femmes, d'enfant souffrent en exil, au maquis, dans les prisons et camps de concentration, ne sera plus que la continuation de l'oppression coloniale, l'asservissement à jamais, l'esclavage à jamais.

Economiquement, ce sera la continuation de la récession, la baisse des exportations et, par là même, des recettes fiscales, réduisant le pays à la dépendance totale vis-à-vis de l'étranger auprès de qui il faudra mendier.

Du point e vue social, maintien des étrangers dans de hauts postes de commandement, et plus particulièrement dans le Nord, mauvaise Camerounisation des cadres, mauvaise utilisation de nos diplômés rentrés de la métrôpole et réduits à occuper de petits postes subalternes, travail de sape ou destruction avouée et systématique des structures traditionnelles sans rien de valable pour les remplacer, aggravation du chômage dans le pays, préparation d'u marasme durable sans critique possible des élus du peuple écartés pour six mois, multiplication des faillites de nombreuses entreprises et commerçants : mauvais départ, n'est-ce pas ?Célébration des fêtes de l'indépendance, le 1er janvier 1960, sous une dictature sans dynamisme et dans le trouble des esprits. Le peuple perdra ses illusions et son enthousiasme, l'inquiétude sera confirmée, risque de préparation d'un 18 Brumaire par l'abandon du régime démocratique, qui sera suivi d'un césarisme pure et simple.

La démocratie est le régime suivi au Cameroun et il lui convient parfaitement. Or, le fonctionnement normal d'une assemblée législative, est la seule véritable garantie de cette démocratie. Cette démocratie permettra l'unification réelle des deux Cameroun, alors que la dictature préparerait une scission fatale du pays. Messieurs les députés, je crois vous avoir fait toucher du doigt le danger que représente l'octroi des pleins pouvoirs. Mr le Premier ministre Ahidjo veut ressembler au général de Gaulle, mais, je pense, quant à moi, que Mr Ahidjo ressemble d'avantage au maréchal Pétain. En effet, pendant la dernière guerre mondiale, le maréchal Pétain n'avait obtenu les

161

pleins pouvoirs que pour livrer la France à l'occupation allemande, donc à l'ennemi. M. Ahidjo veut, lui, nous livrer aux horreurs du colonialisme. Et quand le général de Gaulle demandait les pleins pouvoirs, il était, lui, soutenu dans son action par 80% des Français, par l'enthousiasme populaire. Mr Ahidjo qui est essentiellement impopulaire, demande les pouvoirs spéciaux, uniquement pour faire la guerre à ses frères camerounais et surtout compromettre à

jamais l'avenir de tout un peuple. N'oubliez pas que toute concentration du pouvoir entraîne un accroissement de pouvoir. N'oubliez pas que l'autorité corrompt ceux qui l'exercent et les campe contre les citoyens. Une fois que M. Ahidjo sera proclamé tout puissant, rien ne pourra plus l'arrêter sur le chemin du despotisme. Il fera la pluie et le beau temps. Vous savez que lorsque les médiocres sont au pouvoir, ils sont toujours tentés d'en abuser. C'est une pente inéluctable, ils sont obligés de « jouer au dur », pour prouver à eux-mêmes et aux autres une supériorité qu'ils ne possèdent pas. Le pouvoir qui n'est pas sûr de lui est forcément tyrannique.

Le 1er janvier 1960, le gouvernement Franco-Ahidjo nous promet une situation politique des plus troubles, une économie savamment désorganisée, une situation sociale dramatique, des dettes partout. On peut d'ores et déjà juger de ce que sera la reddition des comptes entre le tuteur et le Cameroun devenu majeur.

Messieurs, ce triste tableau renforce d'avantage notre inquiétude dans l'avenir de notre pays. Les intentions de la France ne sont pas pures. Pourtant le ministre Jacquinot déclarait à la tribune des Nations Unies que l'indépendance, c'est l'indépendance. Nous nous apercevons aujourd'hui que ce n'est pas vrai. C'est un piège à cons qu'il nous a tendu.

D'après notre constitution aujourd'hui, le chef est garant des us et coutumes. Mais avant la colonisation, le chef était à la fois *le Président, le commandant de brigade, le commissaire de police, le juge, le préfet*, etc. Entouré de sa cour, il représentait tout. Il avait la responsabilité de tous les domaines de la vie tels que le commerce, l'agriculture, la santé, l'éducation, la sécurité, la justice, etc. il recevait l'allégeance de tous les chefs vaincu qui par des gestes simples et circonscrit abaissait la partie supérieur de leur torse vers le bas avec les éloges due à son rang... à qui revient chacun de ces titres? *Mbœlon', Man Neuh, Nya, kema, Atcha*Le chef du village appelé aussi Sous-chef, Il est à la tête d'un village et dépend du chef de groupement; sa succession est aussi du type héréditaire; il passe aussi par La'akam avant d'être intronisé. L'administration Camerounaise les classes au rang du chef du 3e degré; ils ne perçoivent pas de rémunération et ne rendent pas directement compte au sous-préfet le travail à faire est de savoir qui est qui, placé par qui, intronisé comment? Avant de poser la question véritable des appellations traditionnelles

9) Sa Majesté TCHOUA KEMAJOU Vincent Depuis 1984.

Maire de la commune de Bazou de 1985 à1990. A lancé la reconstruction de la Chefferie Supérieure Bazou incendiée en 1960. Programmer et lancer l'organisation du NZOUH BI'GOUP 2015 en attente depuis 1953. Se propose de restituer les valeurs traditionnelles perdues tout en modernisant le royaume. Et il m'a marqué par ce discours pour moi retrace l'histoire Bazou et son parcours sur les traces de ses ancêtres.

DISCOURS DE SA MAJESTE TCHOUA KEMAJOU VINCENT, ROI DES BAZOUA LA SORTIE DU LAH KWANG DE FEUH KWANG TCHAGA SAMUEL, SUCCESSEUR DE MEKEP FEUH'ZEU PROMU CHEF TRADITIONNEL PAR LE ROI TCHAKOUNTEBAZOU, LE 21 NOVEMBRE 2015

Monsieur le Sous-préfet de Bazou

Monsieur le Maire de Bazou

Monsieur le Président National du CODEBAZ

Monsieur le Coordonnateur National du NZOUH BI'GOUP 2015

Autorités administratives, politiques et traditionnelles, Distingués notabilités

Chères élites Mesdames, Messieurs,

Je suis un peu soulagé aujourd'hui en tant que roi des Bazou d'être parvenu à cette étape de l'histoire de notre royaume où des pans entiers se découvrent et des valeurs se reconnaissent.

En tant qu'héritier au trône et gardien des traditions Bazou, il m'échoit ici aujourd'hui de rendre possible ce qui s'apparente comme une promesse en suspens il y a plus d'un siècle.

En effet, aujourd'hui est un grand jour pour la mémoire d'un grand notable du royaume Bazou, un homme de mission digne de confiance, un brave guerrier qui a contribué à l'agrandissement du royaume Bazou, à son rayonnement et à la préservation de l'intégrité territoriale à des moments critiques de la vie du royaume. J'ai nommé MEKEP FEUH'ZEU fait chef traditionnel de NZEDIP 1 par mon arrière-grand-père le roi TCHAKOUNTE.

Aujourd'hui FEUH KWANG TCHAGA Samuel, successeur de MEKEP FEU'ZEU sort du LAH KWANG après 09 jours d'initiation. Ce qui vient confirmer la confiance continue que mes prédécesseurs et moi-même plaçons en ce notable exceptionnel.

QUI ETAIT MEKEP FEUH'ZEU ?

De son vrai nom NANA, MEKEP FEUH'ZEU est né vers 1898 à FEUPTSUI MAFEU TCHA'A. Choisi par le Roi TCHAKOUNTE pour prendre la tête des combattants Bazou dans la guerre de conquête de neuf ans qui permis à Bazou de déplacer ses frontières de NKO'FI jusqu'à DIPSEP (frontière avec les Bangoulap)

C'est pour récompenser sa bravoure, sa fidélité et son patriotisme que le Roi TCHAKOUNTE le promut au rang de Chef traditionnel et l'installa comme son homme de confiance sur le territoire conquis avec à ses côtés certains princes tels que:

- SEP TCHAKOU NGOKSEU
- MBEU TCHUANDJIO
- MBEU TCHANGMI
- WOUOMAFEU TEH KEMA NGOKSEU
- SEP WANDJI

Ces princes qui étaient des lieutenants de MEKEP FEUH'ZEU bornent jusqu'à nos jours les frontières de Bazou avec Bakong et tout le sud-ouest de Bangoulap jusqu'à NZUIDJONG oùBazou n'a pas de frontières naturelles avec ces deux royaumes.

MEKEP FEUH'ZEU est le tout premier Chef traditionnel nommé par le roi TCHAKOUNTE lui-même, complétant ainsi la liste existante tels que:

- FEUH SABEU à KOUBA
- FEUH NZOUEMBILA à FETBA
- FEUH TCHABOU à NA'H
- FEUH TENDJA à SAGNAH

Le roi mourût sans avoir eu le temps d'installer MEKEP FEUH'ZEU sur le tronc de bananier en guise d'intronisation. Lorsque le Roi NANA succéda à son père, il en fit son premier homme de confiance et décida de l'introniser pour confirmer la décision de son défunt père TCHAKOUNTE.

Comme le Roi NANA ne sortait que rarement, c'est MEKEP FEUH'ZEU qui allait le représenter à Bangangté auprès de l'administration coloniale car il s'exprimait en pidgin (qui était la principale langue de communication au Cameroun à l'époque). Comme lui aussi s'appelait NANA, les colons eurent du mal à distinguer le roi de son représentant car ils portaient tous deux le même nom NANA. C'est pour cette raison qu'il reçut le nom de FEUH'ZEU qui signifie celui qui porte le même nom que le roi ; tout ceci pour éviter le risque de confusion d'avoir deux Chefs à Bazou portant le même patronyme.

Cependant, tout en gardant le nom de MEKEP FEUH'ZEU, il garda son rang de premier Chef traditionnel du roi TCHAKOUNTE, son orchestre traditionnel et toutes les attributs d'un Chef. A la mort du roi NANA en 1953, mon père le Prince héritier KEMAJOU Daniel renouvela sa confiance au premier combattant de son défunt père et grand-père et décida de concrétiser leur volonté en l'installant sur le tronc de bananier. Mais ses activités politiques, ses fréquents voyages en France et le programme colossal de la reconstruction de la Chefferie ne lui en laissèrent pas le temps nécessaire.

En 1958 tout juste la construction de la chefferie terminée, les troubles sociopolitiques éclatèrent et la Chefferie Bazou fût pillée et incendiée. Le chef fut contraint à l'exil mais avant de s'exiler, il confia sa représentation à son premier collaborateur MEKEP FEUH'ZEU et ceci malgré l'existence des Chefs traditionnels cités plus haut.

Sous sa régence et du fait des troubles, la population de Bazou fut regroupée à NDIPTA et Bazou devint un District avec à sa tête le Chef de District MBIDAS originaire de Bafia ; puis Arrondissement par la suite avec à sa tête le Sous-préfet MBENG Joseph originaire de Bonabéri (assassiné par la suite) ; Après vint le Sous-préfet MOUAFFO Gabriel qui devint par la suite Préfet du Ndé et Inspecteur Fédéral d'administration de l'Ouest.

MEKEP FEUH'ZEU était le représentant du roi des Bazou devant ces représentants de l'Etat Camerounais.

Ses difficiles missions ont consisté à cette époque à :

- Sauvegarder l'autorité du roi des Bazou pourtant en exil tout en demeurant son interlocuteur auprès de l'administration camerounaise naissante.

- Veiller à la cohésion sociale du peuple Bazou, présider le tribunal coutumier et rendre compte de ses verdicts tous les mercredis au Tribunal de Bangangté.

- Il a aussi étouffé avec subtilité maintes velléités de succession car selon un dicton bien connu, « quand le chat n'est pas là, les souris dansent ».

C'est donc grâce à MEKE FEUH'ZEU que Bazou demeure le seul village du Ndé, voir même de l'Ouest Cameroun à avoir gardé intacte son unité malgré le long exil et l'emprisonnement de son roi. De son retour d'exil, c'est un village Bazou uni, pacifié et loyal à son roi que le Roi KEMAJOU retrouve. A la mort de MEKEP FEUH'ZEU en 1966 et la paix étant revenue que le roi des Bazou désigna MBEU SEUDJA pour prendre son relais.

MEKEP FEUH'ZEUETAIT AUSSI UN ACTEUR MAJEUR DE DEVELOPPEMENT

Dans le projet de désenclavement du royaume Bazou entrepris par le roi NANA dès sa succession à son père TCHAKOUNTE, c'est sous la houlette de MEKEP FEUH'ZEU que les deux grands axes routiers reliant Bazou à Bamena et Bangoulap furent creusés à mains d'hommes. Le peuple NZE'DIP dont il est le Chef se distingua particulièrement en construisant l'axe Bazou-Bakong-Bangoulap puis contribua à finir le tronçon Bazou- Bamena par Balengou qui est aujourd'hui bitumé. MEKP FEUH'ZEU mena aussi la guerre de conquête du sud de Bazou pour la prise de Mbiam et Bassoumdjang sous le règne duroi KEMAJOU Daniel.

MEKEP FEUH'ZEU ETAIT AUSSI L'INTIME ET LE CONFIDENT DU ROI KEMAJOU

Lorsque FONCHA proposa l'exil et l'hébergement au roi KEMAJOU, celui-ci refusa par prudence et en accord avec MEKEP FEUH'ZEU il jugea salutaire de s'installer en cachette chez la fille de son confident à Victoria.

Torturé et menacé d'exécution, MEKEP FEUH'ZEU vit trois captifs exécutés sous ses yeux dans le but de l'intimider et le faire céder. Il eut la force et le courage de ne pas révéler le lieu de cachette du le roi KEMAJOU qui était le domicile de sa fille. Ce secret dont partageaient les seuls fils de MEKEP

FEUH'ZEU est resté bien gardé jusqu'à ces jours.

Puis qu'il était dans le collimateur des maquisards, Seuls les fils de MEKEP FEUH'ZEUassuraient la communication entre le roi et son représentant pour éviter tout soupçon.

Voilà un homme exemplaire, un modèle qui nous parle encore aujourd'hui. J'ai la ferme conviction que son successeur saura perpétuer la mémoire de son père. Je n'ai aucun doute dans ce sens car depuis 1998 que j'ai rencontré celui que nous installons au trône aujourd'hui, il m'a prouvé qu'il était le digne successeur de son père. Ses apports multiformes, ses conseils et sa présence n'ont jamais manqué pour m'aider dans ma lourde mission à la tête du royaume Bazou.

Je remercie la famille qui a vu juste et qui a décidé de lui confier cette responsabilité. J'ai foi qu'il sera un acteur du développement de NZEDIP1 et contribuera davantage au rayonnement de Bazou tout entier.

Peuple de NZEDIP 1, votre zone évolue aujourd'hui comme au ralenti. Vous avez un potentiel immense : de vastes terres inoccupées, de gisements d'argile sous exploités, une végétation favorable pour l'écotourisme ; pourtant rien ne change véritablement sur place là-bas. Vous êtes l'enfant oublié du développement de Bazou. Vivement que vous prêtez mains fortes à votre chef aujourd'hui installé pour provoquer la révolution nécessaire.

Il ne me reste qu'à souhaiter bon succès à FEUH 'ZEU TCHAGA Samuel dans l'exécution de sa lourde mission. Merci pour votre participation massive et de m'avoir accordé vos oreilles.

SM TCHOUA KEMAJOU VINCENT

Trois (3) des dix (10) rois du royaume Bazou ont marqué particulièrement l'histoire de cevillage.

1. Fœh TCHAKOUNTE Fils de mãfœh KANDA

2. Fœh NANA TCHAKOUNTE Fils de mãfœh KOUAYEP

3. Fœh KEMAYOU NANA Daniel Fils de mãfœh HEUGANG,

Le mouvement de l'indépendance et de la rébellion armée éclate au Cameroun en 1955.L'actuel littoral et l'ouest du pays subissent particulièrement les conséquences de cette révolution :

assassinat des élites, villages et concessions incendies, des chefferies désertées et pilées.

10 janvier 1960, la chefferie Bazou est attaquée et incendiée; le chef KEMAJOU et son plus proche notable Tãfœh TCHOUFAK, réussissent à quitter les lieux et atteignent Bangangté au petit matin ; d'où ils sont escortés sur Nkongsamba : c'est le début de l'exil de Bazou ; auquel ses démêlées avec le pouvoir politique, vont le conduire successivement de la détention politique a la réhabilitation (ambassadeur itinérant).

Le chef KEMAJOU meurt donc hors de Lag ze janvier 1984. Les obsèques officielles sont organisées, le chef de l'état son excellence Paul Biya est représentée.

Sa majesté TCHOUA KEMAJOU Vincent succède à son père à l'âge de 30ans et estaujourd'hui sur la voix de ses pères : longue vie au roi.

HOMMAGE A UN PATRIACHE

Certainement en parcourant ce récit vous saurez qui s'est celui-là qui a servi 3 rois Bazou. Il s'appelait Papa KEMAJOU Alfred né vers 1928 à Bazou plus précisément à Ngoko le tout premier village de Lag ze : Par son engagement après ses études à l'école régionale de Bazou et après, le Roi NANA TCHAKOUNTE lui donna la lourde charge de conduire et de veiller à l'éducation des Bazou et, avait le droit d'utiliser même la force si nécessaire pour ceux qui ne voulaient pas aller à l'école. Très grand serviteur du roi ? Après de grands services bien rendus, il quitta définitivement Bazou en 1949 pour s'installer à douala ou il joua un très grand rôle dans la communauté Bazou et surtout son engouement et bravoures

172

pour réunir tous les fils et filles Bazou de Douala ; Il n'a pas eu trop de difficultés car il était à son tour parrainé pas le tout premier président des Bazou de Douala que je nomme papa KUIDJA Clément.

Avec peine il constata qu'il n'y avait qu'un lieu de regroupement papa KEMAJOU Alfred proposa l'idée de sectionner le mãdjon en six sections pour des raisons de sécurité, et aussi éviter que les Bazou habitant loin ne font plus de longues distances c'est ainsi que papa KEMAJOU Alfred fut installer au lieu-dit km5 par papa KUIDJA marcel c'est ainsi que en 1952 papa KEMAJOU Alfred créa la famille Touze ou il fut le tout premier président et en dehors on retrouvait plusieurs familles.

- Famille Mãgu dirigée par mekep DJAFEUHDIEU

- Famille Tanga fetba dirigée par Mbœ cµi WANDJI Gabriel

- Famille Tanze dirigée par Mbœ SANDJONG Joseph

- Famille Ka'ze (centrale) dirigée par Sa' FEUHKOUA

Dans l'ensemble comme je l'ai dit plus haut Papa KEMAJOU Alfred a servi 3 rois

- Le roi NANA TCHAKOUNTE

- Le roi KEMAJOU NANA Daniel

- Le roi TCHOUA KEMAJOU Vincent actuel roi des Bazou

C'est à ce titre qu'il a été élevé au rang de mérite de 3eme classe à l'époque fédérale officier de mérite camerounais et sur le plan traditionnel le roi NANA TCHAKOUNTE pour son immense services et bravoures le nomma fœh kololoun ce qui signifie le guide mais plus tard Sa Majesté TCHOUA KEMAJOU Vincent ne resta pas indifférent l'anoblit au rang de FEUH TCHUIGONG ; Comme pour dire la richesse et la valeur d'un homme résident dans ses services rendus à l'humanité, et le profit ! C'est la culture du bon savoir vivre ensemble dans l'amour la fraternité et dans le partage. Décédé le 12 aout 2012 à Douala. Respect patriarche tes œuvres t'ont immortalisé

QUELQUES TITRES DE NOTABILITE A BAZOU

Le roi est le garant du bon fonctionnement de la chose traditionnelle et gradient par excellence du pouvoir traditionnel. Avec le concours de ses proches conservateurs de nos us et valeurs traditionnelles ? L'autorité est un dépôt qui est confié au roi ou chef, il n'a pas le droit de le dilapider. L'autorité en soit est une force, il n'a pas le droit de la gaspiller.

L'autorité en fin est une parcelle de la majesté divine, le roi n'a pas le droit de la faire mépriser.

L'anoblissement est un acte d'anoblir, un acte à rendre noble, donner à un fils ou une fille le titre et les droits de noblesse. Cet acte est une prérogative du roi, des chefs de familles, ou certains dignitaires.

Mais il faut noter que au-dessus de toute acte d'anoblir, il existe des actes purement divin non négociable, aucune voix de transmission mais quand on le reçoit de NSI, il ne peut être ni ajouté, ni transmis et ni hérité. Entre autre je Citerai :

Tãŋi et mãŋi qui sont des parents qui ont mis au monde des jumeaux. Go'dĩa en ngon ze (langue des Bazou) qui signifie le jumeau. Bĩ kep ce droit revient à l'aîné direct des jumeaux (femme comme homme). Nkœn mi ce droit revient au cadet direct des jumeaux (femme comme homme). Mbœ' Nga'ze titre très honoré par tous reçu tout droit du pouvoir divin qui désigne le tout premier né d'une mère (femme comme homme).

Quelques actes d'anoblissement du pouvoir humain. Les titres de notabilité à Bazou forment une sorte de pyramide au-dessus de laquelle se trouve le roi (Fœh). Le titre de notable s'acquiert de deux façons : Par succession ou par attribution. Alors que le titre de notabilité acquis par succession vient de la confiance que le défunt avait placée au bénéficiaire, celui acquis par attribution résulte d'un acte de bravoure, d'autorité ou de grandeur. Aussi, les dignitaires porteurs de titre de notabilité forment des collèges autour du roi ou des chefs de famille et les aident dans leurs fonctions. D'entrée de jeu, il est important de préciser que le titre "NZA" qui précède souvent les titres de notabilité n'est pas un titre autonome, mais un superlatif qui est ajouté à certains titres honorifiques pour augmenter leur valeur. Exemple: Nza sa' - Nza sep - Nza mbœ, Nza ŋwōmãfœ - Nza Mekep etc.

Puisque le titre de notabilité acquis par succession est attribué par le défunt à travers sa dernière volonté, celui acquis par attribution est décerné soit par le chef de famille (père ou son successeur), soit par le grand-père maternel, soit par le roi. Celui qui attribue le titre de notabilité ne peut décerner un titre supérieur ou égal au sien, ce qui aurait pour conséquence fâcheuse d'élever le fils au même rang que le père. Toutefois, au cas où le roi voudrait décerner un titre de notabilité à un digne fils, il y a deux hypothèses:

- Soit le roi élève le père géniteur du digne fils à un rang de notabilité supérieur avant de décerner un titre au fils:

- Soit solliciter l'accord préalable du père (si est seulement si le père ici est successeur et non père géniteur). Par ailleurs, un digne fils peut acquérir un titre de notabilité supérieur à celui de son père en passant par sa famille maternelle, ceci toujours après approbation du père géniteur. Mais le bénéficiaire de ce titre ne pourra plus coutumièrement venir en concours avec ses frères sur le titre de notabilité de son défunt père. S'il est vrai que nous n'avons pas la prétention d'avoir parcouru à travers cette recherche tous les titres de notabilité à Bazou, il n'en demeure pas moins que l'étude porte sur les titres les plus usuels.

• Le titre SA'A (sa'a dio'). Ce titre est attribué aux braves garçons respectueux, vantards, ambitieux et très dévoués auprès du roi ainsi que de certains dignitaires de haut rang. Il faut également préciser que ce titre revient de plein droit à la première femme du chef.

• Le titre ŊWOMÃFŒ (fils de mãfœh ou reine mère). Ce titre honorifique estattribué simplement par amour ou par dévouement à l'un des fils de mãfœh.

• Le titre sep jμī (Tueur de panthère). Ce titre est attribué aux braves citoyens ayant fait preuve d'un acte de dévouement digne de respect individuel, collectif aussi privé que public. Le titre sep est reconnu de droit à tous les princes (il faut entendre par prince tout enfant garçon du roi conçu après la succession).

- Le titre mbœ' (celui qui soulève la famille ou le canton). Le porteur de ce titre a fait ses preuves pour faire évoluer la famille ou le village. Ce titre est attribué à celui qui s'est sacrifié pour un bien d'intérêt commun, celui qui a fait sortir la famille de l'anonymat et lui donne par ses mérites une valeur. Ce titre est également attribué au plus riche de la famille. Ce titre revient de plein droit à l'aîné de la famille (Mbœ' ga'ze).

- Le titre tãfœh. Ce titre à deux significations (père du chef ou digne fils du chef) Tãfœh veut dire père du chef. Mais en réalité c'est simplement un honneur car le roi est d'office le père de tous. Tãfœh est attribué au serviteur par qui le chef a reçu l'initiation, ou alors celui qui est ou a été d'une utilité remarquable pour le roi ou pour un grand notable. De cette signification, on peut l'appeler aussi swēgang, qui est une appellation de tãfœh. Mais le titre swēgang peut également être décerné par le chef ou le roi à l'un de ses dignes fils. Dans ce cas le titre swēgang fils du chef ne peut plus être assimilable au titre tãfœh.

- Le titre cμībū (peut être considéré comme le premier ministre du chef) ; En réalité, ce titre signifie l'adjoint du chef ou son second. Ce titre est attribué au prince qui a reçu l'initiation en même temps que le chef. Il s'agit du dignitaire qui se trouve sur le tronc du bananier à côté du chef pendant toute la durée de l'initiation (La'akam). Cμi buǝ occupe un rang magistral de notabilité, c'est pourquoi ce titre est précédé de Mbœ. (MbœCμibuǝ).

- Le titre mekep. Ce titre de notabilité est attribué presque de droit à tous les chefs de canton ou fondateurs de village. Ce titre peut être donné à certains hauts dignitaires. Letitre Mekep est aussi le premier titre qu'acquiert le nouveau chef pendant les neuf semaines qu'il passe au la'akam avant de devenir chef (Fœh). Il faut dire que le titre de Mekep est presque semblable à celui de Fœh car un Mekep est intronisé comme un chef, ilest initié sur le tronc du bananier avec son Cμi buə, il a son Cμi kep, son Tu'kep (premier fils) et son Tãfœh. Il est important de préciser que les Mekep ne se valent pas. Certains Mekep sont porteurs de bague alors qu'autres n'en portent pas. De même certains Mekep sont détenteurs des territoires et sont comme des chefs de canton alors d'autres portent simplement des titres sans territoire. Pour les Mekep porteurs de bague et chefs decanton, on les appelle cãbœ Sūkwân, c'est-à- dire Brave homme, chef de grande famille, chef de canton. Celui-ci peut évoluer au grade de chef (Fœh). Sans oublier le sūfœh l'ami du roi titre attribué par le roi à toute personne étrangère qui a gagné son estime et sa confiance.

- mãfœh. Titre de notabilité attribué à la mère du Roi, qui est également attribué à titre honorifique uniquement par le Roi.

• Nza mãfœh. Reine mère de rang supérieur : Titre de notabilité attribué à la mère du Roi, qui peut également être attribué à titre honorifique uniquement par le Roi.

• mãbīgūp. Femme qui à l'autorisation d'exécuter la danse royale revêtue de la peau de la panthère. Titre de notabilité attribué à la mère du Roi. A titre honorifique également, le Roi peut l'attribuer à une femme selon ses appréciations. Mais il faut noter qu'il existe trois types de Mãfœh

- 1° mãfœh mère du fœh.

- 2° mãfœh à titre de services rendus pour le compte du village ce que j'appelle titre honorifique.

- 3° mãfœh de famille titre de concession donné par un notable à sa première épouse. Mais il est clair que le vrai titre des trois est la mãfœh mère du fœh. La mãfœh a un rôle capital en outre un rôle de rassembleur de conseillère de guide la particularité : c'est que pour devenir mãfœh, il faut être femme du Fœh et espérer que le futur Fœh naisse de ses entrailles ou alors œuvrer pour le village.

La mãfœh mère du fœh, seul le Fœh est réellement habilité à installer une. Il est fort de noter qu'une vraie Mãfœh jouit presque du même statut que le Feu lui-même ; telle est la réalité et ne saurait être contestée. Ce titre ne doit pas et ne devrait pas être bradé quelque soient les raisons ; car de mauvaise coutume il suffit d'être riche pour que son épouse soit mãfœh (mãfœh 25 à 25 frs) c'est non car dans un village bien structuré la mãfœh est au même rang que les neuf notables (nkon ve'he) et peut être consultée pour les choses du village. Tous les titres qui accompagnent mãfœh comme Nza mãfœh et autres ne sont qu'honorifique et certaines fantaisistes brèves il n'y a pas de titre féminin plus grand que mãfœh.

NSE créa l'homme à son image et laissa à la femme de continuer sa mission par la procréation, et tout roi nait d'une femme, et devient à ce titre Mãfœh. Voici les sept Mãfœh s de la dynastie Bazou les reines mères.

>Mãfœh Cμi buə (Makoua Mbœ).

>Mãfœh TCHUIDJI Mãfœh TCHA'A : qui a régné sur trois règnes des rois à savoir fœh Tchakounté (Swegan), Fœh Tchuitcha et fœh Tchakounté Djotcha'a

>Mãfœh KEUNDO

>Mãfœh KOUEYEP

>Mãfœh HEUGANG

>Mãfœh TCHATOUNG

LA MESURE DU TEMPS BAZOU

a) Le jour : ndi'zõ

Dans la société traditionnelle Bazou, la semaine qu'on appelle gâpzõ a 8 jours(ndi'zõ) au lieu de 7jours comme connu de tous dans le calendrier occidental :

Ndi' diongwe (jour du marché)Ndi' mbu' :

Ndi' nkon :

Ndi' ncœ Ndi' ntā lag

Ndi' kāp (jour des réunions : jour interdit de travailler)Ndi' nkœke

Ndi' nkœn (veille du jour du marché)

Par rapport aux jours de la semaine du calendrier habituel, ces huit jours de la semaine traditionnelle effectuent des rotations comme les joueurs dans un match de volley Ball. Si ndi'diongwe tombe un lundi, la semaine suivante, il tombera un mardi et ainsi de suite.

Ne nous hasardons pas à trouver des équivalences avec les 7 jours de la semaine occidentale. Le jour interdit (ndi'kāp) invite le peuple essentiellement agriculteur au repos, tout comme le dimanche des chrétiens. De plus telle ou telle pratique est défendue dans certains jours. Le jour interdit frappant les funérailles du roi disparu.

b) le mois : mã ŋwõ

Pour évaluer le mois, l'homme Bazou se réfère aux mouvements de la lune le calcul savant de nos ancêtres a su normalement régler les choses telles qu'il n'y a pas lieu de se tromper.

1) Janvier muh ka' (feu de brousse)

2) Février kah ŋīa (sarclage)

3) Mars tih zwœ (semence)

4) Avril ncœn zwe (période d'attache de la

Chèvre)

5) Mai sū ŋīa (sarclage avec nettoyage)

6) Juin ŋwan kū (floraison du haricot)

7) Juillet tū gofi (sondage du maïs)

8) Aout co'zwe (récolte)

9) Septembre ya'a zwe (séchage de récolte)

10) Octobre ku'u sμœ (nouvelle igname)

11) Novembre suh ŋīa don'ə (sarclage dès la paresse)

12) Décembre ntun ku'u (récolte d'igname)

L'homme Bazou a une avance d'un mois sur le mois occidental. Exemple si nous sommes à mi 3eme mois, l'homme Bazou dira qu'on est au 4eme mois. L'année va d'une saison de mais a une autre. Elle est la somme des événements divers et réguliers à la fois : soleil, pluie, verdure, semailles, mouvements des oiseaux migrateurs, apparition de certains insectes (criquets).

LES QUARTIERS DE BAZOU (Tœn lag)

Ils sont au nombre de 63 :

Mbance', Ŋna', Tãp, Shipdjãn, Fēp-sμī, Ka'ca', Kwandjo', Koncu, Kwan, Ndenŋā, Angē, Mamkua ,Kūbafetba, Dipdā, Kūba-fœh shābœ, Diongwe, Mabœn, Dip-ndan, Dipkan, Bûta, Masœ, Diptah, Dip-tah 1, Dip-tah 2, Dip-tah 3, Bu'dœn, Mbā'a,

Bukop, Mbœdu, Mbondjo, Mbo', Mbu'ntun, Diontap, Dionzē, Ngangīyon, Ngankwan, Nganta'a 1, Nganta'a 2, Ngõko, Gombē, Gubdip, Djēfēp, Djēta 1, Djēta 2, Djē-lū, Nu-ba, Sœ-dip, Tãh-gwē, Tū-sµī, Zœ-dip, Põmo, Sa'ŋang, Shion, Sa'ah, Tanga, Tœson, Tõbu', Tongo 1, Tongo 2, Tubu, Tµīkop, Tūku, Tūcµī

LES LIMITES DU VILLAGE BA'ZE

Pour mieux appréhender les limites de Bazou, il faut se situer à deux niveaux : Bazou en tant que l'un des treize (13) villages du Nde, et Bazou en tant qu'arrondissement Bazou en tant que village est limité au nord et au nord-ouest par Balengou, au nord- est par Bakong, au sud par Bagnoun et à l'extrême-sud par Bamaha. Bazou en tant qu'arrondissement est limité. Au nord, au nord-est, au nord-ouest et a l'est par l'arrondissement de Bangangte ; A l'ouest par l'arrondissement de Bana (département du haut Nkam) ; Au sud-est par l'arrondissement de Tonga ; Au sud et au sud-ouest par l'arrondissement de Nkondjock. (Département du Nkam).

L'IDENTITE BAZOU

On ne choisit pas sa culture encore moins ses origines mais on nait de tout ça. Mais avec trop de contradiction, Bazou est un village dont son histoire fait conter, chacun voulant tirer l'éponge de son côté ; dire côté ici me renvoie à la famille ou d'un de ses proches, et je pense comme tous autres chercheurs que cette théorie fausse toutes les données.

Bazou sur son plan étymologique en soi ne veut rien dire car si on veut s'appuyer sur la langue Québécoise, Bazou signifie vieille voiture encore appelé Taco. Mais dans le sens de Bazou mon village il signifie beaucoup de choses, d'aucuns diront marcheurs d'autres les nomades mais moi Bazou c'est la terre de mes ancêtres. Bazou en langue GÕZE BÃ ZE.

Je suis Bazou de sang de culture de tradition et dans mon ego, je suis BazouNgantchui de nom, Olõh par le préfixe du nom Mœ hō yi de nom événementiel, Tabantchui d'éloge. En nous référant de l'histoire, les études nous font savoir que nous avons dans le pays bamiléké deux types de civilisation comportemental.

LES DIBARS

Ceux-là qui n'ont aucun secret et disent tous quand il faut et à contre temps.

LES NGREUM

Ceux-là, dotés d'une ruse extrême et pas facile de les foudroyer. Le royaume Bazou fait du roi et son peuple, sont rusés ; alors ils font partir du nğœm. C'est à cela que le slogan comme armes d'imposition est « NGON NĞŒM NGON NKOꞍI » Partant de l'identité propre du peuple Bazou et son roi. Nous pouvons essayes de les énumérer.

NOS ELOGES

Pour tout homme portant la dénomination.

Ta'aban, Nkepta, Ta'adu, etc.…

Fais référence à la dynastie Bazou pour toutes femmes
Tsa'agan, Tounta, Ya'agan, etc.

Voilà une fille Bazou etc.…

ELOGE EVENEMENTIEL

Cet éloge est spécifique au peuple Baou appelé NZE NGROG. Ceci se donne toujours par nos grandes mères qui pendant l'accouchement de sa fille et par rapport à l'événement du jour cette dernière donne un éloge à sa petite fille ou fils qui à la longue pour certain devient définitivement leur nom de famille.

Ex : monsieur Kamo dérive de ke'hæn'mo'o qui veut dire « qui ne refuse rien » Kêzetã : celui qui n'a pas connu son père etc.…

LE MET TRADITIONNEL

A Bazou et partout d'ailleurs, aucune vraie cérémonie Bazou ne peut se passer sans ; Le KOKI accompagné du taro « kœkra bu mban'meton » ceci a conduit à une de nos danse Bazou que j'adore « le kœkra ».

Koki

LE NOM DE FAMILLE

Autre fois on pouvait bien parler du nom de famille comme signe de notre identité mais avec la mondialisation et le mixage culturel, ce n'est plus possible car par amitié, je peux donner le nom de KEMAYOU ou de TCHOUA à un douala ou à un béti ce qui existe déjà.

Ex : NANA Mouscouri qui est grec.

LA LANGUE BAZOU « gō zē »

Tout comme précédemment à cause des mixages et échanges culturels, il n'est plus certain de définir le Bazou par la langue parlée. A ceci, il est dont lieu de créer une académie de la langue Bazou qui nous permettra de promouvoir la langue et de la mettre à la portée de tous, ceci grâce à la création dans le royaume Bazou :

Un secrétariat

Un bureau d'archive

Un centre d'orientation pour la culture Bazou dans tous le Cameroun et le monde à travers les bureaux exécutifs des différentes associations et groupes de familles partout où ils se trouvent. En bref je suis Bazou et fier de l'être parce que je suis

Ngantchui
Taban Ngantchui
Tabantchui
J'adore le kœkra mban meton
Je parle (gō zē)

Voilà ce que je suis et fière de l'être

NZE TONSEH

A Bazou ce nom est spécifique et chaque Bakou portant un nom Bazou a ce zeh tonseh : ceci dit à partir de la première syllabe de son nom, on a un zeh tonseh. Les ngan sont les olõo

Ex : ngantchui on a olõo ngan. Les tchan sont les nkõo

Ex : tchantchou on a nkõo tcha etc.…

Le royaume Bazou est une tour, riche dans sa diversité. Bazou sur le plan géo-socialest constitué d'un peuple d'origine diverse. Un peuple qui y vivait déjà avant le fondement de Bazou et généralement s'identifie par des éloges liés à leur descendance sans rapport avec la dynastie. De l'autre côté on a un peuple devenu bā zē après la conquête territoriale avec des éloges liés au patronyme pour ne pas perdre les repères. Enfin

187

un autre peuple que j'appellerai la troupe du roi, ce peuple qui est venu d'ailleurs et s'est installé et leur entré par la ruse a fondé le village Bazou. Ce peuple s'identifie par leur éloge qui est lié à ladynastie et au proche des serviteurs ou membres de la troupe.

Sur le plan géostratégique, le village Bazou est subdivisé en deux sous territoires : Touze avec la langue gō zē dominant, et ka'a zē essentiellement madumba.

Sur le plan administratif, Bazou est le chef-lieu de l'arrondissement de Bazou l'undes 4 du département du Nde

Sur le plan socioculturel, Bazou est très riche par ses multiples danses traditionnelles entre autre : le nLun mban, Djéré mban ; le Cu'go tu, le Kula, le Nkeh ; le Nğe'ğa, le Mœwup. Sans oublier le Cica' le nLun ŋiaka venus du nord Makombé, le Dādi venu de Baham, le Nzuh' à l'origine venu de Batoufam rebaptisé en 2016 en Nzuh' bīgup pour être spécifiquement Bazou.

Sur le plan mystico-spirituel et traditionnel, Bazou regorge plusieurs sanctuaires qui mettent l'être en contact permanant avec ses ancêtres : les fleuves Nko'fi, Tūku, Kwãcu', les grottes de Tūlu'ə, de Sa'ah, les forets sacrés, des lieux sacrés, le la'akam sans oublier la chefferie même qui est constituée des diverses confréries telles que le Nku'ghan, le ŋwa'lag et je pourrai citer le Mãdjon qui a perdu ses valeurs traditionnelles pour être une association socioculturelle et économique.

Comme disait les autres je suis un marcheur, un nomade, un bororo donc je suis yī zē et suis Tabantchui fier de l'être.

LE DÃP

Le Dãp est très actif dans le Nde même de nos jours et ceux qui épousent quelqu'un ou quelqu'une du NDE se voient attribué un Dãp pour les honorer. Mais un Dãp des petits-enfants d'un village car il n'est pas transmissible comme le Dãp des enfants du village concerné. Le Dãp est comme ces balafres qu'on faisait aux enfants de certains peuples africains à leur naissance et que le souci esthétique tente d'éliminer. En regardant les signes sur le corps et le visage, on pouvait savoir de quel village est l'homme ou la femme. Un enfant du NDE a deux Dãp pour une fille et un pour un garçon. Le premier Dãp d'une fille et d'un garçon leur vient de leur mère. Il n'est pas transmissible mais indique le village de leur mère. Le deuxième Dãp de la fille indique le village de son père. Le garçon ne portepas le Dãp du village de son père mais ses filles porteront le Dãp de ses sœurs pour indiquer le village de leur père, ses fils passeront le Dãp de ses sœurs a leurs enfants. Et ainsi de suite dans le temps.

COMMENT VIVRE SA CULTURE ET TRADITION LOIN DES TERRES DE SESANCETRES

Notre culture, symbole de notre identité est l'essence même de notre être ; pour y vivre, nous devons reste authentique pour qui vit et qui y croit : et faire un retour à l'authenticité pour celui qui a laissé sa culture au profit de l'autre. La solution c'est faire unretour à notre nom d'origine qui est composé comme suit. Le nom parental, patronyme,de notre nom événementiel ou de souffrance (zeh ğo') de notre éloge pour la femme et surtout de notre langue et nos mets traditionnel qui sont propre à nos origines.

Vivre sa culture loin des terres de nos ancêtres peut s'exprimer sous deux formes

Dans l'individualité l'être qui se sent, et se reconnait comme tel dans sa peau, son esprit doit accepter qu'il est sans état d'âme qui soi-même dit porter son nom de famille d'origine et en être fier de se faire appeler par son nom. En suite accepter et venter son éloge suivi de son nom événementiel (zeh ǧo') parler régulièrement et habituellement sa langue vernaculaire partout où il se trouve, s'investirai à se familiarisera avec le mets de chez soi et plus encore se vêtir traditionnellement pour incarner sa tradition avoir des symboles représentatifs qui les lient à ses ancêtres et tous les invoquer en toute circonstance. Enfin être soi dans son âme et dans sa pensée, être toujours connecter avec soi, sa nature, ses ancêtres et DIEU (NSE) par un élargissement de sa conscience.

Dans la communauté, il faut toujours être en relation directe avec ses ancêtres parle canal des danses traditionnelles, des associations qui ont pour but de pérenniser la culture organiser des mini festivals pour se nouer avec sa culture et tradition où qu'on se trouve, toujours invoquer nos ancêtres pour tout ce qu'on entreprend.

Et voici comment Bā zē est Bazou. On ne saurait parler de Bazou sans visiter un royaume très proche que je nomme Bakong

HISTOIRE DU VILLAGE BAKONG

Le village Bakong a été fondé par un chasseur, fils du chef BANTOUM. Pour venger son père dont le palais avait été incendié, et le ruisseau traversant BANTOUM asséché par les « Mbit » avec la complicité des Bangangté afin d'y provoquer une catastrophe écologique, Nji Men Mfeun leva une armée contre les auteurs de l'attaque. En employant la technique de combat de brousse (Tchoufen), il vainquit les Mbit et par dédain, brûla tout le trésor de guerre (Ta ca Tu). En récompense, son père l'ennoblit. C'est ainsi que fort de ses nouveaux attributs, il s'est lancé dans la nature afin de conquérir de nouveaux cieux pour s'y installer, et est ainsi arrivé sur le site actuel de Bakong où régnait Dja Dzuime.

BON A SAVOIR

- Il se raconte aussi au cours de son histoire, l'un des chefs Bakong s'est réfugié à Bandjoun pour avoir la vie sauve, et que c'est grâce au Chef Bandjoun qu'il a plus tard retrouvé son trône, déjà convoité par ses détracteurs.

- Il se dit aussi que le village Bakondji (la consonance est très révélatrice) dans le Haut Nkam aurait été fondé par un fils Bakong, qui serait initialement arrivé dans la zone pour servir un autre puissant chef supérieur, qui l'a ensuite ennobli et établi sur de nouvelles terres qui sont devenues Bakondji. Ce fils Bakong était lui-même issu d'une des grandes « dynasties » de Bakong, puisqu'il s'agit de la famille Dja kui, directement liée à celle de la chefferie Bakong. Superficie : Bakong est en superficie et population l'un des plus petits des 13 villages-chefferies du département de Ndé. Cette superficie est estimée à environ 12 Km2. Ses limites sont : Au Nord par Bahouoc, à l'Est par Bangoulap, à l'Ouest par Balengou, et au Sud par Bazou.

Bakong a toujours fait la convoitise de ses voisins qui le

menacent d'étouffement et/ou d'anéantissement. Le peuple a dû batailler très dur pour conserver son existence. Ceci se traduit par de nombreuses tranchées qui existent encore, et qui témoignent des confrontations meurtrières d'antan, avec les Bangoulap très conquérants, ou avec lesBahouoc. Les habitants de Ntanze dépendent de Bazou pour les mêmes raisons : ce sont des Bakong qui ont été annexés par le Chef Supérieur Bazou.

C'est pourquoi on appelle les originaires de là-bas les « Bakong Beudou ».C'est-à- dire les Bakong de Beudou, la partie annexée. Tout ceci a rendu le peuple Bakong très fier de son autonomie, fierté que d'aucuns assimilent à l'arrogance, même si ce n'est pas souvent justifié.

Les Bakong sont très jaloux de leur amour propre et de leur honneur. Il doit son existence sur les limites actuelles à l'intelligence, la témérité et à la bravoure de son 9ème chef NOUCHA Philippe (qui régna du 21 juin 1928 au 16 février 1974) et qui fut formé aux écoles allemande et française

DYNASTIE BAKONG

Voici une esquisse de la dynastie de la chefferie Bakong :

a. NJI MEN NFEUN

b. DJA SA MBIANKE

c. YODOUN (?, 1804)

d. YONDJOUEN (1804-1845)

e. NTIEUNGA (1845-1865)

f. TCHOUTA (1865-1890)

g. TOUKAM dit KOUENGOUA (1890-1920)

h. TCHAKOUNTE (1920- 21 juin 1928)

i. NOUTCHA Philippe (21 juin 1928 – 16 février 1974)

j. MBATCHOU Célestin (Depuis février 1974) l'actuel roi

SM MBATCHOU CELESTIN

PARTIE IV

ASTUCES SANTE

LA RECETTE DE MAGNY NGANTCHUI, MA GRANDE MERE ADOREE

ROI DES HERBES

TRAITEMENT DE LA VARICELLE

INGREDIENTS
Feuilles « ngongoleaf » séchées de préférence, huile de palmiste.

- Bruler les feuilles dans un récipient neutre ;

- Recueillir la cendre tamiser et mélanger avec

de l'huile de palmiste ;

- Consommer et oindre 2 fois /j.

TRAITEMENT DE LA MIGRAINE

INGREDIENTS
Feuilles de « massep » + le « ndong»

Écraser les grains de « ndong », et faire le mélange des deux produits et frotter surla tête en faisant le contour et en insistant sur les parties les plus douloureuses.

TRAITEMENT DE LA DYSENTERIE

INGREDIENTS
Noix de palme +Pépin du citron

Enlever les pépins de sa membrane. Laver et extraire la pulpe de noix, écraser lesdeux et consommer 2 fois /j.

DOULEUR OMBILICALE.

INGREDIENTS
Petite kola (bitter kola).

- Râper ou écraser le bitter kola ;

- Ajouter une petite quantité d'eau de façon à

obtenir moins d'une petite poire pourbébé ;

- Faite une purge à jeûne tous les matins pendant 3jours.

COMMENT ARRETER LA DIARRHEE (poussée dentaire)

INGREDIENTS

Feuilles de goyavier +Huile de palme.

- Laver et sécher les feuilles de goyavier ;

- Écraser et mélanger à l'huile de palme puis consommer matin et soir.

COMMENT BAISSER LA TEMPERATURE.

- Il suffit d'oindre le bébé avec de l'huile de palmiste ;

- Lui faire boire une cuillère à café de cette huile.

TRAITEMENT DE LA TOUX

INGREDIENTS

Feuilles d'eucalyptus + gingembre + miel pure.

COMMENT NETTOYER LE LAIT MATERNEL

- Laver et macérer un bouquet de persil ;

- Recueillir et filtrer son jus puis boire 1verre matin et soir.

TRAITEMENT DU DIABETE

INGREDIENTS

3 Cabosses De Kenkeliba, 9 limons ,3 Branches Aloès Vera.

- Faire bouillir dans 10 L d'eau

- Brasser à l'aide d'un pilon laissé bouillir de façon à obtenir 8 L.

- Filtrer et boire 1verre matin et soir.

N.B : Si le patient est hyper tendu, il faut ajouter les feuilles sèches du corossolier et lesfeuilles fraiches du papayer.

COMMENT TRAITER L'ELEPHANTIASIE

- Faire le mélange de5L de pétrole et 5 cuillères à soupe de tabac en poudre ;

- Scarifier et oindre le mélange sur les parties malades ;

- Continuer jusqu'à la guérison totale.

INFECTIONS PULMONAIRES / TUBERCULOSE

- Faire bouillir 1Lde lait non sucré avec 50 gousses d'ail pendant 15mn ;

- Laisser refroidir et boire 1verre matin et soir pendant 15jours ;

- Ajouter à cela le thym et la pierre noire.

SINUSITE HEMOROIDE GOUTTES.

- Faire une infusion des feuilles de basilic et boire matin, midi et soir ;

- Ajouter du jus de citron en cas de sinusite et aspirer de chaque côté de la narine.

PLAIES INGUERISSABLES

- Laver et faire bouillir les feuilles de goyavier ;

- Désinfecter à l'aide du permanganate préalablement dissout ;

- Appliquer sur la plaie.

COMMENT ARRETER LA CONVULSION CHEZ UN ENFANT

- Bruler un vêtement constamment porté par l'enfant et lui faire aspirer cette fumée ;

- Le faire consommer cette cendre mélangée à l'huile de palme.

-

THYPHOÏDE

INGREDIENTS :

- Kinkeleeba

- Peau d'ananas

- Citronnelle

- Feuilles et racines de papayer

- Feuilles jaunes du bananier plantain rouge

- Aloès Vera

- Canne des jumeaux.

-

CONTRE LE BALLONNEMENT. LA CONSTIPATION. LA FATIGUE. IMMUNOGLOBULINESFAIBLE. REINS SURCHARGÉS.FOIESURCHARGÉ.CIRRHOSE. JAUNISSE.HÉPATIQUES.

LE CURCUMA + CITRON+PERSIL

La force, la fraicheur, la beauté, viens du ventre, de l'intérieur. Quand l'intérieur est propre. On demeure fort. Pour cela il faut désintoxiquer. L'intérieur. C'est à dire le gros intestin...le foie....les reins...et le sang devient pur...donc la santé demeure. Il faut 3 citrons, une poignée du persil, le curcuma. (4 à 6 Grosses rhizomes), Lavez soigneusement le tout. Hachez le persil... Découpez le citron en rondel. Concassée le curcuma...mettre. Le tout dans deux litre d'eau. Laisser. Demi-journée dans cette eau... boire 1 grand verre a jeun chaque jour. Remplacer l'eau lorsque ça diminue. Ça se garde au frais sans problème... faites le pendant 10 jours…C'est un traitement de répétition. A volonté.

BRULURE D'ESTOMAC

Le gingembre aussi appelé Ginger Puissant tonique, le gingembre peut également être utilisé en cas de douleurs de l'estomac et notamment de brûlures. Il facilite de plus la digestion et la disparition des gaz intestinaux. Il est aussi considéré comme un anti nauséeux très efficace. Il peut se consommer à volonté frais et râpé dans vos petits plats, sous forme de tisanes (mélangez 0,5 g de poudre de gingembre dans une tasse d'eau chaude et buvez doucement, 2 à 3 fois par jour) ou encore de gélules (2 gélules le matin et le midi à prendre au moment des repas avec un grand verre d'eau.)

Evolution de l'homme

Etre c'est prévoir, et vivre c'est tout un long parcours dont le principe est de respecter les normes établies par le cosmos, et le respect de son identité culturelle, qui est la voie par excellence pour une bonne insertion sociale. C'est le fait de nous éloigner de nos valeurs traditionnelles authentiques et aussi le fait de nous déconnecter de nos réalités et de nos us et tradition qui nous entrainent aux dérives. Qu'on soit roi, haut dignitaire, ou simple membre d'une société liée à sa culture, nous avons tous le devoir etla responsabilité de rester toujours en symbiose avec nos valeurs traditionnelles, pour une ascension et intégration sociale réelle. La culture symbole de l'identité d'un peuple avant qu'elle ne soit individuelle est d'abord communautaire.

Honneur aux ancêtres.

LA CASE SACREE DE TABANTCHUI A NJŒTA

Vivre sa tradition et l'adapter à la mondialisation est une

voie par excellence pour le développement de son royaume à condition de respecter l'ordre traditionnel vrai.

Nous avons cette somptueuse habitude de parler de la civilisation comme si nos ancêtres n'avaient pas une. Nous avons cette prétention de penser que la mondialisation est à l'ordre du jour en ce siècle présent comme si grand-mère n'a pas vécu ce monde. Nous avons toujours cette luxueuse façon de prendre pour référence la culture des autres comme si nous n'avions pas la nôtre.

LA TRADITION ET SES DERIVES

Nous avons cru par la définition erronée de l'histoire comme étant: la connaissance du passé basé sur les écrits depuis l'invention de l'écriture jusqu'à nos jours comme si nos ancêtres puisqu'ils n'ont pas eu d'écriture n'existent pas, et je me pose donc la question sur la définition même du mot écriture qui pour la plupart est une caricature ou schéma, oubliant que toute émission d'un son ou d'une vibration est une écriture. Comme disait grand-mère, la meilleure des transmissions est la transmission orale. Par cet esprit faible quand on a vraiment rien de solide, on pense que tout ce qui est nouveau va automatiquement remplacer tout ce qui est ancien, c'est de ne rien comprendre de ce qu'est le mystère de la mère nature qui a toujours maintenu et respecter l'ordre établi: tout ce qui est nouveau ne peut prendre corps et support que sur tout ce qui est ancien, à ne pas faire confusion avec ce qui a vieilli.

D'où l'importance et l'urgence de nous référer toujours sur nos valeurs traditionnelles pour avoir un cap à suivre et pour mieux voir et appréhender l'horizon. Car dans notre moi profond, nous portons en chacun de nous un ou plusieurs symboles qui nous lient et nous référant toujours à l'ancestralité. Je prendrais un exemple simple, le nom et les gènes que nous portons. Alors est-il possible de vouloir, au nom de quelque chose de l'extérieur quel que soit sa valeur mettre en mal nos valeurs traditionnelles et rester impuni? Je dirais non et non.

Il est vrai et juste que quand la colère et la déception font chemin ensemble, l'étincelle peut causer une éruption et on peut tout dire au roi, mais tirer continuellement sur lui n'est pas une solution, mais il est temps et urgent que chaque peuple , le vrai d'ailleurs se bat pour ramener leur roi à la case initiale(respect de nos valeur traditionnelles et leur pacte et engagement pendant leur initiation, du moins pour ceux en ont passé la vraie) tout en leur rappelant leur rôle et leur attributs et autorité liés au pouvoir et sagesse ancestraux, ceci pourra faire renaître ces liens entre un peuple et sa tradition via le roi, mais il faudrait à l'avance que ces rois acceptent et apprennent à écouter et à cultiver en eux l'esprit de l'attention et de la mise en application surtout en se faisant entourés des érudits ceux-là incorruptibles.

Nous avons toujours cette culture de victimisation sans mettre en cause cet esprit pouvoiriste que la classe bourgeoise qui ont pris les rois en otage ceci au prix de leur honneur, quel honneur parlons-nous alors que plus de 85% de ces élites portent ces titres traditionnels sans aucune connaissance ni la maîtrise des vraies valeurs traditionnelles, et je dis avec certitude que les rois ne sont pas la cause première de la dérive et de la déviance de nos valeurs traditionnelles, mais les coupables en majorité sont la classe bourgeoise minoritaire qui à tout bout de chant s'imposent en utilisant les auxiliaires être et avoir, à cela il faut que cela change. Oui mais comment.

LA PRISE DE CONSCIENCE VÉRITABLE

Honneur à grand-mère qui me disait toujours que dans ce monde peint d'ambiguïté, quand vous faites bien, il y'a toujours un mécontent, et quand vous faites mal il y a toujours quelqu'un qui va apprécier: Alors quel que soit ce qui peut arriver, il faut toujours faire le bien. je m'appuie sur cette pensée de sagesse pour interpeller tous les hauts dignitaires de tout rang, les rois, et aussi tous ceux qui sont à des postes de gestion humaine de revenir aux fondamentaux liés aux valeurs morales et psychologiques qui consiste qu'à un temps si peu que chacun se reconnaisse soi-même afin de prendre conscience des conséquences de tout ce qui pourrait arriver et causer pas nos façon de penser, nos façon d'agir, notre manière de concevoir et de voir les chose, et aussi notre état d'esprit .

Alors comment y arriver sans causer de préjudice, si on s'appuyait du rôle et les attributs qu'incarnent les rois, traditionnellement parle et leur place dans la société dite moderne, nous tenterons de trouver une source de rafraîchissement.

DE L'AUTORITÉ DU ROI

Ma grande mère me disait toujours que' toute femme peut enfanter, mais ce n'est pas toute qui peut donner naissance à un roi, car cette dernière est choisie par les forces divines: l'ancestralité, comme on l'a toujours dit, **on ne devient pas roi mais on naît roi**.*

Et comme suit le roi quel que soit son âge est dans une obligation morale, psychologique et mystico-spirituel de se mettre au service de son peuple et de son royaume ceci avec des attributs qui lui sont confiés en tant que gardien et garant des valeurs et Us traditionnels. Comme suit :

- Le roi reste le père de tous les enfants
- Le roi garantit le bien-être social
- Le roi est un rassembleur
- Le roi est le défenseur des faibles
- Le roi est le juge suprême

- Le roi est le gardien de la spiritualité et il veille à son bon fonctionnement
- Le roi doit être à l'écoute de tous sans distinction de classe
- Le roi doit être incorruptible
- Le roi doit tout embrasser
- Le roi en aucun cas ne doit trahir non seulement sa tradition, son royaume mais surtoutpas son peuple
- Le roi doit être au-dessus de tout jugement et accepter à un moment donner de se laisserapprécier (négativement ou positivement)
- Le roi est le responsable de la sécurité de son royaume et de son peuple
- Le roi ne doit pas s'absenter de sa chefferie plus de 9 jours sauf des cas de force majeure
- Le roi doit être en communion permanent avec son peuple ceci lui permettant d'être au bain de toutes les difficultés et soucis que peut avoir ce dernière
- Le roi est l'acteur principal du développement de son royaume
- Le roi doit être discret comme cela lui a été transmis pendant son initiation
- Le roi doit être un sage et comme grande mère le disait toujours l'âge ne fait pas un sage ni un patriarche comme on nous a toujours faire croire mais la dimension supra de la connaissance le rend érudit.

Case des réunions secrètes

L'autorité du roi est divine, non négociable, et n'a pas de prix et cette autorité ne peut en aucun cas être bradée, cette autorité confère au roi la puissance de l'impartialité. Mais est ce qu'il est autorisé ou permis à un roi de faire la politique?

LE ROI ET LA POLITIQUE

FO TCHUENTE DE BAYANGAM 1877

Grand-mère me disait toujours qu'un roi quel que soit son accoutrement où sa façon de parler n'enlève rien en ses attributs de roi, à condition qu'il ne franchisse pas la limite de sa posture de guide et de garant des valeurs traditionnelles. Alors, est ce que faire la politique pour un roi est normal?

Le roi avant d'être roi est tout d'abord un être humain, un citoyen, et gestionnaire d'une grosse et importante ressource humaine qui est son peuple, et à travers son autorité exerce déjà un système politique monarchique qui respecte les réalités de nos valeurs traditionnelles qui nous ont été transmises en héritage par nos ancêtres: je dirais ici que le roi doit faire la politique si je me réfère de la définition même de la politique qui n'est autre chose que la gestion des homme dans une cité. Mais si le roi prend sur lui de faire la politique partisane: "l'appartenance à un parti politique de la respublica", ce droit lui est conféré à condition que pendant ces moments, il laisse dans sa chefferie sa casquette de roi, pour se faire appeler en ce moment monsieur tel, ceci pour éviter d'exercer l'influence de son autorité de roi s'il arrivait qu'il soit face à un de ses fils pour un débat politique.

FO NANA TCHAKOUNT ET SON CONSEILLER 1938

1977 portant organisation des chefferies traditionnelles au Cameroun; cette fameuse et ignoble loi qui a rendu nos roi vaisseaux, auxiliaires Pour le dernier cas qui est purement personnel, je serai d'avis que les rois fassent la politique partisane, non pas pour supporter ou appartenir à un parti politique, mais pourse battre pour enlever le verrou de la loi du 15 juillet d'administration, et chef supérieur comme s'il existait des chefs moyennes et des chefs inférieures. Voilà là où nous devions attendre nos rois et cela pourrait donner naissance à un ministère propre et consacré aux gardiens des pouvoirs traditionnels et les rendre autonomes.

Mais voir les rois être membres des partis politiques au nom de la religion la plus en vu qui est le culte de la personnalité, je dis non et non, si oui cela peut être considéré comme une trahison qui pourrait avoir comme conséquence: la haine, les conflits, la médisance et la division d'un peuple ce qui se dresse déjà à l'horizon. Est-ce possible que cela se fasse pour que nos chefferies retrouvent leur lettre de noble? Je dis oui, oui et oui mais comment, je tenterai d'apporter un éclairci.

LES CHEFFERIES TRADITIONNELLES: DE LA SACRALISATION A LA BANALISATION

Toit conique

COMMENT LES SAUVER

En se calquant sur la théorie de diviser pour mieux régner, Le Président de la République a cru devoir organiser les chefferies traditionnelles, Par la fameuse est stupide loi n°77/425 du 15 juillet 1977. En réalité, il s'est employé très subitement à désorganiser, déstabiliser et détruire Ces hauts lieux de la mémoire collective qui rythment et structurent notre vie d'une manière ou d'une autre. Avec l'accord tacite des chefs traditionnels eux-mêmes. La chefferie traditionnelle est une «unité de commandement

«dont le pouvoir s'exerce sur un territoire appelé " village, groupement, avec des frontières bien définies et reconnues par les chefferies ou villages limitrophes et parfois même, bien au-delà, selon la valeur intrinsèque, la puissance et le rayonnement de son chef ou de ses populations. Une chefferie traditionnelle se définit donc par trois éléments déterminants: Un territoire quadrillé par des institutions coutumières fonctionnelles, une population généralement homogène liée par la langue, une histoire, des us et des coutumes millénaires communes et une unité politique nouée et scellée autour d'un souverain.

Avec cette définition calquée sur ma chefferie d'origine, je me surprends de constater que je suis en train de donner à la chefferie traditionnelle, à très peu de choses près, la même définition que les différents dictionnaires donnent à un Royaume ou à un Etat dit moderne! Rien d'étonnant à cela, puisque les chefferies traditionnelles sont en réalité les regroupements humains qui jouaient, avant la Colonisation, le rôle que jouent aujourd'hui avec plus ou moins de bonheur ce qu'on appelle Etats modernes.

Masque de guérison

Depuis lors, certains se sont disloqués ou se sont laissés avaler par l'administration, mais d'autres par contre, ont lutté et résisté avec hargne et détermination aux manipulations, aux invasions et aux coups de boutoir de la poussée inexorable de l'urbanisation. La chefferie traditionnelle est donc pour ainsi dire un royaume, un Etat, avec tous les attributs de l'Etat moderne. Le chef n'est donc pas un simple chef administratif nommé de façon discrétionnaire par un individu auquel il est soumis et doit allégeance. Il n'est pas assis sur un fauteuil éjectable. C'est un véritable souverain qui règne à vie et qui, à sa mort, est automatiquement remplacé de façon héréditaire par un de ses fils ou, le cas échéant, des collatéraux. Il dispose d'une autorité qui n'est pas fondée sur la force, mais sur une adhésion légitimée par la tradition et justifiée par l'ordre naturel et divin.

Son séjour et son initiation au «La'akam» lui confèrent un charisme certain et font de lui un démiurge doté de qualités exceptionnelles l'autorisant à commander. Il jouit devant son peuple d'un pouvoir spirituel et temporel. Il est donc investi d'une autorité qui relève du sacré, du mystico-spirituel et religieux et qui le rend à la fois vénérable et redoutable. Il est le prêtre, l'intermédiaire et l'intercesseur entre les ancêtres et le peuple.

L'administrateur, qui a été formé à l'école du colonisateur, et a intégré ses méthodes et qui est son prolongement et son mandataire sait bien tout cela. Il sait comment son maître avait manœuvré pour subjuguer, brimer, soumettre, gouverner, et résorber les « tribus indigènes » qui lui ont tenu tête.

Par ce fameux décret N° 77/425 du 15 juillet 1977, il procède de la même manière et son but, à la longue, est le même: aliéner et déraciner les tribus récalcitrantes en détruisant leurs cultures et traditions et en coupant leur racine pivot, la chefferie, cette institution millénaire qui a regroupé nos communautés depuis l'aube des temps et autour de laquelle leur unité s'est construite, cristallisée et raffermie! Cet acte administratif est donc une invasion, une agression et une annexion en règle. Quand un conquérant s'installe en terre conquise, il se hâte d'en détruire la culture afin d'imposer la sienne pour assimiler les vaincus. Or, qui dit assimiler dit phagocyter, ingérer, digérer. En organisant les chefferies traditionnelles par un décret, l'administrateur sait bien qu'il fait un mélange explosif de genres qui divorcent, mais comme il tient à imposer sa façon de penser et sa vision du monde, il ira jusqu'au bout de sa logique. Pour lui, il n'y a pas la moindre contradiction à être à la fois chef traditionnel indigène et auxiliaire de l'administration! Du conseiller technique jusqu'au chef de bureau en passant par les directeurs et autres chefs de service, il n'y a que des chefs dont la hiérarchisation de la fonction publique fait de certains les auxiliaires des autres. L'administrateur sait bien que pour pénétrer les milieux ruraux et péri-urbains hostiles et inaccessibles qui représentent pourtant des enjeux politiques, économiques et sociaux importants qu'il veut contrôler, il a besoin de l'appui des chefs traditionnels qui sont les seigneurs et les maîtres naturels incontestés de ces zones.

En faisant d'eux des auxiliaires, c'est-à- dire ceux qui suppléent les titulaires, ils agiront en ses lieu et place, et il réalisera beaucoup plus facilement ses desseins, tout en leur donnant l'illusion d'un supplément de pouvoir et d'honneur! En cela, l'administrateur noir d'aujourd'hui n'innove nullement. Il suit fidèlement les traces de son prédécesseur et inspirateur blanc, car malgré leurs prétentions et fanfaronnades de rationnels, ni l'un ni l'autre ne sont prêts à braver la forêt sacrée et ses bruits mystérieux, les fétiches thériomorphes qui dévisagent et repoussent les visiteurs suspects, ou les rites, les interdits et autres tabous qui rythment et agrémentent le quotidien de la vie à la chefferie. Pour tenir le village, il doit mettre le chef à contribution, non pas dans un contrat négocié entre deux institutions ou deux souverains, mais dans un marché de dupes où il le nomme auxiliaire, c'est-à-dire un employé au statut bâtard recruté à titre provisoire.

Ce genre de convention, comme on le sait, est toujours empreint de féodalisme, de paternalisme et de condescendance. Autrement dit, elle repose fatalement sur la soumission et la fidélité sans bornes du vassal au suzerain. Lorsqu'on sait que le suzerain ici est l'administrateur et le vassal le chef traditionnel, on comprend qu'en acceptant une telle convention qui fait du roi adulé et vénéré par son peuple un simple employé recruté à " titre précaire et essentiellement révocable ", les dieux sont tombés sur la tête ! Car poussés de leur piédestal, ils sont ravalés au rang des plus méprisables des mortels: au rang d'esclaves!

Le décret de 1977 est donc doublement assassin: il ne fait pas seulement du chef un auxiliaire, mais suprême injure, il classe aussi les chefferies et les chefs en catégories: chefs de premier, deuxième et troisième degrés selon sûrement l'étendue de leur servilité et capacité de nuisance contre leur peuple. De même, ils seront installés selon leur catégorie par le gouverneur, le préfet ou le sous-préfet auxquels ils doivent soumission, allégeance et obligation d'obéissance hiérarchique! Leur pouvoir n'est plus désormais légitimé par la tradition ou l'ordre naturel et divin mais par la volonté versatile de l'administration! Le chef traditionnel alors dégénère et n'est plus considéré que comme un méprisable agent administratif que tout un chacun peut affronter! D'ailleurs, cette classification absurde ne vise qu'à semer la zizanie parmi les chefs traditionnels et à nuire à cette institution qui gêne par l'adhésion et la cohésion sociales qu'elle a su au fil des siècles secréter au sein des populations. Car, comme toute hiérarchisation crée des liens de subordination et de contrôle, peut-on penser un seul instant que les chefs de degrés supérieurs iront donner des ordres dans les chefferies des degrés inférieurs? Peut-il nous venir l'idée saugrenue de classer des Etats ou des royaumes en établissant entre eux des rapports hiérarchiques et de subordination? Mais je me dois à la vérité de reconnaître que toutes les chefferies sur toute l'étendue du territoire ne répondent pas à la définition donnée plus haut. Dans certaines régions, le chef, comme nous l'entendons, n'est plus qu'un lointain souvenir qui relève de l'archéologie politique ou de la paléontologie. La chefferie n'y est pas plus vaste que la maison en ruines d'un monarque au pouvoir décrépi que tout le monde peut tancer à loisir et qui n'est plus reconnu comme tel que par la grâce d'un décret et la peur du gendarme. Dans ces zones-là, la problématique de la dualité du chef-auxiliaire ne se pose plus de la même manière. Cette situation est même souhaitée, revendiquée et perçue comme un supplément de reconnaissance et de puissance : une promotion en somme!

Tous les chefs traditionnels n'ont pas toujours pu ou su résister aux croisades et aux multiples sollicitations organisées en leur direction par des politiciens en mal de popularité et de positionnement et autres pêcheurs en eaux troubles. Ministres, pseudo-intellectuels, hommes d'affaires, hauts fonctionnaires et autres soi-disant " élites intérieures et extérieures " semi-lettrées tous anoblis pour les besoins de la cause, sous le prétexte de faire nommer les leurs à des postes de responsabilité pour ne pas laisser le village à l'écart de la mangeoire ont, à coups de corruption, de chantage, d'intimidations ou de ruse, transformé les chefferies et chef traditionnel en instruments de manipulation des populations villageoises. Ils les ont amenés à se dépouiller des attributs de dignité, d'honneur et de majesté qui brodaient leur prestance et les mettaient au-dessus du lot. En violant le serment de rassemblement et de fidélité à la tradition prêté à la sortie du La'akam, ils sont devenus parjure et tombent de ce fait sous le coup d'une déchéance totémique: ils ne sont plus panthères ou lions, mais caméléons mais caméléon de la sagesse et de la tolérance mais celui d'ignorance! Alors qu'ils étaient maîtres du jeu politique avant la pénétration coloniale, de nombreux Chef traditionnel sont devenus aujourd'hui de simples marionnettes. Que l'on tourne en dérision. Est ce qu'il y'a une voie de sorti? Je dis oui mais laquelle, Je m'efforcerai de donner une lumière.

DE LA DESACRALISATION AU SACRÉ

Communion du Roi avec son peuple

Grand-mère me disait toujours on ne peut changer l'ordre naturel établi, et qu'en aucun cas un arbre fruitier ne se préoccupera jamais, je dis bien jamais de celui ou ceux qui consomment ses fruit, encore moins de savoir ce qui arrivera à ses fruit; tel est le principe où naît le concept de la gestion d'un peuple par un roi à travers les attributs qui lui ont été transmis par l'ancestralité via la divinité.

Mon inquiétude naît du fait qu'au nom de la civilisation ***comme si grand-mère n'avait pas de civilisation et n'était pas civilisée***, pensent que les chefs traditionnels devraient suivre l'ordre de l'évolution du monde sous la branche pourri qu'est la démocratie, devaient être aussi élus comme la plupart des responsables de postes administratifs et politiques. ahaaa, penser ainsi c'est ne rien comprendre du concept du pouvoir traditionnel qui est une force suprême, qu'il faudrait atteindre un certain seuil de l'élévation de la pensée pour comprendre et que cette force divine ne peut qu'être transmise que par héritage, et suivi d'une initiation véritable bien faite et bien suivie, sinon on serait tenté un temps si peu de penser que tout le monde peut venir dans le lieu sacré de Tabantchui faire tout ce que bon lui semble et qu'un Homme peut devenir chef de sa famille par élection quand son père est encore vivant, que cela soit par élection ou par désignation. Je dis que cela ne pourra se faire que dans le monde des martiens et non dans le celui des humains, le roi reste et demeure le chef du royaume, le maître des lieux et gardien des us et tradition et son autorité ne saurait être mise en cause s'il est légitime et ce pouvoir ne se négocie pas, ni se donné par une masse élective, d'autant dire que la masse c'est une imbécilité disait grand-mère.

Le pouvoir du roi est divin lié à l'ancestralité et qui dit l'ancestralité dit lignée, et en aucun cas ne saurait être négociation ou mise aux enchères, ni bradé, et à ce juste titre que le roi dans sa chefferie doit être un exemple, une référence, une idole, une inspiration, irréprochable, celui-là par qui et sur qui le bonheur et le développement de tout un peuple se reposent, tout ceci dans le respect stricte et total de l'ordre traditionnel établi. Pour y arriver, il faut au préalable avoir une chefferie bien structurée, alors est-ce possible d'avoir une chefferie digne de son nom pour que toutes les conditions soient remplies? Je dis oui et je m'efforcerai à apporter une définition sur ce qu'est une chefferie.

DE LA CHEFFERIE

Comme toujours, sacrée grand-mère qui en son temps vivait dans un territoire composé avec d'autres habitants qu'on appelle la population, cet immense territoire était et est toujours lié par sa culture et sa tradition, c'est à ce titre que ce dernier est appelé la chefferie, qui aujourd'hui, Parce que les colons à leur arrivée ont traité grand-mère et sa suite de primitifs, ils ont appelé ce territoire le village: sacré mot de la langue occidentale qui qualifie ces êtres ceux des zones reculées ou de la campagne, mais qu'en réalité est la chefferie. Tout territoire circonscrit est appelé chefferie et qui dit chefferie dit royaume.

Si je m'arrête au seul lien avec un territoire, je serai tenté d'exécuter un parcours incomplet comme une danse que le cercle ne se ferme pas. C'est pour cette raison qu'en me retournant sur la théorie de grand-mère, il est démontré que la chefferie est aussi une institution traditionnelle hautement organisée dont le roi est le garant et entouré d'un collège de notables et plusieurs hautes chambres consultatives que les colons dans l'impossibilité de percer le mystère les ont taxées de sociétés secrètes, et quant à ce qui est de secret, ils n'avaient pas tort et encore moins raison mais ce sont vraiment des société secrètes mais pas dans leur sens du terme mais dans leur structure mystico- spirituelle dont le code de décryptage n'appartient qu'aux initiés de ces différents rangs. Mais **mãyi ngan** ma grand-mère, comme cela ne suffisait pas dans sa tête m'a démontré par voie d'initiation que la chefferie est aussi définit comme étant le lieu de travail et le lieu d'habitation du roi et de la famille royale.

Mais je ne resterai pas indifférent du fait qu'à titre personnel, la chefferie est le lieu par excellence pour les pèlerinages, pour les purifications, un site touristique sous la supervision d'un guide du temple, et je ne pourrai pas terminer sans ajouter que la chefferie est un lieu sacré voir même une forêt sacrée enfin un sanctuaire. La chefferie n'est pas la propriété du roi mais celui du peuple, car le roi n'est que gardien et garant de nos us et valeurs traditionnelles.

Si on veut parler tradition et pratique la tradition est ce que faire recours à la chefferie est la seule voie pour être en symbiose avec nos valeurs traditionnelles et ancestrales? Si c'est la chefferie définie comme territoire et chefferie comme institution régie par les lois traditionnelles je dirai oui, mais chefferie comme habitat du roi, là il faudrait mettre sur une balance. Mais je me tirerai le nez pour apporter un éclairci.

DE LA TRADITION

La pierre sacrée

Certaines définissent la tradition comme un ensemble de règles établies propres à un peuple, d'autres comme une habitude entrée dans les gènes d'un peuple et une autre tendance la définit comme ***un mode de transmission naturel de tout ou partie de la culture d'un peuple, de génération en génération, au sein de la vie ordinaire***, grand- mère ajouta à toutes ces définitions l'essence de l'être et moi, la vitalité qui symbolise le cinquième élément.

Il faut noter que quel que soit les phénomènes mis en contribution pour l'évolution de l'être humain dans son univers, chaque homme est seul et unique en son genre. Mais seuls les différents corps de l'homme (astral, émotionnel, mental) un temps si proche peuvent avoir une certaines similitudes, vu la définition qui est donnée sur l'homme comme étant une entité constituée d'une énergie vitale invisible enfouie dans un corps physique visible: la dualité. Parlant de la tradition proprement dite l'homme doit être toujours au centre de tout, être et entrer en contact permanent avec lui-même, avec sa conscience, avec la nature, son environnement, ses réalités, et avec ces ancêtres.

Et qui dit ancestralité, dit lignée; et ceci démontre à suffisance que chaque homme sort de quelque part, qui dit quelque part, dit une concession et qui dit une concession parle de famille et qui parle de famille indique un chef de famille qui est le gardien des lieux. C'est dans la concession qu'il est plus facile et harmonieux d'être en symbiose totale ou presque avec la divinité via l'ancestralité selon le niveau de l'élévation de la pensée de tout un chacun. Quand je parle de l'élévation, c'est le degré de la pureté du corps et de l'esprit, car être adepte des confréries de sang et avoir la prétention de voir se connecter avec l'ancestralité est peine perdue, je dirai même augmenter plus de fardeau. L'homme étant lui-même un sanctuaire et un temple, il lui revient de se lier et être en symbiose totale avec tous les supports spirituels qui le maintiendront en éveil permanent et aussi et surtout maitriser ces supports qui sont énumérés ici comme suit: les lieux sacrés, les forêts sacrées, les cases sacrées, les sites sacrés qu'un temps si peu appartient à une concession et que les initiés doivent être les guides, et tout chef de famille doit en être un.

Alors il ne serait pas acceptable qu'on pense et croit que pratiquer sa tradition, c'est ne se référé qu'uniquement à la chefferie, non je ne pense pas, mais la chefferie joue un rôle de regard en cas de litige, d'abus, ce conflit successoral, et surtout en cas de l'illégitimité et d'usurpation de titres dans ces différentes concessions. Telle est aussi l'une des plus grandes missions du roi qu'on doit ajouter à ses attributs. On peut noter avec précision et importance que la chefferie joue un rôle capital dans la pratique de nos us et coutume, car l'accès dans les lieux sacrés que j'aime bien appeler: les lieux ou espèces de la mémoire collective est fait par rapport à l'histoire d'un certain nombre d'événements qui se sont produits dans le village, soit liés à la vie d'un roi ou à d'un grand dignitaire du royaume soit par décision royal suite à une succession des cas sociaux. Et ces jours sont appelés, les jours sacrés, et d'aucun l'appelle jours interdits et d'autres jours fériés. Ce sont ces jours sacrés qui donnent accès aux différents lieux de la mémoire collective (lieux sacrés) dans un royaume.

Grand-mère disait toujours que pour être un érudit de sa tradition, il faut maîtriser les différents symboles, car ces symboles sont les vecteurs de communication entre les vivant du monde visible et celui de l'ancestralité et que ce n'est pas le bon nombre de temps vécu sur la terre qui fait de nous des sages ou des patriarches mais une supra connaissance qui réside en chaque être. Alors c'est quoi un symbole et son rôle. Je m'abreuverais à la source de grand-mère pour les énumérer et expliquer, car ses symboles nous lient à notre tradition. Avant d'y arriver il serait mieux d'abord d'expliquer ce qu'est un ancêtre, et Comment devient-on ancêtre.

DU STATUT DES ANCÊTRES

TABANTCHUI EN COMMUNICATION AVEC L'ANCESTRALITE

Sacrée grand-mère est devenue ancêtres aujourd'hui, pas Parce qu'elle a quitté le monde des vivants, encore moins parce qu'elle était très âgée mais parce qu'elle l'a mérité et aussi qu'elle était pure et aujourd'hui intercède à tout moment pour les vivants auprès de la force divine NSĒ. Mais ce n'est pas Parce que le passage obligatoire pour être ancêtres est la mort, que beaucoup pensent que tous ceux qui meurent sont automatiquement des ancêtres, mais non. Il existe des critères très stricts pour devenir ancêtre car on ne meurt pas ancêtre mais on le devient. Et pour y arriver, il faudrait qu'un être pendant son séjour et passage sur terre soit un être bon, vertueux, juste, et que tous ses actes, ses pensées, et paroles soient toujours vérités et harmonieux, pour en espérer être élevé au rang ancestral, mais il faut noter que malgré tous ces bon côtés de l'être, si ce dernier avant de retourner (mourir) n'a pas procréé (faire des enfants) alors il perd tous ces attributs. Il faut noter aussi que mourir c'est retourné à son originalité divine, et la façon ou le genre de mort peut aussi, soit accéléré son accession à l'ancestralité, soit le ralentir ou l'interrompre pour une fin à l'hibernation, c'est à dire à l'oubliette: s'éloigner de la force divine (NSE), ce que les autres appellent enfer. Je citerais par exemple une mort par pendaison, par empoisonnement en grosso modo le suicide, aussi par une mort causée par une impunité. Mais pour le cas des mort par accident quel qu'en soit le genre, doit suivre un certain rituel d'expurgation afin d'espérer un certain appel du défunt au rang d'ancêtres, et ça aussi dépend du degré de pureté et de justice de ceux qui exécutent ces rituels.

Comme on a toujours défini, les ancêtres sont les anciens êtres, et en plus de cela sont les voies par excellence pour nous les vivants du monde visible de nous rapprocher de la divinité (NSE) et c'est aussi le canal du phénomène de la réincarnation des êtres vivant, via la théorie de l'atavisme. Et pour mieux comprendre comment se connecter avec les ancêtres, il faut maîtriser les symboles qui nous ont été offerts gracieusement par la mère nature, malgré l'ingratitude humaine à outrance : c'est quoi un symbole.

LES SYMBOLES

POUVOIR

Dans la plupart des langues africaines, les mots qui désignent le concept Symbole mettent en relief la fonction médiatrice. Le symbole est ce qui fait correspondre la réalité visible avec la réalité invisible, et accorde l'homme avec son destin. Le symbole est aussi ce qui fait correspondre l'homme avec sa réalité, ses origines et le rend libre.

Le rôle du symbole est de servir à l'homme de médiateur pour maintenir le lien avec le fil, et il se rend compte que son corps est un champ de forces, et certaines portes de son corps lui permettent d'entrer en contact avec d'autres réalités : l'homme va donc utiliser son corps dans toutes ses dimensions, il l'utilisera comme matière, un peu à l'image des reliques, des éléments du corps sont prélevés pour servir de symbole dans les cultes traditionnels par des modifications superficielles ou profondes : le symbole dans leur initiation de la mort donc l'accès à la nouvelle vie.

Tout support où un élémental peut être considéré comme un symbole. Le symbole est tout un ensemble d'objets et matières visibles ou invisibles qu'un être vivant peut utiliser pour entrer en communication avec le monde invisible, aussi pour être en contact permanent avec la divinité via l'ancestralité.

PURIFICATION

Ces symboles nous permettent de nous maintenir en équilibre physique, psychologique, mental, émotionnel, et nous mettent en harmonie avec nous même, avec la nature, l'environnement, la nature, nos ancêtres ceci dans le but de nous rapprocher plus de la divinité que certains appellent dieu sous leur concept. Les symboles sont classés en deux grandes catégories: un seuil invisible que nous utilisons au quotidien avec un niveau élevé de la pensée, ceci accompagné d'une initiation. Et un seuil visible qui est à la portée de tous et que la mauvaise utilisation peut les transformer en totems: à chaque symbole son rôle, sa partition, son appartenance à l'un des quatre éléments de l'univers: l'eau, l'air, la terre, et le feu. Qui est symbole:

Le Sel dans sa globalité est symbole de purification et de protection, mais son utilisation dépend de l'initiation de celui qui l'utilise pour le verser: de gauche à droite avec la main gauche pour les non-initiés ou ceux qui n'ont pas fini leur initiation et aussi qu'il faudrait que l'initiateur soit honnête pour le leur dévoiler, de la droite vers la gauche avec la main droite pour les initiés, et des deux mains mouvement jumelé des deux précédents pour des spirituels: ceci peut s'accompagner du jujube qui en plus de purifier joue un rôle capital dans l'apaisement des cœur et de l'ouverture de l'esprit.

L'eau, le vin blanc l'huile de palme jouent le rôle de rafraîchissement et de joie du cœur. Le dracænas communément appelé arbre de paix comme son nom l'indique met la paix. La kola et les cauris symbolisent la communication avec le monde invisible, sauf qu'en plus de la communication, le cauri est symbole de la longévité. La poule et la chèvre sont classées au rang des animaux sacrés qui, à chaque rituel cèdent ou donnent leur vie pour prolonger et protéger celle des humains, mais on ne peut pas parler de la poule sans citer l'œuf de la poule qui est le symbole du commencement de la vie et agit plus dans la purification du corps et de l'esprit. La terre est le support par excellence et incontournable qui est le socle même de tout rituel.

ENERGIE ET L'ACCES A LA DIVINITE

Le feu est la porte du vortex qui permet aux vivants de mettre le monde visible et le monde invisible en contact pour une communication entre l'homme et l'ancestralité. L'homme étant lui-même au centre de tout, son corps est considéré comme un temple, unsanctuaire, un support par excellence pour communiquer et aussi et surtout pour accomplir des bons actes par la culture de la vertu afin d'espérer être choisi et érigé au rang des ancêtres dès son retour l'originalité qu'est le monde invisible: le monde de la divinité. La panthère, le léopard, le guépard, le jaguar, par la texture de leur peau symbolisent la force, le pouvoir, l'agressivité et l'abnégation. L'éléphant lui à travers sa trompe et ses larges oreilles symbolise la puissance et surtout l'esprit du rassembleur. Le serpent est signe de sagesse. Le singe la ruse, La tortue et la mygale symbolisent la véritéet la justice. Le caméléon représente la tolérance absolue. Le trône ou la chaise symbolise la prise de pouvoir à commander.

COMMUNICATION ET VERITE

Le canari et la calebasse sont symboles du monde du carrefour du donner et du recevoir: le service. Le collier chacun selon sa structure architecturale et par rapport à sa disposition symbolise la dignité et le pouvoir absolu. La queue de cheval est symbole de victoire. Le chapeau dans ses variétés et différentes formes est un large domaine à explorer, qui dans sa globalité est symbole d'autorité, de fonction, et de dignité. Les arbres symbolisent la vie. Les lieux sacrés, les forêts sacrées et les cases sacrées tous des sanctuaires sont des symboles de liaison avec la divinité via l'ancestralité, et symbolisent les lieux de culte ancestral.

La chefferie avec sa structure et sa position géostratégique symbolise l'hospitalité, car on ne peut y accéder qu'en descendant, et vu sa structure avec ses toitures en cônes ou en pyramides, représentent les quatre éléments, et en plus de cela symbolisent la femme dans sa globalité qui est et reste l'unique être qui détient le pouvoir de la procréation que j'appelle le neuvième pouvoir, qui est le sexe: d'où la femme symbolise la déesse. Il faut noter qu'en dehors de ce pouvoir de procréation, l'être humain en possède huit autres pouvoir qui sont symbolisés ici par les orifices humaines qui sont au nombre de neuf au total. Une structure constituante de la morphologie de l'homme:

Les deux yeux qui symbolisent la sécurité, les deux oreilles la prévoyance, les deux narines symbole du pouvoir, la bouche la communication, l'anus symbole de service et le sexe qui et l'art de la fécondité : la procréation

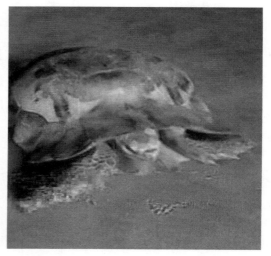

On nous a toujours dit et redit que le lion est symbole du pouvoir du roi, mais pour moi ce n'est qu'un mythe, une histoire à dormir debout car bien qu'on dise, et nous fait croire que le lion est le roi de la forêt alors qu'il ne vit et ne peut pas vivre en forêt, mais vit en savane pour moi me pose un énorme problème, car si je me réfère à l'Égypte ancienne, cette dénomination du lion: le des animaux de la forêt vient du fait que la reine Cléopâtre avec comme compagnon roi fidèle un lion et elle a donc décidé que son lion est le roi de tous les animaux, comme pour dire est ce que le fils d'un roi est le roi de tous les fils du village? Mais non alors le lion tout comme le tigre ne symbolisent rien dans la tradition africaine, mais joue un rôle uniquement décoratif bien que certain rois se font appeler le lion des lions.

LE SACRE

Il faut noter que notre posture par rapport à la position du soleil est très importante et fait partir des différentes symboles qui nous lient aux astres: la position du lit, des ouvertures d'une maison, le trajet à parcourir que dans les normes, un chemin aller doit être différent du chemin retour, et même les tombes doit être faits selon la position du lever et du coucher du soleil pour respecter une certaine norme de la géométrie sacrée et la numérisation sacrée, avec le respect des interdits de temps et de l'espace, mais seuls les maîtres de la spiritualité authentique pourront mieux mettre les points d'exploration à ce sujet.

La danse sous ses différentes formes à travers les différents agencements et les synchronisations des mouvements des jambes et du corps servent de communication avec les forces divines, sans oublier la musique à travers ses vibrations élève l'être et le met en connexion avec son être intérieur. Ces deux symboles (danse et musique) permettent aussi de mettre en fusion le corps physique et l'esprit de l'être tout en leur maintenant en équilibre. Le problème n'est pas d'avoir les symboles mais c'est savoir ou avoir une supra connaissance pour bien les utiliser et pour y arriver, il faudra un temps si peu que chacun s'interroge sur les actes d'anoblissement qui pour moi sont le nœud même des dérives de la tradition.

DU TITRE ET LA NOTABILITÉ COMMENT DEVIENT-ON NOTABLE

VICTOIRE

Tout d'abord, il faut préciser que la notabilité est classée est structurée en plusieurs chambres. La première est celle des sous-chefs, les kēp lãg, des natifs de souche et des princes: tous héritent à la mort de leur père du titre. La deuxième les prêtres spirituels et traditionnels, les grands guerriers et les chasseurs, ils succèdent aussi par des rites d'initiation mystico-spirituels. La troisième c'est la classe des notables mandatés par le roi ou le village pour mener à bien certaines missions, ou servir. La quatrième catégorie est celle des notables anoblis pour leurs bonnes actions dans le village.

Mais malheureusement tout prête à la confusion quand rien à été expliqué et que certains parce qu'ils portent le même titre croient être égale ou supérieur à l'autre sans toutefois tenir compte du processus par lequel il est devenu notable.

DE LA CHEFFERIE À L'ANOBLISSEMENT

LONGEVITE

L'un des problèmes qui détruit, bafoue et amène nos traditions à la dérive, est la mauvaise interprétation et la mauvaise prise en compte des titres traditionnels communément appelés les titres de notabilité, que l'on peut obtenir soit par un acte d'anoblissement, qui parfois ne respecte aucune norme traditionnelle, soit par succession suivi par une initiation bien accomplie. Mais tristesse surgit quand la majorité des promus, sans aucune connaissance requise dans le domaine traditionnel, finissent par prendre et maintenir en captivité les chefs de famille, les chefs des villages et les rois.

Bien qu'ils soient minoritaires. Ceci est l'une des causes premières de la dérive de nos valeurs traditionnelles et ancestrale du moment où le peuple en majorité finit par croire et avoir l'impression que leur roi est pris en otage sur tous les domaines, et qu'à cet instant rencontrer son roi devient une mer à boire. Alors comment faire pour sortir la tête de l'eau! Il serait mieux et utile voire urgent de rappeler de clarifier et de classer les différentstitres de notabilité.

L'étymologie " Fœh" en gõzē renvoi à roi, et non à chef, comme prévu par nos prédateurs. En plus, dans la quasi-totalité de nos royaumes, n'en déplaise à ceux qui veulent se prendre pour ce qu'ils ne sont pas en réalité, l'anoblissement de l'individu est le résultat d'un long processus de socialisation qui commence tout au moins, avec la naissance de chaque concerné. Bien plus, les sièges de nos institutions traditionnelles et coutumières ont un caractère sacré, et ne devraient par conséquent pas être ouverts aux premiers venus pour quelque raison que ce soit ! Les chefs pour le designer ainsi, peuvent bien être les vassaux de l'administration dans les faits, dans certaines parties de notre pays Mais, honnêtement, tel n'est en principe pas le cas, lorsque l'on se déporte vers l'Ouest Cameroun, où le roi ne rend véritablement compte de son règne qu'à son peuple.

A Bazou par exemple, on a souvent coutume de souligner la nature interdépendante des relations qui existent entre le peuple et son souverain. Nos rois sont craints, vénérés, et cela ne dépend ni des caprices de l'administration, encore moins de celles de ceux qui tirent les ficelles de l'ombre. Nous sommes un peuple à la fois très bien organisé, et laborieux. Alors, que certains de nos leaders se trouvent parfois entrain de percer le mystère, n'est en réalité que le résultat d'une frustration endurée au fil des années par beaucoup d'entre nous qui finissent parfois par perdre le sens du discernement et de dignité.

Faisons la part des choses, en attirant l'attention de cette catégorie de monarques sur les conséquences négatives de ce genre de comportement, au lieu de nous résigner à nous réduire à la mendicité et à un statut d'esclave perpétuel, et aussi de se laisser en captivité par une minorité d'élites dominant pour leur pouvoir financier.

QUELQUES TITRES DE NOTABILITE ET LEUR SIGNIFICATION

RASSEMBLEUR

Il faut noter que, au-dessus de toute acte d'anoblir, il existe des actes purementdivin non négociable, aucune voix de transmission mais quand on le reçoit de NSI, il ne peut être ni ajouté, ni transmis et ni hérité. Entre autre je citerai :

Tãŋī et Mãŋã qui sont des parents qui ont mis au monde des jumeaux. Ǧo'dia en gõze (langue des Bazou) qui signifie le jumeau

Mbīkep ce droit revient à l'ainé direct des jumeaux (femme comme homme). Nkenmi ce droit revient au cadet direct des jumeaux (femme comme homme)

Mbœ' ga'zeh titre très honoré par tous reçu tout droit du

pouvoir divin qui désigne le toutpremier né d'une mère (femme comme homme).

TERMITIERE SACREE

Les titres de notabilité en prenant le cas du royaume Bazou pour exemple, forment une sorte de pyramide au-dessus de laquelle se trouve le roi (fœh). Le titre de notabilité s'acquiert Par succession ou par attribution. Le titre de notabilité acquis par succession vient de la confiance que le défunt avait placée au bénéficiaire, celui acquis par attribution résulte d'un acte de bravoure, d'autorité ou de grandeur. Aussi, les dignitaires porteurs de titre de notabilité forment des collèges autour du roi ou des chefs de famille et les aident dans leurs fonctions.

D'entrée de jeu, il est important de préciser que le titre "Nza" qui précède souvent les titres de notabilité n'est pas un titre autonome, mais un superlatif qui est ajouté à certains titres honorifiques pour augmenter leur valeur, à ne pas confondre avec le grade. Exemple: Nza sa', Nza sep, Nza mbœ, Nza ŋwomãfœh – Nza mekep...Puisque le titre de notabilité acquis par succession est attribué par le défunt à travers sa dernière volonté, celui acquis par attribution est décerné soit par le chef de famille (père ou son successeur), soit par le grand-père maternel, soit par le roi. Celui qui attribue le titre de notabilité ne peut décerner un titre supérieur ou égal au sien, ce qui aurait pour conséquence fâcheuse d'élever le fils au même rang que le père. Toutefois, au cas où le roi voudrait décerner untitre de notabilité à un digne fils, il y a deux hypothèses:

- Soit le roi élève le père géniteur du digne fils à un rang de notabilité supérieur avant de décerner le titre au fils;

- Soit solliciter l'accord préalable du père (si est seulement si le père ici est successeur etnon père géniteur).

Par ailleurs, un digne fils peut acquérir un titre de notabilité supérieur à celui de son père en passant par sa famille maternelle, ceci toujours après approbation du père géniteur. Mais le bénéficiaire de ce titre ne pourra plus coutumièrement venir en concoursavec ses frères sur le titre de notabilité de son défunt père. S'il est vrai que nous n'avons pas la prétention d'avoir parcouru à travers cette recherche tous les titres de notabilité à Bazou, il n'en demeure pas moins que l'étude porte sur les titres les plus usuels.

DE LA PRATIQUE DE LA TRADITION

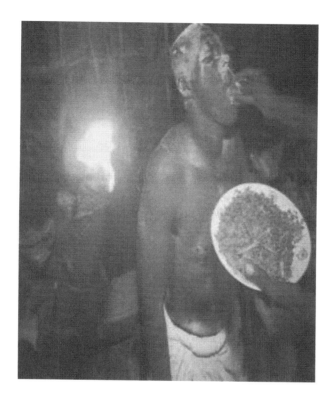

LA TRANSMISSION

Les Voix qui mènent à notre épanouissement résident dans notre Culture et dans le respect de nos valeurs traditionnelles. Et s'éloigner des normes véritables de la tradition, et s'éloigner de l'épicentre socio-organisationnelle commun, s'éloigner des objectifs, qui sont le bien être socio-économique, et spirituel de notre être. La maîtrise du Chakra (la mémoire universelle) nous rend fort et puissant.

Ce n'est pas du miracle ni de l'incantation encore moins de l'illusion, mais la Connaissance de la spiritualité africaine basée sur la Connaissance du soi et le respect et être en relation permanente avec son environnement, son être intérieur, la nature, les ancêtres, le cosmos. "Qui ne comprend pas le langage de la nature ne peut pas comprendre le langage de Dieu. Car celui qui maîtrise le langage de la nature devient le maître de son univers disait grand-mère."

LE CULTE DES ANCETRES

CULTE TRADITIONNEL

Communément appelé culte des crânes, qui en est pas un prétendument appelé par les détracteurs, est la pure tradition africaine, la voix par excellence pour atteindre NSE notre créateur après avoir atteint un niveau élevé de la pensée.

POURQUOI EXTRAIRE LE CRÂNE ?

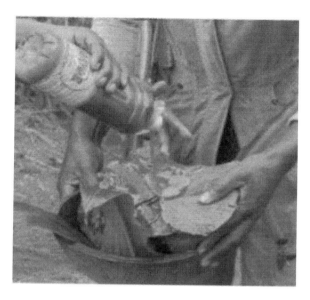

COURROIE DE TRANSMISSION ANCESTRALE

Le crâne est la partie qui couvre le cerveau dont c'est le disque dur de l'être: l'akacha de l'être: la mémoire universelle. Nos parents sont notre courroie de transmission avec Nse et représentent aussi nos Nse sur cette terre, alors nous devons les honorer. Et sinous revenons à notre appellation de Dieu en nos différentes langues africaines, et si je peux me permettre en général c'est cãbœ nse et nse qui voudraient dire la mère terrestre. Si je peux me le permettre. Ceci dit, nous sommes poussière et nous retournerons poussière.

A la question de savoir si nous pouvons retirer les crânes ou les adorer, je pense que c'est important pour nous:

1)   Comme supports, ils marquent la traçabilité avec notre histoire, répondent parfois aux questions qui sommes-nous? D'où venons-nous? Où allons-nous? Ils nous situent sur nos

racines et nos origines.

2) Ils sont une pièce témoin de l'existence de nos ancêtres et représentent les différentes manifestations de Dieu sur cette terre, comme je l'ai dit plus haut, et j'ajouterais que le monde spirituel est de nos jours de plus en plus dangereux que notre vie au quotidien, tout se planifie dans la nature, l'espace, et de temps.

Du sort qui nous est réservé nous innocent, nous ne savons pas ce qui nous attend, seuls nos ancêtres pourront nous secourir avant même que nous ne l'apercevons. Même dans la bible il faut prier pour les âmes du purgatoire pour leur donner la possibilité de plaider pour nous auprès du Dieu le père tout puissant, d'où l'expression aide toi et le ciel t'aidera. Donc en allant de temps en temps leurs donner à manger, à boire ou les réchauffer c'est les réactiver, les mettre en éveil en leurs donnant l'accès dans notre vie auquotidien et leurs permettre de nous connaître. C'est pour cette raison qu'il est bien de faire régulièrement un tour sur la terre de nos ancêtres. Aller dans nos villages et connaître nos traditions et les apprendre. Quand nous y allons en vérité nous rentrons automatiquement avec une force et une chaleur de plus.

Je pourrais conclure en disant que l'extraction des crânes est l'un des meilleurs moyens pour se connaître soi-même et de permettre aux ancêtres de nous les enseigner à travers les rêves et bien d'autres signes et aussi et surtout à travers les initiés à qui presque tout a été transmis par héritage, et il est bon de savoir qui veille sur nous, car les morts ne sont pas morts.

Nos ancêtres ne nous demandent jamais rien. Il faut noter que c'est la somme de nos actes bien ou mal qui nous amène à aller se faire purifier ou se faire guider par nos ancêtres car ils veillent toujours sur nous et nous avons obligation de leur remercier, leur louer leur glorifier tous les jours et nuits, et ce n'est pas tous ceux qui sont décédés qui deviennent des ancêtres. Non il y a un certain règles à suivre pour être considérer comme tel (avoir vécu dans la vertu des ton passage dans le monde visible)

"Connais-toi toi-même" Dans la connaissance de soi, s'il y a un fait qui nous aide à s'attacher, à s'affirmer et évoluer dans notre vie, c'est notre culture, car elle est communautaire.

En pays bamiléké, le bonheur, les progrès et l'harmonie de la vie dans une concession se fondent sur le Respect de l'ancestralité, surtout lorsqu'il est l'être est retourné à l'originalité.

Dans la vie religieuse des bamiléké le culte des crânes est l'un des aspects spirituels les importants.

Pour comprendre le pourquoi de ce culte nous avons essayé à notre manière de regrouper les éléments de réponses en nous basant sur l'expertise de quelques initiés Ce thème étant assez vaste nous nous sommes intéressés à:

RETIRONS NOUS LE CRÂNE DE TOUT LE MONDE?

La réponse à cette préoccupation passe par un éclaircissement des questions fondamentales ci-dessous: Doit-on retirer le crâne de n'importe qui ou de tout le monde? On ne peut répondre par l'affirmative car on ne retire que le crâne d'un certain rang ou catégorie de personnes. À savoir: les chefs, les notables, des personnes d'une certaine force et puissance surnaturelle (maîtres spirituels) bref ceux ayant des liens totémiques.

QUE REPRESENTE LE CRÂNE?

VASE SACRE

Déjà les parents selon la loi de la nature, sont nos dieux sur terre et les honorer est notre devoir en tant que leurs descendants. Pour ce faire le crâne représente l'akacha? (La mémoire universelle de l'être) l'ancêtre. C'est à dire: le lien avec dieu (NSE, cabœ NSE), le crâne permet de répondre aux questions (qui suis-je? D'où viens-je? Où vais-je?). Mais surtout, le crâne de mes ancêtres intercède me protège, me guide dans la voie à suivre.

QUI EST HABILITÉ A RETIRER LE CRÂNE

LIEU DE CULTE ANCESTRAL

Ce rituel étant dangereux et faisant trait au mystique n'est autorisé qu'à quelques personnes à savoir: le chef de famille légalement reconnu ou désigné par les ancêtres, ou un initié choisi en lieu et place du chef de famille où on n'a pas de successeur légitime. Mais il faut noter qu'on ne retire pas le crâne mais il se détache du corps et vient à nous

COMMENT OBTENIR LE CRÂNE DES DISPARU ?

Cette interrogation suscite une autre donc nous ferons un développement. Et qui est reconnu comme ancêtres. Lorsqu'on est considéré comme ancêtre, et que votre corps n'a pu être retrouvé pour multiples raisons on mettra dans le sanctuaire (la case sacrée) enlieu et place un caillou tout en invoquant le nom du concerné, c'est sur lui que se fera tout rituel vous concernant. Le caillou est constitué des éléments terre, eau, air, feu, Les quatre éléments fédérateurs de la nature que nous sommes. Et de l'univers. Honneur aux ancêtres

POURQUOI VERSE-T-ON DE L'HUILE SUR LE CRÂNE ?

On verse l'huile sur le crâne pour: soit pour l'apaisement (ici lorsqu'il y a non-respect des préceptes des fondateurs de la concession, unité, négligence d'un défunt puissant etc..), soit pour éveiller l'esprit de nos ancêtres (ici on se sent délaissé, mis en sommeil, plus de songes, plus de prospérité bref la famille va mal...) Mais nous versons aussi le vin blanc, le sel, l'eau, la Kola, le jujube, toujours accompagné de l'arbre de paix. Sont de symboles. Nous n'avons pas la prétention Encore moins le monopole de dire que nous avons contourné tout le sujet, plusieurs aspects restent à découvrir, mais seul un véritable retour aux sources nous aidera à être plus élevé. Car les morts ne sont pas morts, mais les êtres retournent à l'originalité pour une réincarnation possible. D'ou l'exécution d'un certains rites pour rester en contact permanent avec La divinité via l'ancestralité.

Honneur aux ancêtres.

DU RITE AU RITUEL

AU CŒUR DU LIEU DE CULTE ANCESTRAL

Toute tradition est accompagnée par des différents actes mis en exécution sont appelés des rituels dont le porteur est le rite. Pour être heureux, il faut avoir une âme pure et savoir découvrir la poésie dans les choses les plus ordinaires c'est à dire, posséder une âme d'enfant et faire preuve de simplicité et d'honnêteté tout comme les rites. puisqu'il s'agit de rite, la sagesse le définit ou alors nous montre qu'il sert de protection, de purification, d'épuration, de libération, de sanctification, sans oublier la quête de la connaissance véritable de soi, liée à nos valeurs authentique, la prise de conscience et la volonté manifeste. C'est la raison pour laquelle se mettre en marge et le renier c'est paralyser notre conscience sans oublier que cette conscience joue un rôle de vigile qui est aussi une veilleuse pendant le sommeil qu'à l'éveil.

Exécuter des rites traditionnels nous maintien en état harmonieux et nous maintient en symbiose avec la nature, avec notre moi et notre conscience, avec nos ancêtres et nous maintient en parfaite équilibre (symbiose entre notre corps physique et notre esprit). La pratique où l'exécution harmonieuse de ces rites nous amène à l'esprit conscient, car le jeu de sorcellerie n'existe qu'à l'intérieure de nous, surtout quand nous avons pris sur nous d'abandonner nos valeurs authentique pour adopter celles de la autres par snobisme. Entre autre, il existe plusieurs rites et à chaque rites son rituel qui diffèrent par leur pratique, de différents manières et selon les données et surtout dans le respect des interdits de temps, de l'espace et surtout des causes.

Nous avons comme rites:

-   les rites d'initiation, et il faut noter que tout être passe par une initiation, mais à nature différents: (la circoncision, l'entrée d'un roi pour le la'akam, son vécu ai la'akam et sa sortie, les gardiens de ka tradition et de la spiritualité élus (maɲi nsi)

> - les rites des jumeaux

> - les rites de neuvaines.

> - Les rites de veuvages.

> - Le rite de fang(les morts tragiques).

> - Le rite de câpnse

> - Le rite de gūp buh: les prémices à la divinité.

> - Le rite de purifications des lieux sacrés et les sanctuaires, espèce de lamémoire universelle.

- Le rite d'épuration

- le rite du mariage.

Tous les rituels doivent être toujours accompagné par des mouvements de danse et de son qui jouent un rôle capital de t'interconnexion entre l'être et la divinité: la communication. Entre autre tous éléments où supports constituants sont à la charge du concerné sur qui le rituel doit être exécuté, et qui la source de financier ne soit pas douteuse, et si on a octroyé un prêt, il faut se rassurer nous que cette dette sera remboursée à temps et sans éclat de voix, au cas contraire on n'aura tout fait pour rien.

LES SANTUAIRES

LES SANCTUAIRES SPIRITUELLES FAMILIALES AFFECTENT T'ILS LEUR PROGENITURE?

LES QUATRE ELEMENTS

Définir comme les espaces de mémoire universelle, est ce que un tel lieu familial érigé depuis des décennies par un grand parent aujourd'hui ancêtre peut-il avoir encore une influence sur nous, de nos jours?

Aujourd'hui avec l'aire de la mondialisation et du modernisme, beaucoup refusent d'aller au village à cause des sanctuaires soit disant "sataniques" érigés dans la concession familiale par un parent décédé depuis des lustres.

Ces personnes font partie souvent des nouveaux africains hérétiques convertis qui sont très allergiques à tout ce qui a trait à la tradition et la spiritualité de leurs parents et ancêtres.

On peut les entendre dire " je ne dois plus rien à ces sanctuaires familiales, car Jésus a déjà tout payé pour moi" c'est vie. C'est bien beau de le dire, juste Parce qu'on s'est complètement se connecter de ses réalités. Disent-ils: 'Ces sanctuaires sont des vieilleries, ce sont des croyances anciennes qui ne sont plus d'actualité"

On peut aussi les entendre dire "Je n'ai demandé à personne d'ériger un sanctuaire pour moi, pour que je me sente obligé de l'adorer ou le diviniser..." encore une ignorance Parce que ces lieux servent de support ou canal pour se connecter avec la divinité via l'ancestralité et non adorer ces lieux.

Mais dans leur sommeil ou pendant des prières de leurs prêtres ou pasteurs, ils reçoivent des révélations qu'il y a un sanctuaire dans leur concession familiale érigé par leur parent qui affecte leur vie, et qu'ils ont besoin d'une délivrance. Après la délivrance, la vie des "délivrés" ou du "délivré" devient plus difficile qu'avant. Les choses deviennent plus dures, plus compliquées qu'avant la délivrance. Et la réponse ou l'explication du pasteur ou du prête dans ce cas est que monsieur ou madame "manque de foi" sans même donner la définition réelle du mot foi, qui n'est que l'expression de l'acceptation par son cœur (bīp ntī en langue Bazou).

Un sanctuaire familial encore appelé espace de la mémoire universelle que les autres appellent hôtel est érigé par un ancêtre de la famille, à l'opposé d'un sanctuaire personnel qui doit être enterré avec la personne à son décès, parce-que ce sanctuaire est sensé marché pour lui seul, pour son propre bien, et que personne ne peut y prendre soin que lui seul. Un sanctuaire familial doit rester toujours là, même si l'ancêtre qui l'a érigé et qui en prenait soin est retourné à son originalité. Car quel est la raison pour laquelle cet ancêtre à érigé ce sanctuaire au commencement?

Les raisons sont diverses: Cet ancêtre peut être à la recherche d'enfants en vain, ou la recherche de la guérison d'une maladie incurable dans le village où dans la famille. Ensuite après l'avoir obtenu, il commence à avoir des enfants, et la guérison est au rendez- vous aussi, en cas de maladie alors, l'objectif du sanctuaire est de protéger l'ancêtre et sa progéniture de cette maladie, dans le cas d'infertilité, les enfants nés de cette situation doivent être aussi reconnaissant et consacrés au culte des ancêtres dans ce sanctuaire, car sans le sanctuaire, ils ne sont pas censé naître.

Ces enfants nés avec l'aide du sanctuaire sont plus liés au sanctuaire que leur parent car les parents ne savent pas d'où le sanctuaire a passé pour faire venir ces enfants par l'intermédiaire des parents. Ces enfants doivent leur vie, leur santé, leur richesse, leur protection. Alors s'il advenait que ces enfants ou leur progéniture aussi, commence à négliger ou à refuser de prendre soin de ce sanctuaire, sous prétexte que "Jésus a déjà payé le prix, pour leurs péchés", ou pour diverses raisons, malgré que ce sanctuaire à travers des songes, des rêves, ou des événements étranges, les informe qu'il doivent faire des cérémonies nécessaires (rites traditionnels) pour que tout aille pour le mieux, alors leur vie va finir mal à cause des problèmes qui se succèdent.

L'explication réelle n'est pas que le sanctuaire est en train d'attaquer ces enfants, non pas du tout, mais plutôt la protection du sanctuaire s'affaiblit, et les forces entrent sommeil.

Par rapport au mal de la famille dont l'ancêtre voulait guérir en érigeant le sanctuaire, ce mal reprend surface et agit sur les petits enfants. Alors si le sanctuaire n'a plus d'énergie pour vous protégez ou si ces forces sont endormies, alors naissent des problèmes de santé et de complications que même les hôpitaux n'arriveront pas à résoudre, ou des blocages dans les affaires, et dans tous les projets.

La faute revient à qui alors, au sanctuaire ou à l'être ? C'est uniquement de notre faute parce-que nous n'avons pas renouvelé ton ''antivirus'' ou mieux dire, nous n'avons pas maintenir les énergies en éveil. Nous avons négligé notre support qui nous lie à la divinité.

Tous sortes de virus vont attaquer notre système spirituel, vont nous laisser à mercidu moindre intempérie. Pour connaitre la vérité, allons et faisons régulièrement des rites traditionnels nécessaires dans nos lieux de mémoire universelle et nous verrons que les choses vont se remettre en ordre et avec nos yeux, nous verrons le résultat final.

L'être humain est toujours entouré d'une multitude de vérités qui pour celui ou pour celle qui y croit, peut-être positive ou négative. Mais la tradition seule détient la vérité qui est non négociable, ni à débattre et cette vérité, est notre relation avec notre existence sans aucun préjugé liée à nos valeurs traditionnelles qui nous met en symbiose permanent avec notre moi intérieur, notre environnement, avec notre semblable, avec la nature et surtout avec la divinité via l'ancestralité. Nous sommes nés tradition, nous vivonstradition, et nous retournerons à notre originalité qui est tradition pour y revenir par le canal de la réincarnation qui demeure la tradition ainsi de suite. **Honneur aux ancêtres**

LE CULTE OU MESSE PATRIMONIAL LE SOUHAIT DES ANCETRES PAR LA VOIX DETABANTCHUI

C'est un jour mémorial Ndi' ncœ : Honneur aux ancêtres pour ce jour et honneurau force de nko'fi devenu sacré honneur aux ancêtres pour leur sagesse et leur bénédiction rendons grâce à nos ancêtres SWEGANG disparu dans le fleuve nkwanæ aujourd'hui nko'fi et à la divinité NANA TCHAKOUNTE pour sa sagesse et sa ruse et force etpuissance aux gardiens des lieux. Et ce jour quoi qu'il soit jour interdit doit avoir une nouvelle appellation que je suggère (jour de culte ou messe patrimoniale Bazou de partout dans le monde) et en ce jour nous tous mangerons 7 grains de jujube et en donner 7 grainsà 7 personnes chacun messager des ancêtres.

Mes ancêtres, je vous honore!

Je travaille chaque jour à vivre la rectitudeque vous m'avez laissée en héritage.

253

Dites à ceux qui ne sont pas encore nés, que je prépare leurs voies en marchant avec hardiesse dans les sentiers de la justice.
Mères élevées, veillez sur mes fils!
Pères exaltés, guidez mes filles!
Mes ancêtres je vous honore!
J'œuvre sur ma pierre afin d'en extraire la vive étoile.
je me tiens tous les jours à l'angle de l'équerre afin que les pas qui me mènent à vous soient toujours mesurés.
Mes ancêtres, je vous honore, pour la force tranquille qu'est la famille. Pour la sagesse qui gît dans le silence d'entre les paroles de chaque instant. Pour la beauté du verbe aimer qui est essentiellement communion.
Mes ancêtres, en attendant de me réunir à vous dans la claire lumière sans reflet, je vous honore!
Soyez mon ombre, sachant que je garde le nom de notre lignée sans souillure!
Mes ancêtres, je vous honore!

Honneur aux ancêtres

Honneur aux ancêtres

Honneur aux ancêtres

DE L'ADMINISTRATION TRADITONNELLE

Dans la société traditionnelle africaine, le pouvoir de gestion d'un peuple est régi par des lois qui sont en symbiose avec nos valeurs traditionnelles, je dirai avec notre réalité.

Pendant la période des récoltes, lorsque des villageois amenaient leurs produits au palais aux fins de redistribution, les possesseurs du rituel de prédilection des bonnes récoltes à la prochaine saison s'entretenaient avec les conseillers. Le peuple, au bout du compte, attendait avec impatience les trois jours de célébration du rituel afin de se rassurer pour une saison prochaine de très bonnes récoltes. Ce rituel aujourd'hui, quoi qu'il soit en voie de disparition est baptisé fête de récoltes chez nos frères de la tradition sémite. Mais qui reste dans la mémoire ancestrale comme un festival traditionnel qui faudra le faire renaitre et le promouvoir et le pérenniser. Ceci sera la volonté des gardiens du temple et des défendeurs des valeurs traditionnelles vraies.

Par la sagesse des ancêtres, la stratification socio administrative et traditionnelle des postes de responsabilité, des titres, des fonctions et des castes furent institués. La structure administrative s'établit ainsi qu'il suit:

Le fœh:

Roi / le suprême: propriétaire de toute chose et de tous à l'intérieur du royaume, avait le droit de décider de la vie ou de la mort de chacun de ses sujets, aujourd'hui modéré. Chef suprême des forces armées royales détenant le pouvoir de déclarer la guerre ou la paix, avait le droit de déplacer des populations, le pouvoir d'anoblir et de retirer titre et rang.

Les nkon veh'e: Ce sont des différentes hautes chambres constituantes avec pour membres des grands conseillers et gardiens du royaume détenant le pouvoir d'initier, d'introniser et de déposerun Roi.

Le tãfœh: Premier Ministre/conseiller du roi surtout celui-là qui initie le roi.

Le mbœ cɥibuə: l'adjoint au roi celui avec qui le roi passe l'initiation (il pouvait y avoir plusd'un adjoint)

Le mekep: Conseiller politique du Roi

Le kēp lag: Ministre de la défense/commandant en chef

des forces armées royales, choisi parmi une multitude sous le seul vouloir du roi.

Le porte-parole du roi et de ses conseillers. Choisi parmi les notables du roi, Il annonçait les décisions et les affaires du royaume.

Chef des serviteurs en charge de l'approvisionnement du palais en denrées alimentaires (c'était habituellement une reine). Dans une chefferie traditionnelle où il y'a plusieurs femmes, il y'a trois types de femmes à qui le roi confie sa nourriture à savoir :

La femme qui ne fait que des filles car, elle n'envie pas le trône et souhaite que le roi vive longtemps pour ses filles.

La femme stérile, celle qui ne fait pas d'enfants, et qui fait du roi son enfant chéri et son espoir car son décès est une grande perte pour elle.

La femme qui a encore des petits enfants car elle doit assurer l'avenir et l'éducation de ses enfants.

Le roi se nourrit de tout mais pas à tout moment ni en tout lieu. Comme disait grand-mère ; le nouveau taro ne se mange pas sans des rituels spéciaux. Honneur aux ancêtres.

Les Nobles de la cours Royale brillant par leur dévouement

Le surveillant du temple. Grand vassal qui supervisait les terres et propriétés du royaume

Le chambellan du roi. Choisi par le roi après une enquête de moralité

Le mbœ. Prince/noble généralement en charge de village

ou chef de famille également. **Le chef d'un village** vaincu et assujetti par le Roi, celui qui veille à ce que les valeurs traditionnelles de chaque territoire vaincu soient respecter et pérennisées.

Le cio' fœh: Serviteur du Roi

Le nkēn: L'esclave.

Cette structure administrative crée par la sagesse et la ruse des rois fondateurs resta en vigueur jusqu'au début des années 1900 avec l'invasion occidentale. Mais cette administration traditionnelle par le vouloir du roi peut l'élargir ou créer des d'autreschambres tele que :

Les sociétés secrètes : chacune dans ses fonctions régaliennes. Le principe traditionnel voudrait que l'identité d'un membre ne soit connue que par un membre de la confrérie uniquement.

Le conservateur du musée. La bibliothèque culture et traditionnelle : Lieu par excellence où toute personne qu'il soit du royaume ou pas viendra se ressourcer par la lecture et recherches, l'étude de nombreux objets d'art présents, et toute adhésion sera fait par souscription d'un abonnement hebdomadaire, mensuelle ou annuelle ; et l'accès sera fait sous présentation d'une carte de membre. Et ici tout chercheur pourra déposer le fruit deses recherches.

Le conseil des princes et princesses

La chefferie comme institution traditionnelle a besoin d'un roi fort à travers les conseils de ses fils et filles de la dynastie, cas un fils ne pourra jamais trahir son père disait ma grande mère.

Le conseil des notables : Le principe ancestral voudrait qu'aucune personne ne sache le nombre exact des notables d'une chefferie, seul le roi en détient le secret

Cette chambre doit être présidée par un Président nommé par le Roi, qui à son tour formera un bureau ou une équipe de gestion constitué de :

- 01 président et son vice

- 01 secrétariat constitué de 02 membres

- 01 chargé de protocole pour des cérémonies traditionnelles présidées par le Roi (sortie du Roi)

- 04 à 10 conseillers permanents

Tribunal traditionnel constituant

Cette chambre traditionnelle a pour siège le palais royal et a ses différents sous siège dans les régions et à la diaspora gérée par le conseil des notables tout sous la supervision et l'autorité du Roi et chaque chambre serait constitué au moins de 06 juges traditionnels en même temps conseillés.

Tout ceci pour éviter qu'entre fils et filles d'un royaume qu'aucun problème ne soit traduit au niveau des commissariats ou d'un Tribunal administratif.

DE L'ACCULTURATION

C'est un concept qui permet à tout être humain à travers un peuple d'assimiler sa culture, sa tradition, sa spiritualité authentique à celles des autres, ou des personnes et peuple étrangers à nos mœurs.

Ce processus rythme avec une symbiose ou une fusion des différences et divergences, voire des diversités pour pouvoir vivre dans un environnement sur l'horizontal : ce plan qui consiste ou instruit l'égalité' totale dans nos diversités culturelles, traditionnelles et spirituelles, tout en respectant les notions du temps et de l'espace qui sont liés aux forces de la nature, avec chacun en soi la culture de la volonté de bien faire qui est la propriété des lois, des devoirs et des libertés. Honneur aux ancêtres.

Dans nos relations socioculturelles, ce concept nous permet à éradiquer un grand nombre de maux qui ont toujours miné notre société, tout en se mettant en accord parfait que le créateur est unique et il n'y a point d'autre divinité que lui qui est principe universel, mais tout commence à aller en dérive quand l'intelligence hérétique s'est mise au-devant avec l'adoption des mauvaises lecture et mauvaise interprétation et l'esprit de domination et d'exploitation de l'autre qui ont empêché une certaine classe de croire et d'accepter que, bien que Dieu soit unique, il existe une multitude de manifestations de ce Dieu, chacun selon sa culture, sa tradition et sa spiritualité de donner le nom à ce Dieu chacun selon sa langue et sa manière de la concevoir selon ses mœurs.

En nous penchant sur ce concept de l'acculturation, il serait bien de noter cette ère de pensé qui a pris la maxime individuel pour en faire un principe universel: la discrimination, l'esprit de la supériorité afin d'élucider le mal qui semble être simplifié, mais très profond au point d'être la cause première et cachée des conflits de toutes natures qui a affecté plus l'être dans son moi profond, son corps et son esprit qu'on ne peut l'imaginer.

Dans nos relations ethnolinguistique, les mauvaise approches et d'orientations dela civilisation nous ont fait croire que : être analphabète c'est celui qui ne sait ni lire, ni écrire les langues qui ont été imposées à un peuple par la colonisation et l'esclavage, et ceux qui nous l'ont imposée, quand il ne comprend rien de notre langue véritable transmise par nos ancêtres la baptise de patois ou du charabia : nous disons non à ça, car toute les langues, se valent peu importe sa représentation sur le plan internationale, comme disait l'illustre roi des Bazou sa Majesté Nana Tchakounté en 1934 quand les étrangers sont venu imposer un style de vie : je le cites« **toutes les langues servent à communiquer** » et nous parlons et écrivons le **gõ zē** la langue du peuple Bazou dont : nous sommes des lettrés. Nous sommes bilingues parce qu'en dehors du **gõ ze** nous parlons et écrivons aussi bien le français.

En portant un jugement à l'éthique, quand l'africain dans sa spiritualité utilise la sagesse ancestrale pour communiquer et recevoir ce qu'il a besoin de la nature et de la divinité, et aussi de guérir, les autres le taxent de sorcier ou de l'acte de la sorcellerie alors qu'à leur tour ils font pareil juste en se renfermant dans une chambre appelée laboratoire avec les mêmes éléments de la nature, mais quand ils sortent de là ils appellent ça science.

Y a-t-il une différence entre la sorcellerie qui pourtant n'existe en aucune langue africaine et la science dont ils ont la prétention d'être les détenteurs ? Nous disons non et il faut que la manière de penser et juger change.

Quand nous abordons le domaine de la tradition, dans le monde il n'existe que deux, Kamite (africaine) et Sémite (islam, christianisme, judaïsme) et ce mot tradition est devenu pour les Sémite un mot négatif qu'ils ont remplacé avec un mot imaginé qui est : la religion et comme par hasard n'existe nulle part ni dans le coran , ni dans la bible et encore moins dans la thora Mais quand il s'agit que les africains se mettent en connexion avec la divinité à partir de rituels propres à sa tradition, ils sont taxés d'incantateurs mais quand ils (sémites) font pareil, alors ils parlent de prière : de qui se moque-t-on à cela, nous disons et que cela cesse.

Par le canal des rituels de la succession par voie initiatique se font, les africains disent qu'il y'a une réincarnation mais les sémite le traitent de diabolique et en même temps ils croient à une résurrection certaine : de qui se moque-t-on à cela nous disons quecela cesse.

Quand bien même les africains invoquent et croient aux forces et à la présencedes ancêtres qui intercèdent pour eux au prêt de la divinité, les autres leurs dit : « ce sont des morts faut pas y croire car ils sont mort » mais au même moment ces détracteurs invoquent les saint dans leurs prières ; la question est celle de savoir s'ils sont vivants ou morts ces soit disant saint qui ne sont érigés par les vivants au rang des saints que par le rituel de la canonisation alors de qui se moque t'on : il faut que cela cesse, car quel que soit la voie utilisée, divergentes ou pas, tous veulent atteindre le même but : Dieu.

Cette fourberie a plus pris corps quand l'africain dans ses rituels a été taxé de pratiquant alors que ceux la faisant la même chose se sont érigés en religieux un mot dérivé de religion qui ne se trouve comme nous l'avons dit plus haut ni dans la bible, ni dans le coran en bref la religion n'existe pas mais la tradition existe car il se trouve dans tous les livres sacres.

L'africain depuis la nuit des temps a accepté de porter le nom des autres qui est devenu pour eux un prénom, connaissant la charge et le degré de vibrations qu'émet un nom qui nous identifie, on met en éveil permanent l'égrégore des autres. La question c'est : est ce que les autres (entre autre ceux de la tradition sémite accepteront un jour porter les noms africains pour en faire autant pour nos ancêtres ? nous disons non mais pas impossible et il faut que cela se fasse pour honorer le concept de l'intégration par la diversité. Honneur aux ancêtres.

L'Afrique a inventé ou conçu le système de la gestion économique par le canal des tontines sur lesquelles la grande Bretagne et les autres ont copié le modèle pour en retour taxer l'Afrique de pays sous développé; en allant plus loin tous les systèmes parlementaires, et juridiques ont été copiés sur le modèle africain par le canal des hautes chambre consultative traditionnelles qu'aujourd'hui sont taxées et identifiées comme des sociétés secrètes et pour nous africains cela pose un problème ; et après avoir copié nos valeurs traditionnelles africaines, ils ont fondé et érigé des royaumes occidentaux sous le model des empires tels que l'empire Songhaï Gao, le royaume Bamoun, le royaume Bazou etc. et ont nommé leurs dirigeants des rois et nous ont imposé des noms de chefs supérieurs à nos roi   mais non car il n'existe pas de chefs supérieurs encore moins des chefs inférieurs, mais ils existent en Afrique des ROIS : nous citerons comme exemples : Sa Majesté **SOKOUDJOU Jean Rameau** roi des Bamendjou, Sa Majesté **TCHOUA KEMAJOU Vincent** Roi des Bazou, Sa Majesté **NANA Flauberd** roi des Batchingou, Sa Majesté **TCHOMGANG Georges** Sa Majesté **kemajou II Roger :** Roi des Bamendjou, Badrefam, Baou, Batchingou et Bahouoc sont des royaumes de l'Afrique au Cameroun et plus précisément dans la région de l'ouest. **Honneur aux ancêtres.**

Ce concept de l'acculturation qui pour l'Afrique et pour la communauté internationale est la voie par excellence pour pouvoir enfin réactiver la positivité des esprits humains, les éveiller et aussi une prise de conscience collective afin de voir comment gérer les diversités, le vivre ensemble, le brassage des cultures et traditions à travers les mariages inter ethniques, intertribaux, intercontinentaux : la culture de soi et en soi quel qu'en soit ces valeurs ancestrales voudrait que partout où on se trouve, on est chez soi : mais une reconnaissance de soi s'impose par la maitrise de son propre histoire, et non de faire gober que nos ancêtres n'avaient pas d'histoire si on veut se référer de la définition bancale de l'histoire qui est définie comme suit :

L'histoire est la connaissance du passé basé sur les écrits depuis l'invention de l'écriture jusqu'à nos jours » comme pour dire nos ancêtres puisqu'ils n'ont pas eu d'écriture, n'ont donc pas d'histoire : à ça nous disons non et non car l'Afrique a eu l'histoire la plus authentique de l'univers bien qu'elle n'était pas écrite, elle était et a été toujours transmise par voie orale qui reste et demeure la meilleure des transmissions Honneur aux ancêtres.

Tout peuple qui a abandonné sa tradition, sa croyance, et sa spiritualité authentique pour adopter celles des autres par snobisme devient soit un esclave ou est amené à disparaitre.

Un peuple qui reste sceptique et calé seulement dans ses valeurs originelles sans jamais vouloir s'ouvrir au monde de la diversité, est semblable à un éternel nouveau-né dont la mère lui donnera toujours les seins à sucer, et restera renfermer pour se transformer en un danger pour lui-même.

Un peuple qui ne s'identifie en rien, c'est-à-dire, ni par ces valeurs originelles, ni par celles des autres est un peuple sans vie et inexistant.

Tout peuple qui vit la diversité et fait encrer cette diversité dans ces mœurs et associe ses valeurs traditionnelles, culturelles, et spirituelles a celle des autres est un peuple éclairé, un peuple fort et plein d'atouts de développement sur tous les domaines, nous dirons un peuple béni d'où ce compte de l'acculturation. Chaque peuple devrait concevoir ces logiques ou principes de vie dans ses valeurs pour vivre un monde présent, future dans la paix, l'amour, et la bénédiction de la divinité.

Vive l'univers et les forces de la nature, vive les êtres humains chacun dans sadiversité, et dans la cohésion sociale.
Honneur aux ancêtres

DU CONCEPT DE L'ACCULTURATION A LA MAUVAISE COPIE POLITIQUE ET HABITUDE ETRANGERES

LE SERVICE

Nous avons tant utilisé les langues des autres à un niveau où cela nous a désorientés et éloigné de nos valeurs, de telle sorte que l'Afrique a tout abandonné de ce qui est cher en lui pour adopter la culture des autres par snobisme. Et c'est l'une des causes les plus criardes qui a poussé notre tradition prés qu'à la dérive, je dirais même au fond des abîmes.

Mais il faut noter qu'aucun peuple ne peut évoluer ni s'épanouir sans son histoire véritable et cette histoire faite par les hommes dignes de justice et d'honnêteté et pleins de sagesse. Ces failles ont ouvert le vortex et accéléré l'invasion occidentale à instaurer non seulement leurs religions pour réduire à néant la civilisation, la tradition et la culture africaine. Ils ont réussi à formater le cerveau des africains pour y en mettre un enseignement qui n'est pas en synergie avec leurs réalités par le canal d'un système politique bien fait de leur côté, mais mal ficelé et mal copié au niveau de l'Afrique tout cecià cause de quoi, je n'en sais rien, mais grand-mère me disait toujours que c'est le langage incompris par lequel le message était divulgué qui est l'un des tares. Car ce que tonpasteur ne te dira jamais; que La religion est un cadeau empoisonné offert à l'Afrique afin de la maintenir dans l'ignorance et l'éloigner de sa spiritualité basée sur les valeurs traditionnelles, c'est-à-dire toujours se connecter aux ancêtres, qui mène à la supra science et surtout maintenir l'africain en captivité morale et psychologique. Après avoir subi les conséquences de la religion durant le Moyen-âge, les occidentaux savaient pertinemment que cela pouvait être une arme utile pour la néo-colonisation des peuples oppressés et conquis sur le sol Africain. En plus de rendre docile et soumis un sujet colonisé, la religion et la politique mal copiée sont des obstacles à la supra science (la connaissance ancestrale), au développement et donc au progrès. Car Elles paralysentl'analyse et la faculté qui permet d'inventer des concepts et de développer des raisonnements rationnels.

Mais avant d'aller plus loin, j'invite mes contradicteurs noirs et chrétiens ou musulmans à méditer sur cet extrait du discours du roi de la Belgique (Léopold 2) aux missionnaires en destination pour l'Afrique. *«Le but principal de votre mission au Congo n'est donc point d'apprendre aux Nègres à connaître Dieu car ils le connaissent déjà (...) Évangélisez les Nègres à la mode des Africains, qu'ils restent toujours soumis aux colonialistes blancs Qu'ils ne se révoltent jamais contre les injustices que ceux-ci leur feront subir. Faites leurs méditer chaque jour.»*

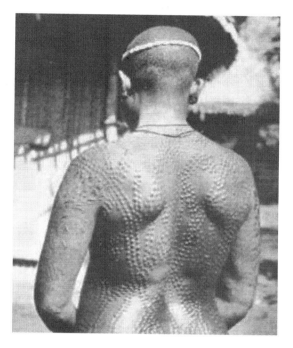

Les Africains devraient comprendre qu'aucun serpent n'inocule pas son venin sur une proie pour la sauvée, mais pour l'anéantir. Beaucoup de noirs chrétiens et musulmans affirment que c'est en terre chrétienne et islamique (chez les blancs) que la science a pu s'épanouir. Il faut d'abord souligner que la science est née en Afrique, puis s'est développée en Grèce avant de s'étendre en Chine et en Inde sans l'aide de la thora, de la bible ou du coran. L'Europe a commencé à développer les sciences qu'a partir des 15e et 16e siècles en copiant le modèle africain avec les fractales, après sa rupture avec l'église qui la plongée dans l'obscurantisme durant plus de mille ans.

Ce n'est qu'à la période dite de la Renaissance que

l'occident redécouvre la philosophie et les autres sciences extorquées aux Africains de la période pharaonique par les Grecs. Et pour cause, la religion importée n'est basée que sur la croyance de ce qui ne peut être prouvé et ignore ce qui peut être prouvé, et d'appui sur l'idéologie d'un individu. Alors que la cosmologie de nos Ancêtres est basée sur la connaissance rationnelle, méthodique, objective et communautaire. Voilà pourquoi contrairement aux africains qui se servaient des mathématiques comme méthode exacte et rigoureuse d'investigation de la "nature" afin de découvrir tout ce qui existe mais qui est caché, les Hébreux eux n'ont réalisé aucune invention ou découverte et leur littérature n'a apporté à l'humanité aucune contribution sur le plan, de l'élévation de la pensée, morale, et sociale. Les Juifs croyaient que la terre était plate et qu'elle était au centre du monde alors que les Grecs qui avaient hérité des travaux égyptiens avaient établi la sphéricité ainsi que l'héliocentrisme. Les Hébreux croyaient que la maladie était des possessions du diable et que l'âme était dans lesang ...

Pendant des siècles la religion dite révélée a longtemps méprisé la science parce qu'elle était dite "païenne". L'un des plus grands crimes de la religion chrétienne fut l'incendie de la bibliothèque d'Alexandrie en Afrique par les brebis égarées d'un certain "Jésus». L'humanité perdit alors à tout jamais un trésor de supra connaissances inimaginables et d'une valeur incommensurable. Durant des siècles les religieux et leur conception de la bible ont imposé à la science un énorme retard. Si la religion pouvait réellement être utile à l'homme noir, Ils l'auraient soigneusement gardé pour eux comme ils le font quand il s'agit de formule sur les technologies de pointe. Le poison est dans les fruits et sans une révolution culturelle et traditionnelle, aucun progrès ne sera possible pour Afrique.

COMMENT SORTIR DE CES DÉRIVES

Grand-mère, toujours elle disait pour mieux vivre dans son corps et dans son esprit, il est faut vivre dans la vertu, être en bon terme avec son entourage, toujours être en symbiose avec la nature, avec son environnement, avec son moi intérieur, avec ses ancêtres tout en restant en phases avec ses réalités et son originalité.

Mais cela ne nous empêche pas à copier ce que l'autre fait, mais le copier bien et positivement pour ne pas s'éloigner de ses valeurs culturelles et traditionnelles. Bien vivre, c'est accepté les autres chacun dans sa diversité culturelle et traditionnelle, sans esprit de domination avec cette prétention que c'est que l'on fait qui est bien, mais non tout est bien, seule la manière de les aborder peut le transformer en mal. Maîtriser le langage de la nature c'est devenir le maître de son univers. Hommage à toi Mãɲi Ngantchui. Sacrée grand-mère.

DE LA VIE DES QUELQUES ROIS EXEMPLAIRES
LE ROYAUME

BAMENDJOU ET SON ROI

FO SOKOUNDJOUJEAN RAMEAU

Sa Majesté **SOKOUDJOU Jean Rameau** roi des Bamendjou 65 ans de règne. Un Roi des pays bamilékés digne et est une référence. Sa voix est à l'image de son imposante carrure athlétique ; forte et puissante. Du haut de ses presque deux mètres et de ses 120 kg, Sa Majesté SOKOUDJOU Jean Rameau aurait pu être à la fois basketteur, videur ; volleyeur … En effet, ce physique impressionnant lui aura permis de passer par beaucoup de sports dans sa jeunesse, avant d'être arraché à l'âge de 13 ans de la quiétude de l'enfance pour succéder à son père le 26 Décembre 1953. Jean Rameau SOKOUDJOU n'est pas seulement un éminent gardien des traditions

271

bamilékés, C'est aussi un mythe vivant. Un personnage singulier, qui étonne par la fraicheur de son allure, la vivacité de son regard et la vigueur de ses gestes. Les circonstances de sa venue au monde résonnent aujourd'hui comme des prédictions d'oracle.

C'est en effet très singulièrement qu'il arrive à la vie. Il passe 13 mois dans le ventre de sa mère contrairement au 9 mois ordinaires. Comme si les anneaux avec lesquels il nait sur les bras ne suffisaient pas à être les préludes d'un destin singulier. Le jour de sa naissance, il faut encore qu'un chasseur Bamendjou capture une panthère dans le village. C'est dire si la providence s'acharnait à enfoncer les portes ouvertes des signes annonciateurs d'un thaumaturge.

Les gardiens de la tradition tout comme les sujets éclairés de la chefferie, avaient déjà lu la naissance d'un Roi et garderaient ces signes secrets… Faut-il parler de quiétude pour cet homme qui à l'âge de 7 ans a fait le trajet Yaoundé-Douala-Yaoundé à pied plus de 600 km de marche puisqu'au retour? Il s'arrêta à Akono, petite bourgade située à 40 Km de Yaoundé où il est recueilli par un cheminot retraité, Simon Atangana chez qui il apprend la langue Ewondo, une des langues de la région. Après une régence de prêt de 10 ans et les rites initiatiques du la'akam (noviciat traditionnel), celui que l'on appelle ''FO'O SOKOUDJOU LE REBELLE'' traine aujourd'hui 65 ans de règne à la tête de la chefferie Bamendjou, dans la Région de l'ouest Cameroun, une région hautement traditionnelle. Entre temps, il aura connu les geôles coloniales au cours des luttes d'indépendance des années 1950 ; reçu par le pape Pie XII, en 1970 il inventa la constitution des cases en tôles coniques bamilékés inspirés des Donjons du Louvre à Paris…

Dans une des ailes de son imposant palais, il possède un important musée ou en photos, par des objets d'art, des cadeaux, on peut également revivre l'histoire du Cameroun des indépendances à nos jours. Un musée où on retrouve des photos rappelant les émeutes ayant déclenchés la guerre d'indépendance le 25 Mai 1955 à Douala, aux côtés d'Um Nyobé, Félix Moumié (deux nationalistes assassinés). Quant au jeune SOKOUDJOU, déjà chef traditionnel en pleine régence, il traversa le pont du Wouri. Dès 1957, il sera mis en résidence surveillée par un détachement de l'armée française, jusqu'en 1959, avant d'être transféré à la prison de Bafoussam où il passe 18 mois.

Né en 1938, il aura donc vu, très jeune, mais de l'intérieur, le Cameroun arracha son indépendance sous la pression nationaliste à laquelle il apporta du sien; comme il vit aussi le pays s'ouvrir au pluralisme politique en 1990. L'immense personnage reste aujourd'hui un observateur averti de l'actualité camerounaise et panafricaine. C'est que celui qui en 1959 continuait à suivre des cours par correspondance de l'institut des sciences politiques de Paris du fond de la prison centrale de Bafoussam, est devenu au fil des années et de ses prises de positions audacieuses, un leader d'opinion, au-delà de sa stature de chef traditionnel, de grand opérateur économique et paysan. Apolitique aux prises de positions incendiaires et politiquement incorrectes, il dit son pouvoir venir de Dieu et se prolonge dans la confiance de son peuple. Comme il le dit souvent selon son entourage, la démocratie serait Bamendjou !

Je ne pourrai pas finir sans le citer par rapport à l'actualité sociopolitique de 2018 au Cameroun, et je le site avec beaucoup de fierté: "Notre peuple à trop souffert durant l'indépendance, j'ai été sur résidence surveillée durant 4 ans après un emprisonnement. Nous étions une centaine à être déporté de partout pour une prison coloniale dans la Menoua, et tous ont été exécutés par les barbares qui occupaient nos terres. J'étais le seul rescapé. Notre objectif était de nous libérer, et c'est ce qui a été fait, l'indépendance malgré les filouteries. Le rôle que j'ai joué étant chef, très jeune, est un rôle central, et plusieurs vrais chefs ont joué le même rôle pour la liberté et la conversation de nos us et coutumes.

Une pensée pour ces milliers de frères et sœurs qui, dans la douleur ont versé leur sang pour nous, pour vous. Que leur Nka'h soit à jamais vivifié. Aujourd'hui je suis surpris que certains n'ont jamais tiré de leçon, soit ils sont malhonnête soit ils ont perdu la conscience historique qui devrait pourtant nourrir notre engagement vers la construction d'une société plus juste et équitable, comme l'étaient nos sociétés d'avant l'envahissement. La **MAÂT** qui fonde et guident notre société devrait être urgemment restaurée. Nous ne pouvons pas, après autant de souffrance arrivé à jouer avec notre destin.

La guerre n'est pas une bonne chose, surtout quand elle n'est pas la volonté réelle et intérieure d'un peuple. Si une guerre est provoquée par des esprits malins, elle ferra des milliers de morts sans pour autant résoudre un problème. Travaillons sans relâche pour remettre les fautifs à l'ordre, usons de tous nos possibilités, sagesse et intelligence pour y arriver car une solution armée, je connais étant témoin, n'est jamais la bonne. Cependant, condamnons toute violence d'où qu'elle vienne, puisque dans la culture africaine, un mort c'est toujours un mort de trop. Il n'existe aucune raison pour tuer. Le rôle d'un leader est d'unifier, de pacifier et de bâtir. Et une société ne se bâti que par un leader visionnaire et un peuple travailleur. Refusez aussi d'écouter le peuple, c'est pousser le peuple à la révolte. Depuis le palais royal de Bamendjou, je vous passe mes salutations les plus distinguées. Recevez toute les ondes positives que nous transmettent nos ancêtres, qu'ils nous guident vers le chemin juste. Signé : **FO'O CHEDJOU II SOKOUDJOU**.

ROYAUME BANDREFAM ET SON ROI

Sa Majesté **JIEJIP POUOKAP Joseph** de Bandrefam dans le Koung-khi (Ouest-Cameroun) 2ème Roi le plus ancien des Grass Fields (1956-2018).

Dans l'histoire du peuple Bandrefam, le 23 janvier demeure dans la conscience collective, une date ordinaire, un jour pas comme tous les autres jours, car il s'agit d'une date mémorable. En effet le 23 janvier 1956 est le jour où il accédait au trône à Bandrefam âgé de 24 ans. Il se nommait JIEJIP POUOKAP Joseph. IL remplaçait alors à cette place son père **Fo Ngemdjop Kouenang**, jusque-là Roi des Bandrefam.

62 ans après, il faut bien s'arrêter et revisiter le parcours d'un homme hors du commun qui dès sa prise de pouvoir n'aura pas le temps de se reposer et d'organiser son peuple pour exercer son pouvoir qui n'est qu'un don du Très haut. Des problèmes internes et externes à Bandrefam le pousseront à vouloir tout abandonner, mais en homme endurant il voudra y aller jusqu'au bout. Il fera face dès les premiers jours à l'adversité de plusieurs de ses frères de sang qui revendiquent à leur compte le pouvoir laissé par « Papa».

Il n'en aura pas encore fini qu'il affrontera les élans expansionnistes de ses « fils » Batoufam et Bangoua qui voudront à tout prix envahir Bandrefam pour le vider de ses fils et filles et occuper les lieux. Ils passeront par des complicités et feront entendre faussement à l'Administration coloniale française qui réprime à ce moment toute velléité indépendantiste dans les Grass Fields, que Bandrefam est un sanctuaire « indésirable » et que le chef supérieure Bandrefam cache dans son village et alimente des groupes de « Maquisard». Conséquence, une troupe de Commandos de l'Administration coloniale française fera une descente musclée à Bandrefam un jeudi, jour du marché (Tôhkouock) et surprendra Sa Majesté en pleine concertation avec sa population. Cela sera considéré comme une session de formation des Maquisards. Ils seront tous conduits de force de Tôhkouock (Place du marché jusqu'à la Chefferie supérieure en compagnie de Sa Majesté. Il sera bastonné, insulté et humilié devant ses hommes, ligotés et sans voix ni force pour défendre leur guide. Au cours de cette opération du 29 mai 1961, Bandrefam perdra 70 de ses valeureux hommes qui seront brûlés vif sur la place de la chefferie, sous le regard du Roi affaibli par les coups des militaires français. Comme quoi il aura vu des vertes et des pas mures.

La chefferie sera incendiée et le chef déporté à la prison de Dschang (capitale régionale de l'époque) où il passera 4 années sans être jugé, mais à la fin, il sera jugé « non coupable » des faits qui lui étaient reprochés. Ces faits avaient trait à une tentative de déstabilisation de l'Etat en relation avec une entreprise terroriste, les maquisards étant considérés comme des terroristes.

Pendant les années de prison de Sa Majesté, le peuple Bandrefam sera déboussolé, et ira d'exil en exil. De Dschang (où le Roi se trouvait emprisonné) à Bandjoun, en passant par Bafoussam et plus tard Bangou sans oublier les villes du Moungo (Manjo, Nkongsamba, Loé, Loum), Kouoshi (Bandrefam) se verra vidé de sa population. Pendant ces temps difficile, Kouoshi deviendra comme un champ abandonné où devait régner une anarchie sans pareil. Les commanditaires de ces complots en profitent pour glaner des hectares du territoire, conséquence de la petitesse de ce village. Pendant la même période, Sa Majesté perdra une de ses tendres épouses, la reine-mère qu'il aimait tant; celle avec qui il traversa la période difficile des 09 semaines de la'akam (Initiation). Elle s'appelait **Ngueup Joue Sah.** Une femme qu'il n'a d'ailleurs jamais oublié, car elle était la première.

L'histoire de cet homme à la bonne mine; fédérateur et toujours paisible tel un homme sans problème est long, passionnante et parsemée d'embûches. La raconter entièrement ne pourra être que le fait d'un écrivain chercheur qui s'y engage. Il est l'incarnation de l'espoir pour toute une génération d'hommes qui veulent vivre sainement et vivre plusieurs époques.

A 86 ans sonnés, né vers 1932 à Bandrefam, de Feu **Mefô Wété Martine** décédée en 2001 à l'âge de 103 ans et Feu **Fô Nguemdjop** 103ème Roi de la Dynastie Bandrefam, Fo Pouokap est aujourd'hui l'incarnation de toute une histoire, une bibliothèque à consulter très régulièrement, une source de vie bref un homme qui a créé des intelligences autour de lui et qui l'ont aidé à faire avancer son village. Il est l'un des derniers parmi les plus grands remparts qui ont marqué l'histoire des peuples Grass Field. Le second après FO SOKOUDJOU de Bamedjou qui a réussi cet exploit de 65 ans de règne en cette année 2018. C'est dire que l'espoir est permis pour toute personne qui marche sur la voie tracée par Les ancêtres et qui est prêt au sacrifice de soi pour faire vivre son entourage. Au moment où nous avons encore la force de le faire, disons, chantons, élevons nos voix, menons une action positive en direction de ce roi et crions: la terre de nos ancêtres en a fait en roi, il s'en est allé en cette année 2018.

Il a tracé une très bonne voie pour son royaume avant de retourner à l'ancestralité en laisse comme héritage, Sa Majesté **TCHOMGANG Georges** qui a pris le destin du royaume en main depuis février 2018. L'immortalité et longue vie à Sa Majesté; vive l'Afrique traditionnelle.

ROYAUME BATCHINGOU ET SON ROI

FO NANA ANDRE FLAUBERT

La chefferie Batchingou est une monarchie qui existe depuis le seizième siècle. Plusieurs chefs ont succédé au trône de cette chefferie. Ce groupement de 6 villages doit son nom dans son rôle joué dans la protection des droits de l'homme en offrant refuge et assistance aux persécutés et aux opprimés. Batchingou veut dire "terre des hommes de décision". Leur éloge est Tankoua qui signifie protecteur des faibles ou plus précisément "père des esclaves.

DYNASTIE BATCHINGOU

1-TCHANSE 1570-1612

2-NASSOCK 1612-1658

3-NEUTCHOU 1658-1713

4-LECKSSACK 1713-1763

5-PANGANG 1763-1764

6-TCHIEKAK 1764-1799

7-TCHIENGANG 1799-1834

8-WOUGANG 1834-1874

9- TCHIENGUE. 1874-1919

10-   NGONGANG Salomon.1919-1959

11-   KEPGANG Mathieu.1959-1982

12-   NANA André Flaubert.1982- jusqu'à nos jours.

Sa Majesté NANA André Flaubert 12e monarque de la dynastie accède au trône en 1982 plus précisément le 4 décembre: Il vient avec une autre vision, bien qu'il soit sur les traces de ses ancêtres, décide de transformer et de reconstruire la chefferie Batchingou avec ses soucis de l'ouvrir au monde moderne, tout en restant encré dans les valeurs traditionnelles. Sa Majesté NANA André Flaubert est un monarque qui sait écouter, très ouvert, très attentionné, accueillant, hospitalier, je dirais même qu'il est un exemple à suivre et surtout c'est un roi pas facile à corrompre. Sa Majesté dans sa mission reçue via une très bonne initiation, s'est donné pour mission d'être le défendeur des valeurs traditionnelles et surtout celui-là qui a rénover sa chefferie avec une structure visible à l'œil nu et parle d'elle-même et qu'on peut en écrire toute une histoire. Je rends un vibrant hommage à ce monarque qui ne garde jamais sa langue dans sa poche surtout quand il a le sentiment que sa tradition est en voie d'être bafouée car son slogan est : **" touche pas à ma tradition"**.

Il est aussi celui-là qui reste et demeure l'un des symboles vivants de la valorisation, la préservation, la protection et de la promotion de nos valeurs traditionnelles et culturelles en milieu jeune dont moi-même Tabantchui je suis non pas seulement un de ses fils, mais aussi l'un de ses admirateurs. Un roi plein d'expériences comme il l'a toujours dit, je le site : " je suis un bâtisseur je crée moi-même mes projets et fait moi-même mes dessins et les réalise, je suis entouré de braves fils que j'ai moi-même encadrés et formés. " A partir de ses œuvres, il est une idole, une référence, in exemple pour la jeunesse.

Ce grand homme très humble a beaucoup de qualités mais qu'en aucun moment ila usé de sa casquette de roi pour un fait valoir, quel que soit ce qu'il a à réaliser. Seuls ses efforts, ses capacités, sa volonté de bien faire et surtout son amour pour sa tradition font de ce monarque un très grand homme grâce à ses grandes qualités que certains êtres ne possèdent pas. Longue vie à Sa Majesté et que les ancêtres t'illuminent plus et te donne plus de sagesse. Paix et bénédiction sur toi. **Honneur aux ancêtres**

ROYAUME BAZOU ET SON ROI

FO TCHOUA KEMAJOU VINCENT

TCHOUA KEMAJOU Vincent devient roi depuis 1984. Sa Majesté TCHOUA KEMAJOU Vincent succède à son père à l'âge de 30 ans, il est aujourd'hui sur les traces de ses pères.

Maire de la commune de Bazou de 1985 à 1990. A sa sortie du la'akam, il lance la reconstruction de la Chefferie Supérieure Bazou incendiée le 10 janvier 1960. Il Programme, organise et lance le festival traditionnel du Nzu'h bĭgūp 2016 qui était entré dans les oubliettes depuis 1953. Il se propose de restituer les valeurs traditionnelles perdues tout en modernisant le royaume. Un roi très riche en idées, ceci s'est toujours remarqué dans ses discours lors de ses sorties officielles, et je m'interroge tout comme la majorité du peuple Bazou, et ma question c'est:

Pourquoi ses beaux et édifiants discours ne sont pas en adéquation avec lesréalisations? Il est très simple de répondre à cette question d'autant dire qu'il est visible que quoique le roi soit et demeure l'un des rois les plus aimés et adorés par son peuple, mais les forces des ancêtres me permettent de dire qu'il est très mal entouré, mal conseillé, je dirais même celui-là qui se fait tromper par ceux à qui il fait confiance.

Car Sa Majesté TCHOUA KEMAJOU Vincent est un roi très accueillant, attentionné, hospitalier, mais une fois seul on a toujours l'intention qu'il oublie complètement ce qui lui a été dit et proposé; je dirais pour ne pas citer ma grand-mère qu'il est pris en otage par une minorité de personnes qui bravent par le culte de l'égo et de l'égocentrisme qui mafoi, j'ai bien peur que cela soit une religion dans le royaume Bazou: qui est un frein pour le développement. La vertu morale est celle qui s'applique à soi-même. La connaissance n'empêche pas de se faire tromper, si non tous les docteurs et professeurs seront des vertueux. Savoir être dans la civilité et la grandeur n'empêche pas de prendre en compte tout ce qui est dit et propose sans égarement dans la classe sociale. Le roi des Bazou dans une de ses échanges déclare : je le cite ; je suis apolitique, je suis un roi heureux, un roi comblé, j'ai un peuple qui m'aime et que j'aime, je suis un roi qui possède tous les atouts pour développer mon royaume, mais je ne vois rien se dessiner à l'horizon qui fait trait à une ascension, alors qu'est ce qui n'a pas marché et qu'est ce qui faut faire pour bouger les choses.

Alors que faire pour sortir Bazou dans cette situation et que le royaume et son roi et aussi son peuple véritable retrouvent ses lettres de noblesse qu'avait toujours incarnée la divinité NANA TCHAKOUNTE qui usait toujours de sa ruse, la vraie et de sa sagesse pour la reconstruction de son royaume. Je pense que la solution est qu'il faudrait un temps si peu que chacun se regarde dans un miroir et se pose la question : bien que Bazou lui a tout donné, alors qu'est ce chacun a déjà fait pour Bazou : je répondrai en posant un problème anthropologique : un peuple ne peut pas se développer et s'épanouir quand il a mis sa culture et tradition en arrière-plan. Il me semble que tout à Bazou n'est que des copiés collés et sur quoi le culte de l'ego a éloigné le peuple de ses valeurs et seule une prise de conscience collective et le culte de l'intérêt général pourra être une des voies de sortie. Que les ancêtres de nko'fi, de tūku, de tungulu' t'illuminent plus et que les traces de nos ancêtres soient toujours ses visions, Longue vie au roi. **Honneur aux ancêtres**

LE ROYAUME BAHOUOC ET SON ROI

FO KEMAJOU II ROGER

Un royaume c'est son territoire et sa dynastie depuis le fondement jusqu'à nos jours.

1. SA MAJESTE KETCHOUTSE

2. SA MAJESTE YANKEP

3. SA MAJESTE TCHIAYI

4. SA MAJESTE NDJEUKWI

5. SA MAJESTE YATCHEU

6. SA MAJESTE KAMWAG

7. SA MAJETE PAYOUG

8. SA MAJESTE KEMAJOU

9. SA MAJESTE NKEUTOU

10. SA MAJESTE WANDA

11. SA MAJESTE DJAMGEUN

12. SA MAJESTE KEMAJOU II Roger

SA majesté **KEMEJOU II Roger** accède au trône depuis janvier 1974 jusqu'à nos jours. Apres son accession au pouvoir, il s'inscrit dans la mouvance de l'ouverture de son royaume à la modernisation, et surtout s'inscrit dans le dynamisme de reconstruction, de réconciliation et de la cohésion du peuple Bahouoc qui s'est dispersé dans tous les recoins du Cameroun et d'ailleurs à cause des événements tristes de l'histoire que je diraisont laissé des séquelles.

Cette dynamisme est aussi renforcée par toutes les élites de la localité par leur soucis du vivre heureux dans la paix, se sont regroupés au sein de comité de développement Bahouoc baptisé BADECO. En vue de la préservation de la culture et de l'amélioration des conditions de vie. Je ne pourrai pas parler de Sa Majesté KEMAJOU II Roger sans l'inscrire dans le livre d'or de l'histoire comme se roi qui a pu braver tous les obstacles liés aux normes traditionnelles pour améliorer les rituels de veuvage qui autre fois étaient très rudes, aujourd'hui son nouveau code mis sur pied par le roi avec l'approbation des ancêtres depuis quelques années de cela a mis la joie et la vie paisible aux filles et femmes du royaume. Les grands événements ayant marqués la communauté Bahouoc ainsi leurs impacts ont été répertoriés et classés dans le profil historique, et surtout sa sortie officielle du 6 mars 2016 à Douala pour exposer à son peuple ce nouveau code de veuvage: surtout un jour très spécial avait montré à suffisance que le roi est en symbiose et en harmonie totale avec son peuple.

Je ne pourrai pas terminer sans noter que Sa Majesté KEMEJOU II Roger en dehors de ses attributs de roi est un homme intègre, très accueillant, un homme qui est toujours à l'écoute de tout le monde sans véritable Protocol, un homme très diplomatique qui se fait toujours remarqué lors de ses sorties officielles par ses discours de sagesse et de rassembleur. Non seulement il maitrise les langues étrangères, aussi et surtout il parle très bien et avec élégance la langue de ses ancêtres qui est   le madumba. Vive le roi des Bahouoc et longue vie à Sa Majesté **KEMAJOU II Roger**.

Honneur aux ancêtres

L'HOMME ET SON ETRE VERITAVOIX DES ANCETRES

Mãɲī ngan

L'homme en tant qu'une entité se doit de réveiller en lui son être véritable loin des prétentions. Pour le faire il faut nouer avec sa tradition véritable et être en contact permanant ave ses ancêtres, communiqué en tout temps et en tout lieu avec les forces de la nature qui sont un ensemble de manifestations liées à la matière et à l'esprit, qui symbolisent le créateur nse qui est l'énergie vitale qui est en chaque être. Honneur aux ancêtres

LA NOTION DE DIEU DANS LA PENSÉE AFRICAINE

Nos ancêtres n'étaient pas des gens simplistes. Quand ils sont venus à l'existence, ils ont cherché à savoir: quel est le but de cette vie sur terre ? qui nous a mis là et quel est son dessein ? Et qu'est-ce que nous allons devenir après ?

Alors, ils se sont mis à chercher partout. Ils ont fouillé dans le ciel, sous la terre, dans les océans pour chercher qui a créé tout ça. Après avoir fouillé partout, ils n'ont rien trouvé. Ils n'ont rien vu à ce qui ressemble à Dieu. Alors, ils se sont dit que ça ne vient pas de nulle part. Donc, ils ont commencé à observer la nature.

Et c'est par l'observation de la nature, des phénomènes naturels, des comportements des animaux (par exemple en voyant ce qu'un animal mange lorsqu'il tombe malade), de la venue et de l'allée des saisons, ils ont élaboré des connaissances très rationnelles, des connaissances élaborées à partir de l'observation de la nature, des animaux. Et c'est à partir de ces connaissances-là qu'ils ont bâti ce que j'appellerai un corpus de la connaissance du réel.

De la connaissance du réel, nos ancêtres ont basé leur spiritualité sur l'absolution. L'absolution c'est ce qu'on constate. On ne croit pas comme ça mais on s'en tient à ce qu'on a vécu, de l'expérience vécue, des observations faites dans la nature d'où on tire des conclusions rationnelles. Le contraire de l'absolution c'est l'abstraction. L'abstraction c'est quand quelqu'un de son bon vouloir décide que les choses doivent être comme ça, comme son entendement. Et il présente les choses selon sa vision à lui qui peut ne pas correspondre à la réalité.

Or, nos ancêtres ont bannit l'abstraction et ils se sont basés sur l'absolution, donc la connaissance du réel. Et en cherchant à pousser cette connaissance du réel, ils sont arrivés à une frontière qu'ils ne pouvaient pas franchir. Et à cette frontière, tout ce qui était insaisissable par eux et inconnaissable par eux, ils ont appelé ça Dieu. Voilà ce qu'est Dieu dans la spiritualité négro-africaine.

Dieu, c'est l'inconnu, tout ce que l'être humain ne peut pas savoir, ne peut pas connaître. Parce que dans la réalité, les scientifiques d'aujourd'hui sont d'accord, nous êtres humains, notre cerveau est trop restreint pour percevoir la réalité. Nos ancêtres savaient qu'il y avait d'autres réalités qu'on ne pouvait pas voir. C'est le monde invisible.

La physique d'aujourd'hui a prouvé que nos ancêtres avaient raison. Il y a le monde invisible. Demandez à n'importe quel physicien sérieux, il vous dira que même la lumière que l'on voit est une partie restreinte de tout le spectre électromagnétique. Et pour les sons que nous entendons, l'oreille humaine n'entend qu'une portion de 20 Hz à 20 kHz. Et tout le reste, ça passe inaperçu. Mais les animaux, les oiseaux et autres créatures perçoivent plus. Donc, nous avons une vision trop restreinte de la réalité, l'être humain ne peut pas connaître toute la réalité. Et là où sa perception, sa connaissance, son expérience s'est arrêté, nous avons appelé ça Dieu. Dieu, c'est donc cette force invisible, cette vibration, cette énergie pure et originelle qui est à la source de toute la création. Mais, comme nos ancêtres ne l'ont jamais vu, ne l'ont jamais rencontré, ne l'ont jamais entendu, ils ne se sont pas permis d'écrire des livres pour dire que c'est la parole de Dieu. Et ce qu'ils ont expérimenté a été consigné. Parfois, sachant bien qu'il y a le monde invisible et pour exprimer certaines réalités, ils ont prêté leur voix à Dieu. Donc, c'était pour eux une explication de la notion de Dieu aux profanes. Et donc, eux ils savent que Dieu existe. Nous savons que Dieu existe, oui, nous en sommes conscients et nous savons que Dieu est unique aussi. Parce que ceux qui nous embrouillent souvent, et ceux qui nous traitent de sorciers, disent que nous sommesdes polythéistes.

Mais, la notion de polythéisme est une aberration grossière parce que c'est l'Homme africain qui a découvert la notion de Dieu comme je viens de vous l'expliquer. Et le monothéisme, dire que Dieu est unique, le créateur est unique, cette notion est également née en Afrique. Donc, qui d'autre peut venir nous expliquer Dieu ? C'est ainsi que nos ancêtres ont dit "Dieu existe", mais nous ne pouvons pas le connaître, nous ne pouvons pas le saisir dans sa totalité.

Mais, nous voyons seulement ses effets. Tout comme l'électricité existe aujourd'hui, mais aucun de nous n'a vu l'électricité. Mais nous nous servons tous de l'électricité à travers la lumière: - on voit la lumière, c'est l'effet de l'électricité; - on voit les plaques chauffantes pour la cuisson de nos aliments, c'est l'effet de l'électricité; - nous voyons les moteurs tourner, c'est l'effet de l'électricité. Mais, aucun de nous n'a vu l'électricité. Donc, le domaine électrique est l'illustration parfaite de la notion de Dieu. Alors, c'était à une époque très lointaine. Comme personne n'était là, à la création du monde, alors tous les peuples se sont donnés des explications de la notion de Dieu, comment le monde a été créé, etc. Donc, ces explications-là ont donné naissance à des mythes, à des légendes, et chaque peuple a ses mythes et légendes.

Nous avons en Afrique essentiellement le mythe d'Osiris et il y a d'autres peuples qui ont le mythe d'Orphée, le mythe d'Ormuz, et le mythe d'Œdipe, pour les peuples asiatiques, les Blancs et les Jaunes. Donc, chaque peuple s'est donné son explication de l'origine du monde. Mais, quand on regarde objectivement, c'est la pensée africaine qui a résisté le mieux à la science. C'est la plus puissante philosophie, la pensée africaine, et elle n'a jamais été démentie par la science. Depuis des millénaires, nos ancêtres ont dit que chaque créature a une âme: les êtres humains, les animaux, les végétaux, et même les pierres ont une âme, une sorte de vibration en eux. Donc, c'est cette vibration-là quenous avons qualifié d' "âme".

L'Africain est tellement sensible à cette notion d'âme que certains nous ont qualifiés d' "animistes" parce qu'il y a l'âme dans tout. Et l'âme, nous sommes tellement sensibles à ça, que l'Africain authentique n'ose même pas verser de l'eau chaude par terre au risque de tuer une fourmi ou de blesser une âme quelconque invisible. Voilà comment nous avons perçu la création.

Nos ancêtres, après des millénaires d'observations, se sont dit qu'il y a un créateur. Mais ce créateur-là, il n'est pas perceptible. Nous voyons seulement ses manifestations. De même, nous ne voyons pas l'électricité mais nous voyons la lumière. Nous ne voyons pas l'électricité mais nous voyons le moteur tourner. De la même façon, nos ancêtres ont observé des manifestations de Dieu, autrement dit des facettes de Dieu ou les attributs de Dieu. Ces attributs peuvent être: le soleil, la lune, la procréation, l'amour, la mort, etc. Tout ça est des attributs de Dieu. Donc, l'Africain a dit, "puisque je ne connais pas Dieu, mais je vois ses manifestations", c'est la même chose quand je dis "puisque je ne vois pas l'électricité, mais je vois la lumière". Je sais que ça existe. Alors, pour mes besoins d'éclairage, j'utilise la lumière.

L'Africain a dit la même chose: "puisque je ne connais pas Dieu, on ne peut pas s'adresser à quelque chose qu'on ne connait pas". Donc, il s'est adressé à la manifestation visible, à la manifestation perceptible de Dieu qu'il connaît. Donc, il s'est adressé à cette manifestation perceptible, visible, connaissable de lui. Comme Dieu a plusieurs manifestations, chaque attribut de Dieu, chaque facette de Dieu a donné naissance à un culte en Afrique. D'où la multitude de cultes que nous avons. Cela ne signifie pas que Dieu est pluriel. Non ! Dieu est un et unique mais il a des manifestations plurielles.

Donc, que personne ne vienne nous dire désormais que nous sommes des "polythéistes". Non ! La science a découvert qu'il y a plusieurs planètes et univers. Et tout ça doit aller en pilotage automatique. Puisque tout cela doit aller en pilotage automatique, le grand patron ne peut pas se mêler de la gestion de toutes les petites choses, sinon ça sera ingérable. Quand on regarde au niveau d'un simple pays, le président d'un pays est un grand patron. Le grand patron n'encombre pas son bureau avec des tas de dossiers. Si un citoyen américain voulait avoir un passeport et qu'il devrait s'adresser au président, les États-Unis ont 300 millions d'habitants. Imaginez comment son bureau allait être encombré. Et pour éviter cela, le président a délégué des tâches: il a créé un département pour chercher le passeport; ceux qui ont besoin de permis de conduire, il a créé un département pour aller chercher un permis de conduire; ceux qui ont besoin d'autre chose, il y a le service spécifique dédié à ça. Donc, le grand patron se charge seulement de contrôler la cohérence de l'ensemble. Mais, il ne se mêle pas des affaires individuelles. Si vous avez mal rempli votre formulaire de demande de passeport, le service des passeports va la rejeter. Mais est-ce pour cela que le président doit intervenir ? Non, il n'interviendra pas parce qu'il a déjà chargé les services pour ça. Et voilà pourquoi souvent dans certaines de mes interventions, je dis que: "Dieu s'en fout !"Donc, c'est un peu caricaturé mais c'est pour vous dire que Dieu ne se mêle pas des détails, des affaires humaines, des relations entre ses créatures.

Il a créé des lois, ce sont des lois physiques qui n'ont jamais été démenties. Et chaque fois qu'on respecte ces lois, on respecte la volonté de Dieu. Et ces lois sont immuables depuis l'origine jusqu'à aujourd'hui. Notre notion de Dieu est antagonique de ceux qui nous ont présenté Dieu comme quelque chose qui a été créée ex-nihilo. Il y a un lien fonctionnel très fort entre Dieu et les phénomènes physiques que nous observons. L'intérêt de la pensée négro-africaine a été d'avoir découvert en premier cette vibration qui existe depuis l'origine, la vibration originelle qui existe et qui est dans tout. Tout vibre ! La terre, depuis le magma intérieur, la terre est en vibration. Moi, je suis en vibration, l'arbre est en vibration, le chien est en vibration, le caillou est en vibration. Donc voilà, nous sommes tous dans cette vibration, cette résonance harmonisée par la nature, par l'univers, par Dieu.

LA RELIGION N'EXISTE PAS, SEULE LA TRADITION EST VÉRITÉ

Aucun Grand Rabbin, aucun Grand Prêtre, aucun Grand Imam n'est capable de citer un seul enseignement d'une religion, qui ne soit déjà présent dans la Tradition du peuple qui revendique cette même religion. Simplement, parce que d'invention récente, le mot religion s'approprie des réalités qui lui sont antérieures de plusieurs millénaires.

D'origine latine, il a fait son apparition avec l'impérialisme romain pour désigner les croyances anciennes. Aussi n'est-il pas étonnant que nulle part dans l'Ancien et le Nouveau Testament ainsi que dans le Coran il ne soit question de religion, mais plutôt de directives divines qui constituent, invariablement, les fondements de toutes les croyances anciennes mais toujours d'actualité. Les croyances anciennes, que désigne le mot religion, c'est-à-dire les mœurs et les coutumes ou encore la Tradition des peuples concernés lui sont donc non seulement antérieures mais elles ont également tout expliqué et tout enseigné sur le Créateur et sur la Création. En effet, dès qu'ils ont pris conscience de la nécessité de s'organiser en groupe homogène, tous les peuples ont mis en place une tradition avec l'objectif de tracer une ligne de conduite qui s'impose à chaque membre.

La Tradition d'un peuple est l'ensemble de ses attitudes et comportements face à la totalité de la vie. Cet ensemble d'attitudes et de comportements est défini par la Vision qu'il a du monde. Cette Vision du Monde est, elle-même, définie à partir de l'idée que ce peuple a de Dieu, de l'œuvre duquel il a été créé comme tout son environnement physique et impalpable. Par conséquent aucune Tradition, jamais, n'a été élaborée par un peuple sans une connaissance précise de l'Auteur de la création et des attentes de celui-ci. C'est au terme d'une longue quête spirituelle faite d'interrogations angoissées que chaque peuple découvre le Créateur et sa nature en même temps que ses exigences.

C'est donc la tradition qui a tracé et balisé la route que doit suivre un peuple pour ne pas s'égarer et se prendre pour un autre de ses semblables. Pour ce faire, elle a posé les enseignements fondamentaux qui sont toujours en rapport avec la vision du monde du peuple qui en est l'auteur. Pour illustrer nos propos, nous prendrons l'exemple de deux Traditions : la tradition kamite et la tradition sémite qui se subdivisera en les trois traditions que sont la juive, la chrétienne et la musulmane.

1- DE LA NATURE DU CREATEUR.

La tradition kamite (africaine), considère le Créateur comme la Force Vitale, c'est-à-dire l'Énergie Cosmique, à la fois femelle et mâle, qui anime toute la création par le maintien en vie des créatures déjà existantes et des créatures qui verront le jour plus tard. À la fois Parcelle et Totalité de toute la Création, elle crée, à son image, aussi bien chaque élément des règnes humain et animal que des règnes minéral et végétal. Chaque créature est donc une parcelle d'énergie éternelle dans un corps physique périssable. Voilà pourquoi, le Créateur vibre perpétuellement ; il ne se repose jamais. Quant à la tradition sémite, dans ses trois manifestations, elle affirme que non seulement Dieu est détaché de sa création qu'il regarde du haut d'un trône situé quelque part dans le ciel, mais qu'il a surtout créé le seul être humain à son image, en façonnant d'abord l'homme, puis de la côte de ce dernier, la femme qui lui est définitivement inférieure.. Ce prototype à partir duquel il créera son humanité étant un homme, il se définit comme de sexe mâle. Par ailleurs, il a terminé définitivement son acte de création.

2- DES RAPPORTS DU CREATEUR AU PEUPLE QUI SE L'EST REVELE.

L'affirmation selon laquelle Dieu se révèle à un individu

ou à un peuple est plus qu'un mensonge ; elle est une escroquerie théologique. La preuve de cette contre vérité évidente réside dans le fait qu'aucun peuple lucide n'adore un Créateur étranger à sa race et à son univers culturel. La preuve de cette contrevérité évidente se trouve

également dans le fait que le Créateur ne parle que la langue du peuple qui s'en réclame, ne maîtrise que le parcours historique de ce dernier ainsi que la géographie de son lieu d'implantation. Il ignore tout, absolument tout, du reste du monde, particulièrement les autres continents. La preuve de cette contrevérité évidente réside enfin dans le fait qu'il a toujours un rapport privilégié avec ce peuple, son peuple. Et Le mot religion n'avait pas encore été inventé.

3- DES RAPPORTS DE L'ETRE HUMAIN A SON ENVIRONNEMENT INVISIBLE.

Toutes les traditions se sont vite rendu compte que la mort est un passage du monde physique à un autre monde. La composante de l'être humain qui fait cette transition est la parcelle d'énergie divine qui a animé l'enveloppe charnelle dont le caractère éphémère et insignifiant est devenu patent. Invisible à l'œil nu et résumant la totalité des pensées, des paroles et des actions de la défunte ou du défunt, cette parcelle d'énergie divine, qui n'a donc pas disparu de la création, y a trouvé un autre habitat. Ce lieu de séjour invisible, comprend deux régions principales aussi invisibles, dont l'une est un lieu de la Béatitude, ou Paradis, et l'autre un lieu de seconde mort, ou de punitions appelé l'Enfer par les uns.

Le souvenir de la défunte ou du défunt, auteur de pensées positives, de paroles positives, d'actes positifs se perpétue chez les vivants et explique les hommages qui lui sont rendus à travers divers cultes. Dans le même temps que chaque tradition fait la découverte de la vie après la mort des vivants, elle découvre également que l'habitat invisible des défunts est aussi celui de plusieurs créatures essentiellement fluidiques, comme les génies, que d'aucuns appellent anges, les esprits des quatre éléments et les égrégores. Elle imagine et met en place diverses cérémonies pour établir et maintenir des relations multiples avec ces entités invisibles.

4- LES RAPPORTS DE L'ETRE HUMAIN A SON SEMBLABLE.

En définissant le Créateur comme la Force Vitale qui, à l'exemple de son émanation, le courant électrique, fusion harmonique d'un pôle positif et d'un pôle négatif, la tradition kamite stipule qu'il est à la fois Femelle et Mâle, donc androgyne. Dès lors, s'imposent à l'esprit lucide, l'absence d'antériorité entre la femme et l'homme et l'évidence de leur complémentarité. Voilà pourquoi, aucun des secteurs de l'immenseactivité humaine n'a été réservé à l'une ou à l'autre ; à l'exception de l'enfantement, domaine réservé de la femme. Tout comme son compagnon des millions d'années, la femme kamite a été pharaonne, reine, grande prêtresse, guérisseuse, devineresse, guerrière, etc. En précisant que toute créature est une émanation du Créateur, la tradition kamite enseigne que l'être humain est aussi sacré que son Auteur. À ce titre, sa vie est inviolable. Il ne peut être condamné à mort, ni exécuté, ni réduit en esclavage, ni même emprisonné.

À l'inverse, dans ses trois subdivisions, la tradition sémite, qui considère son Dieucomme un mâle, a discriminé la femme dans l'exercice des responsabilités politiques et spirituelles, notamment. Créée à partir de la côte de l'homme, la femme est considérée inférieure et éternellement mineure. En validant la privation de liberté par l'asservissement et par des prétendues guerres saintes, cette tradition-là dénie à l'être humain sa nature sacrée et autorise qu'il soit voué à toutes les formes de traitements inhumains, comme l'emprisonnement, la torture, le génocide, et même l'infanticide. Le mot religion n'avait pas encore été inventé.

5- DES RAPPORTS DE L'ETRE HUMAIN A SON ENVIRONNEMENT PHYSIQUE

En considérant le Créateur comme un océan d'énergie dans lequel baignent toutes ses créatures, la tradition kamite établit un lien fluidique entre toutes les parcelles de la création, de quelque règne qu'elles puissent appartenir. C'est ici que le totémisme, c'est-à-dire la parenté mystique entre les humains et les animaux, de même que le respect de l'environnement trouvent leur explication véritable.

Le Kamite conscient sait, d'instinct, que toute atteinte à l'essence d'une créature divine comme lui a des conséquences néfastes sur l'harmonie de la création. Chaque groupe kamite ayant un totem, beaucoup d'animaux sont protégés. Et quand un Kamite conscient tue un animal qui n'est pas son totem, c'est pour se nourrir ou défendre sa vie et/ou celle de ses proches. Quand un Kamite conscient a besoin de bois de chauffe, il se contente de couper quelques branches d'un arbre et s'il doit abattre l'arbre, il lui laissera l'essentiel de son tronc à partir duquel il pourra repousser.

Connaissant l'importance de l'eau pour sa survie et pour la

survie des règnes végétal et animal, le Kamite conscient ne polluera jamais un point d'eau. À l'inverse, en faisant de l'être humain, la créature au profit de laquelle toute la création a été faite, la tradition sémite, dans ses trois subdivisions, lui donne le droit d'user et d'abuser de son environnement. Élaborée par un peuple nomade depuis la nuit des temps, la tradition sémite, dans ses trois subdivisions, ignore aussi bien la proximité du Créateur avec la nature que le fonctionnement de celle-ci. Aussi fait-elle facilement de la nature, un instrument de la colère de son Dieu. C'est ici qu'il faut chercher les raisons de l'imaginaire déluge de la Bible et du Coran et de la non moins imaginaire déchirure de la mer rouge, par les deux mêmes livres, pour l'engloutissement, parfaitement mensonger, d'un certain pharaon et de son armée.

6- LES QUATRE ETAPES MAJEURES DE LA VIE SUR TERRE.

Chaque tradition a élaboré des étapes majeures de la vie sur terre pour son peuple. Elles sont au nombre de quatre pour la tradition kamite et de trois, apparemment, pour la tradition sémite aux trois visages.

La Vision du Monde qui a présidé à la naissance de ces traditions explique les différences profondes observables dans la célébration de ces étapes.

Tandis que la tradition kamite considère la première étape majeure de la vie qu'est la naissance comme le retour d'un Ancêtre pour une nouvelle existence terrestre, et cherche à déterminer l'identité de l'Ancêtre en question ainsi que la nouvelle mission qu'il s'est choisie, la tradition sémite, dans ses trois subdivisions, la considère comme une naissance sans passé aucun ; pire comme une naissance avec un destin tracé par Dieu.

Tandis que la Tradition kamite célèbre la puberté par des rites dont l'aboutissement est la mise en accord de chaque garçon et de chaque fille avec son sexe dominant, entre autres par le biais de la circoncision, la tradition sémite, dans ses trois subdivisions, semble faire l'impasse.

Tandis que la Tradition kamite considère le mariage comme l'union des opposés complémentaires et le place dans la recherche de l'harmonie au sein du couple, des familles et des villages ainsi que des alliés, la tradition sémite, dans ses trois subdivisions, le considère comme l'affaire de deux individus dans laquelle l'homme est toujours le maître omnipotent.

Tandis que la Tradition kamite considère la quatrième et dernière étape, donc la mort, comme un repos temporaire de l'Être véritable dans une autre dimension du temps et de l'espace avant un prochain retour, la tradition sémite, dans ses trois subdivisions, la considère comme un aller sans retour.

7- LES MYTHES FONDATEURS

Chaque tradition a également construit des mythes fondateurs afin de fixer dans la mémoire collective ses enseignements fondamentaux. Ici, également, la différence des Visions du Monde est palpable. Prenons trois exemples : la gestion des affaires de l'humanité, les modèles de vertus à suivre et le symbole du Mal Absolu.

LA GESTION DES AFFAIRES DE L'HUMANITE.

La tradition kamite (Afrique noire) enseigne que la vraie

forme du Créateur est cachée, car il est l'Insondable, l'Incommensurable. Nul ne peut le voir ni l'approcher, tant sa Puissance est grande. Parfait au comble de la Perfection, il ne se mêle jamais des affaires de l'humanité, prenant parti pour les uns contre les autres.

Mais, en plus des Ancêtres méritants, il a des hypostases, c'est-à-dire des entités spirituelles plus proches des humains, à qui ces derniers peuvent s'adresser pour obtenir de l'aide afin de réaliser leur bien-être. Voilà pourquoi, le fatalisme est absent de la pensée kamite qui considère comme un outrage au Créateur le fait de voir son intervention dans un bonheur ou un malheur.

La tradition sémite, dans ses trois subdivisions, enseigne que Dieu peut être vu et approché des hommes – jamais des femmes- sur qui il a jeté son dévolu. Elle enseigne également que, se prévalant de son omnipotence, Dieu régit les affaires de l'humanité comme il l'entend, acceptant de prendre parti pour les uns contre les autres. Le fatalisme est donc de rigueur, car nul ne peut aller contre la volonté divine.

LES MODELES DE VERTUS A SUIVRE.

La tradition kamite enseigne que seuls les Ancêtres fondateurs et les Ancêtres méritants, c'est-à-dire ceux qui ont pratiqué la Maât, sont élevés au rang de modèles dont les exemples doivent inspirer les vivants. Suivre leurs traces facilite le travail de soi sur soi qui permet de rendre son cœur, siège de la conscience et de l'intelligence, aussi léger que la plume de la Déesse Maât afin de gagner le droit de se présenter devant la Place de Vérité et d'obtenir du Tribunal Divin le verdict qui autorise la fusion avec le Créateur. Seul le retour à la pureté originelle de la parcelle d'énergie qu'est l'Être Véritable met fin au cycle des réincarnations.

La tradition sémite, dans ses trois manifestations, enseigne que Dieu a désigné des intermédiaires obligés pour arriver à lui, au terme de la vie sur terre, que ces intermédiaires sont Moïse, ou Jésus ou Mahomet ; mais pas les trois à la fois. Injuste de son omnipotence dont il abuse sans modération, ce Dieu-là ouvre les portes de sa demeure à n'importe qui pourvu seulement que ce n'importe qui s'inspire de l'un de ses trois élus, lesquels, du point de vue de la tradition kamite, sont loin du modèle de sagesse qu'aucun être humain ne peut devenir au terme d'une seule et unique existence terrestre insuffisante pour l'affinement intégral de l'Être Véritable. Le mot religion n'avait pas encore été inventé.

LE SYMBOLE DU MAL ABSOLU

La tradition kamite enseigne que le Dieu Seth, Gardien de la Terre des Grands Mystères kamites, est aussi la seconde partie de l'Être véritable de chaque personne, qui révèle les faiblesses face aux épreuves de la vie en même temps que la nécessité d'affronter ses responsabilités, pour grandir, ou le choix de ne pas les affronter et sombrer dans la déchéance.

La tradition sémite, dans ses trois subdivisions, dont ses concepteurs ont eu connaissance de Seth, durant leur séjour à Kamita, l'identifie comme Satan, le Malin, le Diable, Iblis, Seïtan ; en d'autres termes, le Grand Tentateur qui pousse les êtres humains au mal et aux vices pour les détourner de Dieu et pour remplir les brasiers de l'enfer, précise NSI le créateur.

8-   LES MOYENS DE COMMUNICATION AVEC LE CREATEUR, AVEC LES ANCETRES ET LES ENTITES DE L'INVISIBLE.

Les moyens de communication avec le Créateur, avec les Ancêtres et avec les autres entités de l'invisible sont les mêmes, ou presque, dans toutes les traditions. Il y a la Maison de Dieu (la Per Neter kamite), le Temple, la Synagogue, l'Église, la Mosquée, le Bois sacré, la Case sacrée. Il y a les prières, les invocations, les incantations, et les évocations. Il y a les offrandes et les sacrifices. Il y a la célébration de cérémonies majeures et les repas de communion mystiques. Il y a enfin et surtout les textes sacrés écrits ou oraux. Le mot religion n'avait pas encore été inventé. Divinité majeure de la tradition kamite (AFRIQUE NOIRE)

9- USURPATION D'IDENTITE ET ARNAQUE THEOLOGIQUE.

L'opposition artificielle entretenue entre religion et tradition procède, à l'évidence, d'une mauvaise foi intellectuelle. Elle a consisté et elle consiste toujours en une usurpation d'identité de la seconde au profit de la première. Elle vise ainsi à dévaloriser la tradition en la coupant totalement de la source divine de son inspiration. La manipulation a si bien réussie que l'image du créateur n'est plus rattachée à la tradition mais plutôt à la religion. Cela est particulièrement vrai pour un très grand nombre de Kamites.

Ils répondent d'emblée par l'affirmative lorsqu'ils sont interrogés sur l'existence d'une tradition kamite. Mais ils se montrent incroyablement mal à l'aise lorsque la même question leur est posée sur la religion. Quand ils esquissent une réponse celle-ci évoquera invariablement l'animisme, le fétichisme, le totémisme ou, au mieux, le polythéisme.

10- LE GENOCIDE CULTUREL.

L'usurpation d'identité de la tradition par la religion a pour conséquence grave et hautement néfaste la substitution d'une tradition à une autre. Puisque toute prétendue religion véhicule la tradition du peuple qui la revendique, son adoption par un autre peuple équivaut pour ce dernier au renoncement à celle élaborée par ses propres Ancêtres. Voilà pourquoi, dès lors qu'elle s'exporte hors de sa région de naissance, la religion n'est rien d'autre qu'un instrument d'impérialisme culturel. Comme toute forme d'impérialisme, l'expansion d'une religion à l'étranger est toujours violente.

Les deux religions, à savoir le Christianisme et l'Islam, qui se partagent illégalement l'espace mental du peuple kamite, en ont fourni suffisamment la preuve en ayant recouru à la violence, à l'esclavage, au mensonge pour prospérer et, de nos jours, à l'achat de conscience de guides religieux autochtones totalement ignorants ou totalement cupides. C'est ainsi qu'elles ont réussi à imposer à de nombreux Kamites, ainsi qu'à d'autres peuples : leur point de vue sur le Créateur, leurs ancêtres, leurs mythes fondateurs, leurs langues et leurs prières, leurs modèles de société et de gestionde l'environnement, etc.

CONCLUSION.

Toute tradition, donc toute religion, est l'affaire du peuple qui l'a conçue et de ce peuple seulement. Aucune tradition, donc aucune religion, n'est universelle. Il est temps pour les Kamites, embarqués dans les civilisations judéo-chrétienne et musulmane, de cesser de se prendre pour des Européens et des Arabes dont ils reproduisent exactement, ou presque, les pensées, les paroles et les actes dans leurs rapports au sacré, à leurs semblables et à leur environnement. Il est temps pour ces kamites de comprendre que si ces religions sont parfaites pour les peuples qui les ont créées, leur pratique est une véritable régression spirituelle pour le nôtre. Car, il n'a pas existé et il n'existe toujours pas dans ce monde, une seule tradition qui tienne la comparaison avec la tradition kamite inégalable en sagesse.

Il est donc temps pour ces Kamites-là de savoir qu'en adoptant les enseignementsd'ancêtres d'autres peuples, en lieu et place de ceux des leurs, ils font preuve d'une grave erreur et, d'autre part, ils considèrent ceux-ci comme inférieurs et par voie de conséquence, se convainquent de leur propre infériorité. Aucun Kamite chrétien, musulman ou juif ne peut logiquement revendiquer l'égalité avec un coreligionnaire blanc ou arabe. Celui qui n'a pas de respect pour ses propres ancêtres attire et justifie le mépris de ses semblables. En tout état de cause, il est évident que le peuple kamite (africain) ne peut retrouver son rôle d'acteur majeur dans la gestion des affaires de l'humanité qu'à la condition qu'il se réconcilie avec lui-même ; c'est-à-dire avec sa tradition.

LA MAAT

La Maat est, dans la mythologie égyptienne, la déesse de l'ordre, de l'équilibre du monde, de l'équité, de la paix, de la vérité et de la justice. Elle est l'antithèse de l'isfet (le chaos, l'injustice, le désordre social, …).

LA SYMBOLIQUE

Maât est une entité symbolisant la norme universelle : l'équilibre établi par le Créateur, la justice qui permet d'agir selon le droit, l'ordre qui fait conformer les actes de chacun aux lois, la vérité, la droiture et la confiance. Maât est toujours anthropomorphe, comme la plupart des concepts abstraits personnifiés : c'est une femme, en général assise sur ses talons, ou debout. Elle est la plupart du temps vêtue de la longue robe collante des déesses et porte leurs bijoux habituels.

Maât confère aux autres dieux certaines de ses qualités, mais ne leur prête pas son aspect et ne prend pas non plus l'apparence d'autres divinités. Son attribut est la plume-nom (la même est portée par Shou). Elle tient souvent le signe de vie. L'élément de Maât est l'air et la couleur de sa peau est ocre jaune. Au-delà de cette première approche, le concept est un peu plus complexe. Maât est d'abord de dimension divine : elle est la mère de Rê dont elle est aussi la fille et l'épouse, elle est aussi la sœur mystique de pharaon, elle assure l'équilibre cosmique et c'est donc grâce à elle que le monde fonctionne de façon harmonieuse. Elle est également la lumière que Rê apporte au monde. De ce fait, elle est fondamentalement liée à l'institution pharaonique, le premier devoir de pharaon étant de faire respecter la loi de Maât dans toute l'Égypte.

C'est pourquoi, sur les murs des temples, pharaon est représenté faisant l'offrande de Maât à une divinité : c'est dire que, dans ses actes, il se conforme aux exigences de la déesse. Ainsi, lorsque Séthi Ier, dans le temple d'Abydos, offre Maât aux dieux principaux, sous forme d'une statuette de la déesse, il leur démontre sa compétence ; en retour, les dieux lui procurent vie et domination (Osiris) et force victorieuse (Horus). La mission de pharaon relève de Maât : « in maât » (amener Maât, organiser le pays et assurer son unité), « der isfet » (repousser Isfet, notamment repousser les ennemis) ; la célèbre palette de Narmer transcrit cette double mission.

On peut évoquer aussi l'hymne solaire du Moyen Empire Précisément, et c'est sa seconde dimension, terrestre celle-là, Maât est aussi l'expression sociale et juridique de l'ordre établi et le symbole de la justice et de l'équité. Dans les faits, c'est le rôle du vizir, qui porte le titre de « Prophète de Maât », que de rendre la justice au nom de la déesse et donc de pharaon qui l'incarne : Dans la pesée de l'âme, Maât, aussi légère qu'une plume, est le contrepoids du cœur qui doit être aussi léger qu'elle pour que le ka, l'âme du défunt, puisse accéder au monde des bienheureux. Elle est représentée par une femme coiffée de la plume d'autruche ou simplement par cette plume elle-même.

À une époque plus tardive, « Maât » signifie également la vérité ou la connaissance juste de soi. Parfois, la Maât était représentée comme concept, comme une divinité de manière allégorique, cependant, elle était vivement présente dans les diverses mythologies de dieux égyptiens.

La déesse Maât apparaît représentée comme une dame debout ou assise, portant sur sa tête son symbole, la plume d'autruche verticale, portant un Djed, un Ouash et une ânkh. Durant le règne d'Akhenaton, elle fut également représentée comme une femme ailée. Elle était vénérée dans le sanctuaire de Karnak, dans le temple de Deir el- Médineh et beaucoup d'autres temples égyptiens dédiés à d'autres dieux. Elle avait également un temple à Memphis. Mythologie Le principal hiéroglyphe qui la représente est une plume d'autruche en parfait équilibre.

Ce symbole apparaît dans la représentation du jugement d'Osiris, au moment où était pesé sur une balance de deux plateaux, d'un côté, le hiéroglyphe de Maât (symbole d'harmonie et justice défunt (symbole de sa conscience). Si celui-ci pesait autant que le second, le défunt pourrait rester dans l'au-delà éternellement. Sinon, Ammout le dévorait.

La loi de Maât La loi de Maât peut être retrouvée dans le chapitre 125 du livredes morts des Anciens Égyptiens, aussi appelée les « 42 lois de Maât », la « déclaration d'innocence » ou les « confessions négatives ». Celui qui est juste, qui vit dans la constante application des lois de la Maât est appelé Maakherou. C'est le cas par exemple de certains grands prêtres des temples. Politique Maât en tant que garante de l'ordre et de l'équilibre aussi bien cosmique que terrestre est à ce double titre le principe unifiant de la société égyptienne antique. À cette époque, la survie est de tous les instants et la communauté est le lieu où elle s'organise. Les sujets qui ne doivent pas faillir dans leur travail quotidien portent la responsabilité du groupe.

Ils se doivent alors de respecter l'ordre établi pour garantir leur subsistance mais également pour assurer l'ordre cosmique. Il faut alors se souvenir de l'interconnexion fondamentale entre le divin et l'humain par l'intermédiaire du pharaon. C'est donc dans leurs œuvres et dans le respect de la maât (concept de justice et d'équilibre personnifié par la déesse Maât), dictée par pharaon, que tous participent à l'équilibre et à la justice. Le juste est ce que dictent le roi et le respect de sa parole juste par les sujets maintient l'ordre dans la cité et dans les cieux.

La domination de pharaon est alors assurée par ces enjeux fondamentaux. D'un concept de justice qui prend forme dans le divin et basé sur l'équilibre, la maât peut être rapprochée de deux conceptions politiques. Il s'agit de celles développées chez deux penseurs grecs à savoir Platon et Aristote dont les influences sont majeures, notamment en occident.

De Platon, nous reconnaissons l'ordre et l'équilibre maintenu et cela par le respect de chacun de la place qu'il occupe dans la société (le dirigeant, le guerrier et l'artisan), ainsi que du bon accomplissement de sa tâche pour la communauté. C'est de l'équilibre de ces trois composantes de la société que l'ordre et la justice émanent. Il se pourrait d'ailleurs que ce ne soit pas par hasard que la politique égyptienne et celle de Platon soient liés.

En effet, il est mentionné à plusieurs reprises dans l'histoire que Platon a voyagé en Égypte à son époque, qu'il a discuté avec certains sages et qu'il en ait été inspiré. Et si ce n'est pas le cas, nous ne pouvons tout de même pas douter de sa connaissance très précise de la société égyptienne. Plusieurs indices en attestent : Platon lui-même parle de la culture égyptienne, et même, parfois, il la vente.

Dans ses propres écrits, ou même dans ceux de ses contemporains, nous retrouvons un vocabulaire bien établi pour parler de l'Égypte : « les pyramides » « le papyrus » « le Nil » (etc. … Ce qui laisse donc penser que les Grecs, dont Platon, en avait une bonne connaissance. Ainsi, nous sommes mis sur la piste d'une éventuelle inspiration de Platon pour constituer sa vision de la politique. Nous en sommes sûrs lorsque nous lisons les écrits d'Hérodote sur l'Égypte, lus eux-mêmes par Platon.

En effet, Platon décrit précisément la société égyptienne organisée en hiérarchie, séparant les guerriers, les artisans et les gouvernants. Une fois les différentes parties définies, il ne reste qu'à penser l'harmonie entre elles pour que la société fonctionne bien, et ainsi, que chacun y soit heureux. Vient alors chez les Égyptiens le concept de Maât, la déesse de l'ordre, de l'harmonie et par là-même de la vérité.

Nous retrouvons beaucoup de similitudes entre le panthéon égyptien et le panthéon grec, cependant il s'avère que l'équivalent grec de Maât soit la philosophie platonicienne elle- même. En effet, toute l'entreprise platonicienne consiste à harmoniser son âme par le moyen de sa raison, et de la même manière, harmoniser la société par le moyen d'un être raisonnable. L'être raisonnable selon Platon, c'est le philosophe, celui qui sait harmoniser les parties de son âme, et ainsi, qui saura harmoniser les parties de cette grande âme qu'est la cité.

La politique du philosophe-roi est donc une politique ordonnée, mettant en valeur la nature de chacun tout en empêchant que les individus s'aliènent. Autrement dit, celui qui doit gouverner la cité, c'est l'homme qui agit avec sagesse. Allégoriquement, s'il y avait un dieu grec de l'harmonie, de l'ordre et de la vérité, nous pourrions facilement dire qu'il guide ce roi, qu'il lui « souffle à l'oreille ». Or c'est exactement ce qu'il est dit de la déesse Maât, qu'elle « souffle à l'oreille » du pharaon ses agissements. Par ailleurs, la royauté comme elle est décrite chez Platon n'est pas un système politique commun à son époque et à ses alentours, il paraît donc fort probable que la figure du philosophe-roi soit directement inspirée des pharaons.

De la philosophie d'Aristote, élève de Platon, nous

remarquons la perspective d'une justice qui ne s'exerce que dans la cité. En effet, si le principe de justice égyptien maât est bien agissant en dehors de la cité en ce qu'il maintient l'ordre cosmique, c'est d'abord l'obéissance des sujets du pharaon à cette loi dans la cité qui lui donne son efficience.

LES 42 COMMANDEMENTS DE LA MAAT : LA VITALITE

Afin de comprendre ce qui sera dit ici, il convient au préalable pour chacun de se documenter sur le parcours de la mort tel qu'il est pensé par les Africains.

Maât, fille de Dieu, elle représente la Vérité et la Justice, avec sa plume sur la tête. La Maât est l'ensemble des lois qui régissait la vie des anciens Kamites (Noirs). Après avoir étudié l'univers et découvert l'existence de Dieu, nos ancêtres sont arrivés à la conclusion que le but de l'existence était la préservation et la perpétuation de la vie. Ils ont donc émis un ensemble de lois chargées d'appliquer cette philosophie et de garantir l'ordre et l'harmonie dans la société, comme Dieu avait pu le faire lorsque du désordre des eaux primordiales (Noun), Il-Elle avait fait jaillir la création ordonnée et harmonieuse. Tout être humain doit comme Dieu au commencement mettre l'ordre à laplace du désordre, le bien à la place du mal, la vérité à la place du mensonge, la justice àla place de l'injustice etc… C'est cette conception de la continuation de la vie, à traversla vérité-justice que renferme la Maât.

L'opposé de Maât est isfet. Isfet et ses adeptes doivent être vaincus à tout prix, y compris par des moyens violents s'il le faut en dernier recours. C'est cette conception de la pratique perpétuelle du bien qui explique pourquoi nous les Africains, sans avoir été absolument parfaits, avons été un des peuples les plus vertueux au monde dans les temps anciens. Absence de système esclavagiste, absence de génocide avant les influences étrangères, absence ou presque de famine, absence de sans domiciles, solidarité renforcée, des guerres faisant couler le minimum de sang possible, des rois aimés qui règnaient pour le bien de leurs peuples, hospitalité envers les étrangers. L'historienne et géographe Louise Marie Diop-Maes dira de la société africaine ancienne qu'elle fut « étonnement humaine ». Ceci dit le contexte dans lequel nous sommes aujourd'hui nous demande d'abord de vaincre Isfet.

Un homme Mursi d'Ethiopie portant la Plume de la Maât. La Maât se retrouve dans toute l'Afrique authentique sous plusieurs noms. D'après le savant camerounais Nkoth Bisseck, elle se dit Mbog (Bassa, Cameroun), Mbongi (Kikongo, Congos-Angola), Mbok (Wolof, Sénégal), Fokon'olo (Madagascar), Mboka (Lingala, Congos), Bok (Abomey, Bénin), Mvog (Ewondo, Cameroun), Fokh (Fang, Cameroun-Gabon-Guinée Equ.), Woko (Banyarwanda, Rwanda), Wiko (Copte, Egypte), Wogo (Shilluk, Sud Soudan), Wooko (Pular, Afrique de l'ouest et Centrale), Mogho (Mossi, Burkina Faso), Dugu (Bambara, Mali), Dhuughaa (Somali), Hoggo (Dogon, Mali), Mpow (Akan, Afrique de l'ouest), Mogho (Soninké, Afrique de l'ouest), Hougan (Haiti), etc…

La vie de chaque Africain doit être dédiée à faire la Maât. Et c'est lorsqu'on meurt qu'on doit prouver qu'on a appliqué Maât en passant le jugement dernier. A la mort, le corps périt, l'énergie indestructible gagne l'éternité (vie éternelle) et l'esprit/âme qui est comptable des actes qu'on a commis doit être jugé par Ousiré (Osiris). Ousiré préside le tribunal du jugement dernier dans la salle dite des deux Maât, accompagné de sa sœur-femme Aïssata (Isis) et de leur sœur Nabintou (Nephtys). Ousiré, en tant que premier Être à avoir connu le cycle de l'existence (vie-mort- justification-résurrection) est apte à déterminer qui a obéit aux lois divines.

Planche III du livre des formules efficaces pour la fusion dans la lumière divine (plus connu sous le nom de livre des morts des anciens égyptiens). On y voit le défunt et sa femme (vêtus de blanc) qui passent l'épreuve du jugement divin. Tout en haut on voit certains des 42 dieux de Maât. Inpou a une tête de chien, il est en train d'armer la balance avec la plume d'un côté et le coeur de l'autre. Djehouty a une tête d'Ibis. Le corps d'Amout est fait de 3 animaux. Le Défunt est introduit dans la salle des deux Maât par Horo (Horus). Son cœur où siège son Bâ (âme) est déposé dans une balance par Inpou (Anubis). Le cœur doit être aussi léger que la plume de Maât de l'autre côté. Djehouty (Thot) transcrit le jugement du défunt. Le coeur doit doit être léger et les 42 commandements doivent avoir été appliqués. Si l'issue du jugement dernier est positive, le défunt sera justifié par Ousiré et son âme sera transmise à un nouveau-né (résurrection/réincarnation). Les vivants entreront en contact avec Dieu à travers son énergie éternelle. Il devient ainsi un ancêtre méritant. Dans le cas contraire Amout (divinité crocodile-léopard-hippopotame) dévorera le cœur qui servira de nourriture aux 42 dieux de la Maât.

Osiris), celui qui est né, mort, justifié et ressuscité pour la première fois. Il est sur son trône, présidant le tribunal des morts pour juger les défunts

Face à Osiris et ses sœurs, le défunt doit prononcer ces paroles : Je te connais et je connais ton nom

Je connais le nom de ces 42 dieux qui vivent de la garde des péchés Et s'abreuvent deleur sang

Le jour de l'évaluation des qualités devant (l'éternellement bon/Osiris)Je t'ai apporté ce qui est équitable

J'ai chassé pour toi l'iniquité

Je n'ai pas commis l'iniquité (le péché) contre les hommes Je n'ai pas maltraité les gens

Je n'ai pas commis de péchés dans la place de la Vérité (le temple)

Je n'ai pas cherché (à connaître) ce qui n'est pas à connaitre ; je ne suis pas mêlé desaffaires d'autrui

Je n'ai pas fait de mal

Je n'ai pas commencé ma journée (de travail en recevant une commission de la part desgens qui devaient travailler sous mon œil

je n'ai pas été corrompu ; et mon nom n'est pas parvenu aux fonctions d'un chef detravailleurs)

Je n'ai pas privé un artisan de ses biens

Je n'ai pas fait ce qui est abominable aux dieuxJe n'ai pas fait pleurer

Je n'ai pas tué

Je n'ai pas ordonné de tuer

Je n'ai fait de peine à personne

Je n'ai pas amoindri les offrandes alimentaires dans les templesJe n'ai pas blasphémé les dieux primordiaux

Je n'ai pas volé les galettes des bienheureuxJe n'ai pas été pédéraste (homosexualité)

Je n'ai pas forniqué (sexe avec une personne mariée) Je n'ai pas retranché au boisseau (volé du blé)

Je n'ai pas falsifié de comptes

Je n'ai pas triché sur les terrains

Je n'ai pas ajouté au poids de la balance Je n'ai pas faussé le peson de la balance

Je n'ai pas ôté le lait de la bouche des petits enfants Je n'ai pas privé le petit bétail de ses herbages

Je n'ai pas piégé d'oiseaux dans des roselières des dieux Je n'ai pas péché de poissons de leurs lagunes

Je n'ai pas retenu l'eau dans sa saison

Je n'ai pas opposé une digue à une eau courante Je n'ai pas éteint un feu dans son ardeur

Je n'ai pas omis les jours des offrandes de viandes

Je n'ai pas détourné le bétail du repas (offrande) du dieu

Je ne me suis pas opposé à
un dieu dans ses sorties en
procession Je suis pur, je suis
pur, je suis pur, je suis pur

Il ne m'arrivera pas de mal en ce pays car je connais
le nom de ces dieux qui s'y trouvent Je n'ai pas
blasphémé Dieu

Je n'ai pas agi avec violence

Je n'ai pas été de mauvaise humeur

Je n'ai pas été sourd aux paroles de vérité Je n'ai pas été bavard

Je n'ai pas dit de mensonge

Je n'ai pas inspiré de craintesJe n'ai pas pollué les eaux

Je n'ai pas insulté le roiJe n'ai pas été hautain

Salut à vous qui êtes dans l'univers des deux Maât vous qui êtes exempts de mensonge Me voici venu à vous sans péchés, sans délits, sans vilenie, sans accusateur, sans quelqu'un contre qui j'ai sévit j'ai fait ce dont parle les dieux, ce dont se réjouissent les dieux

J'ai satisfait le Dieu par ce qu'il aime

J'ai donné le pain à l'affamé de l'eau à l'altéré des vêtements à celui qui était nu Unebarque à celui qui n'en avait pas. Alors sauvez moi, protégez moi, ne faites pas de rapport contre moi devant Dieu

Je suis pur de bouche, pur d'action, pur de pensé

1)   J'honore la vertu 2) je profite avec gratitude 3) je suis en paix 4) je respecte la propriété d'autrui 5) j'affirme que toute vie est sacrée 6) je donne des offrandes véritables 7) je vis dans la vérité 8) je regarde tous les autels avec respect 9) je parlas avec sérénité 10) je ne consommes que ma juste part 11) j'offres des messages de bonne intentions 12) je raconte dans la paix 13) je peux faire confiance 14) je me soucis de la terre 16) je gardes mon propre conseil 17) je parle de façon positive aux autres 18)je restes équilibré avec mes émotions 19) je suis confiant avec mes relation 20) je tiens en haute estime la pureté 21) je répands la joie 22) je fais du mieux que je peux 23) je communiques avec compassion 24) j'écoute les opinions opposées 25) je crées l'harmonie 26) j'invoque le rire 27) je suis ouvert à l'amour sous diverse formes 28) je suis indulgent 29) je suis peu 30) j'agis de manière respectueuse des autres 31) j'accepte

32) je suis ma guidance intérieure 33) je converse avec sensibilité 34) je fais le bien 35)je donnes des bénédictions 36) je gares les eaux pures 37) je parles avec bonne intension 38)je loue la Déesse et le Dieu 39) je suis humble 40) je réalises avec intégrité 41) j'avances à travers mes propres capacités 42) j'embrasse tout

LA TRADITION AFRICAINE

À tous ceux qui nous accusent d'insulter et de boycotter les cultures importées sans pour autant proposer une alternative, voilà ma réponse. Tout d'abord vous devez comprendre que chaque société, chaque nation bref chaque groupe d'hommes a ses réalités et de ces réalités découlent la notion de la culture. La culture qui en elle-même contient d'une façon ou d'une autre l'habitude des Hommes d'un espace géographique limité.

Le peuple noir ne fera point exception. Voyez-vous, moi je suis noir et africain jusqu'aux moelles des os, et mon peuple a connu des grandes civilisations qui ont rayonnées le monde, mes ancêtres ont vécus une histoire de plus de 100.000 ans seuls sur la planète toute entière sans qu'il n'y ait une autre créature d'une autre race (Même comme la science a démontré l'unicité de la race).

Ils avaient dans leur culture, la spiritualité sous différentes formes et même après l'apparition de l'homme blanc sur terre, ils ont partagés leurs civilisations sans violence et ils vécurent de façon harmonieuse avec d'autres peuples sans propagande expansionniste ni de guerre offensive. Pourquoi notre combat a beaucoup plus unpenchant sur les religions particulièrement ?

L'islam et le christianisme sont trop récents par rapport à

l'histoire de la culture africaine de façon générale et celle de sa spiritualité en particulier. Ces deux religions importées, en provenance de l'Orient et de l'Occident respectivement, nous ont fait subir injustement de ses maux et dont le cliché me hante et me dévore intérieurement même comme je n'ai pas la prétention d'une vengeance quelconque, je réclame néanmoins la dignité et l'équité entre mon peuple et d'autres peuples du monde.

Avec l'islam ou le christianisme, pas de cultures africaines, donc pas de la spiritualité africaine d'ailleurs ils ont commencés par saccager, bafouer et insulter nos valeurs ancestrales lorsqu'ils étaient arrivés en Afrique; Ils ont dit que nous sommes des sorciers, des maudits des animaux en un mot nous sommes des sous-hommes et d'ailleurs c'est ce qui leur poussa à nous réduire en esclavage et à la traite négrière pendant plus de 400 ans pour le christianisme et avec l'islam jusqu'à nos jours.

Oui ! L'esclavage arabo-musulman existe encore et je ne veux pas faire un commentaire dessus. Et par la suite un enchaînement avec l'impérialisme, après la colonisation et aujourd'hui le néo-colonialisme. Notons qu'entre la colonisation et le néocolonialisme il y a eu une phase appelée "La Phase post- indépendance «où il y avait eu des massacres des populations sous un sang vif, des hommes qui s'efforçaient à arracher leur indépendance non seulement politique, mais aussi économique et surtout culturelle. Alors avec cette pseudo-indépendance flattée et dépeinte par des pantins tels que les drapeaux, les hymnes et qui est basée sur le système colonial, n'a pas empêchée de s'étendre pour une dérive catastrophique qui va engendrer le néocolonialisme avec la complicité de quelques têtes d'esclaves de l'intérieur parfois appelé injustement" pères des indépendances».

Le système qui exploite l'homme noir tant physiquement que mentalement n'ont jamais changé son fond mais juste les stratégies qui changent et parfois des appellations. En outre, ce système va perdurer aussi longtemps que nous ne retrouvons pas nos vêtements de départ à nous (je veux dire nos cultures africaines).Il incombe donc à nous les africains (surtout la jeunesse), d'une réforme urgente de toutes nos organisations comme les sociétés, les administrations, les spirituelles qui seront enseignées dans l'école ancestrale, et qui sera basée sur la civilisation négro-égyptienne et celle du grand Empire du mali.

Je crois également qu'il est grand temps de restaurer à chaque peuple sa dignité et j'entends par dignité la culture. Ceci sera possible que lorsque chacun de ces peuples n'adviendra d'affronter tous les défis qui lui permettront de remettre en place sa valeur ou ses valeurs afin de se faire respecter par son prochain qui deviendra plus tard son partenaire d'égale valeur.

L'Asie est restée asiatique, l'Europe européenne mais l'Afrique n'est ni africaine, ni asiatique, ni européenne juste dans un traumatisme périlleux de tous les mélanges empoisonnés. L'exemple le plus net et claire à observer est celui de nos amis chinois, japonais, coréens avec qui nous avons subi la même colonisation, mais qui ont compris depuis l'utilité de la culture dans l'enjeu de la renaissance.

Aujourd'hui grâce à leur réforme basée sur leurs cultures respectives et aussi à la mondialisation de la science et de la technologie (non pas des cultures, encore moins la spiritualité car elles permettent de caractériser chaque peuple), ils ont rattrapé économiquement et industriellement leurs anciens bourreaux, leur faisant attendre une croissance et un développement très considérablement avancé, au point d'inculquer une peur effrayante à l'Occident leur ex-colonisateur.

Alors notre but n'est point d'effrayer personne, moins encore de nous venger des autres qui nous sont infligés les souffrances sous toutes ses différentes formes : tortures, génocides, guerres religieuses alors qu'elles ne sont pas les nôtres, esclavages, traites négrière et surtout la conversion forcée et obligée à leurs religions importées et l'acceptation de leurs cultures bon gré mal gré. Il y a aussi un côté très paradoxal mais qui est facilement explicable, c'est la richesse du sol et du sous- sol.

Les asiatiques et même les européens ont les sols et les sous-sols moins richesque nous, mais cependant les asiatiques financent les grandes structures des pays occidentaux, ils traitent un partenariat d'égal à égal en fixant cordialement les modalités de leurs échanges avec leurs ex-maîtres. Leur épanouissement ou du moins leur sortie du système impérialiste et sous la domination étrangère, a rapidement porté ses fruits en moins de temps après qu'ils ont eu à revaloriser leur système administratif et leur organisation sociétale avec leurs cultures, ils ont rendus saints leurs héros et combattants de la libération, ils ont rééduqué la masse ignorante, enseigner les valeurs du travail.

Nous aussi, en tant que jeunesse consciente, nous aspirons à cette dignité, en cette considération qui fera obligation aux autres peuples d'avoir un aperçu que nous sommes des humains dignes d'être respectés où que nous soyons, où que nous passons mais aussi où que nous vivons. Enfin, liserait anormal et insensé qu'un peuple non foireux ait plus de temps à siéger les temples des autres (mosquées et églises principalement) pour louer es ancêtres des autres, étudier les livres étrangers qui sont des écrits qui ne reflètent point ses coordonnées spatiale, temporelle et historique ou à valoriser et à enrichir les lieux dites saints des autres qui ne sont pas les leurs au lieu de redonner la valeur et le sens du travail à ses citoyens.

Le secteur où il faut le plus se focaliser est l'éducation qui tiendra compte des réalités de chaque société, et d'éducation qui aura chacune une base mais qui peut être coiffée par une hiérarchie qui jouera le rôle de notre "boîte noire", faisant naître en nous, le désir d'une vraie renaissance africaine pour arracher notre patrimoine culturel comme disait Cheick Anta Diop: « À formation égale, la vérité triomphe. Formez-vous, armez-vous de sciences jusqu'aux dents (...) et arrachez votre patrimoine culturel ». Honneur aux ancêtres et gloire à mãɲĩ ngan.

RELIGIONS, SECTES ET DESTIN DE L'AFRIQUE

Les sectes et les religions sont les fers de lance de puissances expansionnistes, lesquelles finissent toujours par s'entendre aux dépens d'une Afrique abusée par leurs querelles de diversion, divisée et empêtrée dans les filets de leurs systèmes. Les Africains doivent savoir que le discours sur l'esprit ou sur Dieu est le lieu crucial où se joue leur destin.

Tout en restant ouvert au monde, ils doivent veiller à préserver l'intégrité de leur socio-culture et s'investir sans attendre dans leur propre quête de la Valeur qui est la condition de leur accès à l'excellence. La force des peuples conquérants réside d'abord dans la manière dont ils parviennent à imposer aux autres le sens, c'est-à-dire leur définition de ce qui vaut, de ce qui est bien, de ce qui est juste, vrai, beau, et qui, seul, mérite d'être. C'est cette capacité d'apposer le sceau dogmatique de la validité universelle de leurs normes et du discours qui les exprime, la facilité avec laquelle ils orientent leur signification selon leurs intérêts de circonstance, qui assurent leur victoire sur les autres, avant tout combat. Le savant africain Cheikh Anta Diop l'a compris: «L'impérialisme, comme chasseur de la préhistoire, tue d'abord spirituellement l'être avant de chercher à l'éliminer physiquement ».

Les sectes, comme les religions importées, représentent l'avant-garde des puissances expansionnistes en Afrique. Ces puissances se livrent depuis toujours une guerre pour la maîtrise de l'espace socioculturel planétaire, lequel ouvre la porte aux futures dominations politiques, économiques, technologiques, à ceux qui le contrôlent. La modalité première de cette guerre consiste en l'usage d mots fétiches comme secte qui, à l'instar d'autres, comme science, démocratie ou développement, ont valeur de verdict. Les promoteurs des systèmes idéologiques à vocation expansionniste affectentà ces termes la signification qui leur convient et qui ne réfère qu'accidentellement à leuracception canonique.

Toute organisation idéologique concurrente qui émerge est d'office qualifiée de secte et donc, condamnée à se justifier ou à abjurer. Autrefois, la disqualification par Rome du paganisme ou la chasse donnée par le Saint-Office à l'hérésie, n'avaient cure de savoir qu'étymologiquement, un païen (du latin, paganus, pagus : un pays) n'est que celui qui pratique la religion de son pays, ou qu'une hérésie (du grec hairésis) ne désigne que l'attitude de celui qui se fonde sur ses convictions personnelles, dûment établies, plutôt que sur des idées reçues.

Les Africains qui adhèrent à des organisations à caractère spirituel ou philosophique, d'origine occidentale ou orientale, différentes des églises judéo- chrétiennes ou islamiques dominantes, importées par la colonisation, sont mis à l'index par ces dernières. Ils se perdent en plaidoyers lexicologiques, juridiques, historiques et autres professions de foi pour se laver de l'accusation d'être de vilains sectateurs. Ils s'efforcent d'établir qu'ils sont d'honorables adeptes d'églises ou d'ordres philosophiques nobles, et attendent anxieusement d'être reconnus comme tels. Ils se laissent distraire comme ces victimes auxquelles les larrons font les poches pendant qu'elles sont fascinées par leurs complices.

Les anathématisées, comme leurs victimes, oublient que les commanditaires extérieurs qui les déterminent partagent fondamentalement une origine et des intérêts communs ; qu'ils finissent toujours par s'entendre sur le dos de l'Afrique. Ce fut le cas à Berlin (1884-1885), à Yalta (1945) et une fois la guerre terminée. Les chrétiens et les musulmans ont fini par s'entendre sur la conduite mutuelle à respecter ; ils se sont réparti les rôles et les régions dans leur chasse à la conversion de l'autochtone.

Les protestants et les catholiques ont depuis longtemps enterré la hache de guerre de positions qui les a opposés depuis les débuts de la colonisation par familles et par population sœurs africaines interposées, et qui ont laissé des cicatrices vives dans nos sociétés. Bientôt, les sectes et les religions vont fumer le calumet de la paix, et les victimes de tout ce cirque resteront les mêmes : les Africains naïfs, une fois de plus abusés, divisés, désorientés et plus que jamais pris dans les rets de la dépendance idéologique. Le destin des civilisations est l'enjeu de la quête du spirituel

Après 400 ans de traite des nègres et de colonisation, les

Africains semblent avoir perdu la capacité de voir le monde et la vérité, de penser par leurs propres moyens. Ils semblent avoir perdu toute confiance en eux et toute référence à leur propre système des valeurs e institutions. Ils ne savent pas qu'aucun peuple dans l'histoire, aucune nation, ne s'est réellement constituée à partir des canons et des pratiques définies et téléguidées de l'étranger.

Toutes les civilisations qui ont connu des heures de gloire sont passées par un moyen inévitable d'autodétermination socioculturelle qui procède par l'identification par soi-même du principe d'excellence et par sa mise en œuvre. La puissance et la pérennité de l'Egypte nègre sont imputables à sa connaissance et sa mise en œuvre de la Maât. La civilisation grecque repose fondamentalement sur la maîtrise du logos. La naissance de la modernité en Europe par sa quête médiévale du saint graal.

L'Inde doit beaucoup à Dhyana. Le Tao est l'essence de la culture chinoise originelle comme le Zen est celle de la civilisation du Japon. Des peuples frères, liés par l'espace et par l'histoire, n'ont pas hésité à choisir chacun leur interprétation personnelle d'une vision du monde et des valeurs qui leur sont pourtant fondamentalement communes : Israël est juif et son frère arabe est musulman. La France est la fille aînée de l'église catholique,

L'Angleterre est anglicane, l'Allemagne luthérienne, l'Amérique protestante, et la Russie orthodoxe. La guerre qu'ils se livrent, tout le long de l'histoire, pour le contrôle de la socioculturelle planétaire, a pris des noms aussi divers que les croisades, l'inquisition, le massacre de la Saint-Barthélemy, la chasse aux sorcières, l'évangélisation des peuples, l'inculturation de l'évangile ou la récente offensive contre les sectes.

Seule l'Afrique demeure le terrain de chasse libre pour les prosélytismes de tous bords et prétend syncrétiser tous ces systèmes sans n'en posséder aucun qui lui soit propre. Elle ne dispose plus de critères du bon choix, d'une lecture du monde sûre et partagée par ses enfants. Elle devient le jouet de tous ceux qui visent de contrôler son patrimoine et ses ressources et qui, pour ce faire, opposent ses enfants les uns aux autres, au gré des intérêts à courte vue et d'affiliations pseudo philosophiques, idéologique, politiques ou économiques. Cette situation que les sociologues qualifient d'anomalie la conduit, de guerres fratricides en braderie de ses ressources, à la perte de la maîtrise de son destin. Elle s'enfonce dans le marasme de la dépendance à tous égards.

Les Africains doivent comprendre que le discours sur Dieu, sur le spirituel, n'est pas un système réservé aux suppôts des puissances idéologiques étrangères, ni le privilège de pseudo philosophes en manque d'inspiration pour leurs gloses. Ce discours est le lieu crucial où se joue le destin d'une nation en tant que productrice de son histoire et contributrice à l'évolution de la création. Tout peuple qui renonce à pratiquerle culte de ses propres dieux abdique de ses droits de citoyen actif et souverain de l'Univers. Il mérite et subit les méfaits de ce manquement car l'Univers est impitoyable pour les impies, pour ceux qui déshonorent leurs ancêtres.

Les Africains doivent recentrer leur quête de la spiritualité et de la pensée. L'histoire montre que les institutions qui cherchent à étendre leur influence hors de leursociété d'origine et à conserver la direction de cette influence ont systématiquementdes visées qui débordent les beaux principes dont elles s'entourent. Elles constituent de véritables chevaux de Troie qui cachent, sous des apparences angéliques, la volonté hégémonistes et impérialiste de leurs pays commanditaires. Des enquêtes menées dans le monde nous révèlent chaque jour que des sectes et des religions ayant pignon sur rue se livrent à des activités occultes les moins avouables, tant sur les plans moraux, humains que sociaux, qui vont de la perversité organisée à la criminalité de sang, passant par la magouille politico financière et la sous-traitance occulte de la violence d'Etat.

Elles ont révélé que la secte d'origine japonaise Aum qui a défrayé la chronique aurait partie liée avec la Sokagakai et le pouvoir militaro-industriel japonais. On en sait beaucoup plus sur les implications de la secte Moon dans les affaires américaines, européennes et asiatiques. Si l'on croit tout savoir sur la montée des intégrismes musulmans, on entend beaucoup moins parler de l'activisme catholique, entretenu notamment par l'Opus Dei, sagard blanche. La liste est loin d'être exhaustive.

Toute organisation qui demande à des groupes d'hommes et de femmes dont elle ne constitue pas l'émanation naturelle de la suivre, dans ses dogmes, ses préceptes et prescriptions spirituelles, philosophiques, biologiques ou politiques, est une secte (du latin : suivre) au premier rang desquelles nous plaçons les églises importées établies. Elle est susceptible de poursuivre des objectifs conformes à des intérêts propres, aux dépens de ceux qu'elle séduit et aliène. Nos ancêtres ont dit : « Ne fais confiance qu'à ton fétiche que tu connais » et « Si le devin t'interdit le retour chez toi, c'est qu'il t'a caché ta mort ».

Gérard Galtier qui souligne l'importance de l'activité de la Rose-Croix Amorc en Afrique noire conclut son analyse fort documentée par ces propos : « Espérons pour les Africains qu'ils cessent d'être la proie des impérialismes de tous bords et, en ce qui concerne le domaine philosophique et spirituel, qu'ils apprennent à reconstruire d'authentiques religions africaines modernes, fondées sur l'antique tradition chamanique et animiste et s'exprimant dans les grandes langues véhiculaires africaines (…), seules aptes à préserver leur héritage conceptuel et symbolique, et à protéger leur environnement politique, économique et culturel ». Nous ne saurions trop insister sur la portée de cette exhortation.

Les Africains peuvent s'ouvrir à n'importe quelle religion ou cercle philosophique du monde. Le devoir d'en appréhender les enjeux réels peut même conduire à y adhérer. Mais, ils se doivent de préserver l'intégrité de leur espace mental et socioculturel dont dépend leur survie en tant que nation. Cela passe par un respect, une disponibilité et une loyauté sans faille vis-à-vis des institutions sacrées de leur propre tradition.

Ils doivent s'assurer en permanence que les institutions avec lesquelles ils traitent respectent les Africains dans leur choix et dans l'expression qu'ils estiment adéquate de leurs sentiments, de leur créativité dans tous les domaines ; qu'elles n'attentent pas au patrimoine symbolique et matériel africain ; qu'elles soient disposées à restituer celui qu'elles auraient indûment acquis et à contribuer à la réparation des torts infligés à leur peuple et à sa terre ; qu'elles limitent leur action à la pratique des préceptes admissibles qu'elles avancent comme raison de leur action, et que cette pratique est compatible avec les principes qui régissent l'ordre culturel africain.

Les Africains informés savent que dans ses principes, ses fins et ses modalités, leur spiritualité n'a rien à envier aux autres. Qu'elle ne leur doit rien et n'attend d'eux ni grâce, ni salut, ni libération, ni développement, ni une quelconque reconnaissance ou certificat et encore moins le droit de faire l'objet de cultes et de rites qui manifestent l'attachement du peuple à ses valeurs. Ils ne sollicitent par conséquent aucun compromis avec qui que ce soit. Ils n'acceptent plus les agressions idéologiques des puissances hégémonistes et qui, toujours, sont le prélude de leurs exactions socio-économiques et de la fin des institutions et valeurs de leurs victimes.

Les valeurs et les institutions spirituelles compatibles avec l'unité et la promotion des Africains seront d'abord africaines, par les principes auxquels elles souscriront, par leurs dirigeants, par l'ensemble des moyens symboliques et matériels qu'elles auront choisis pour arriver à leurs fins, à la fois spirituelles, morales, sociales et matérielles. Le débat entre les sectes, les religions et autres idéologies importées est une diversion pour les masses. Ils ne concernent en rien les Africains.

LE CONCEPT DE LA SORCELLERIE EN AFRIQUE MYTHES ET REALITES

Lorsqu'on parle de sorcellerie, tous les noirs ont une image qui leur vient à l'esprit, sans vraiment savoir véritablement ce que cela signifie. C'est pourquoi il est nécessaire d'éclaircir ces notions.

Lorsqu'on parle de sorcellerie, de sorciers, les gens s'imaginent en général quelque chose de compliqué, de mystique, de magique ou d'incompréhensible, ou encore des gens qui détiennent des pouvoirs ésotériques ou magiques qui ne servent uniquement que pour faire du mal, en particulier du mal à l'être humain.

Mais rappelons tout d'abord pour commencer, que les mots sorciers, ou sorcellerie, fétiche, féticheur, etc. Sont des mots qui viennent du vocabulaire occidental, et qui n'existent pas dans les langues africaines. Cela signifie que ce sont les occidentaux qui appelé des gens « sorciers », ou encore « féticheurs », etc.…

Mais en Afrique les gens qu'on appelle sorciers, etc. n'existent pas car il n'existe dans les langues africaines aucun mot qui définit véritablement la notion de sorcier comme cela est ordinairement compris par tout le monde. En d'autres termes les gens qu'on croit être des sorciers ou qu'on appelle communément des sorciers africains, n'existent pas. Rappelons que ce sont les peuples étrangers ainsi que leurs religions qui ont traité les noirs de « sorciers ». Ici un prêtre italien en mission au Kongo, qui détruit une case sacrée pour des raisons de « diablerie » ou de « sorcellerie ».

Or comme on l'a vu a plusieurs reprises ce sont tous ces rites africains que les religions importés ont plagié en copiant les pratiques ancestrales africaines. Avant de définir la sorcellerie, il faut savoir donc que puisque ce terme n'existe pas dans les langues africaines, si nous l'utilisons ici, c'est uniquement dans le but de nous faire comprendre de tout le monde.

Rappelons que pour nos ancêtres, le monde tel que nous le voyons, c'est-à-dire le monde matériel et physique n'est pas le seul monde qui existe, il existe aussi le monde spirituel divin avec le créateur, les ancêtres, les esprits, etc. Ces mondes (physique et spirituels) sont liés, connectés par des lois et des principes qui les unissent pour ne former qu'un seul monde dans lequel le physique et le spirituel sont liés. Ces lois et ces principes permettent au monde spirituel d'interagir sans cesse avec le monde physique et vice versa. Donc les êtres vivants ont des liens avec le monde physique (la nature, etc..) le monde spirituel (le créateur, les ancêtres, les esprits, etc.) L'initié est celui qui vadonc subir des épreuves (initiations) en lien avec les lois de la nature, le monde physique et le monde spirituel.

Durant son initiation, il découvre le savoir et apprend tout ce qu'il doit savoir sur le monde physique et sur le monde spirituel. L'initié connait donc les choses ainsi que les avantages et les inconvénients de tout ce qu'il apprend. Il connait donc le monde physique sous tous ses aspects (avantages et inconvénients des choses et des êtres, etc..), ainsi que le monde spirituel (ondes positives négatives, bons esprits ou mauvais esprits), les choses à faire, et les choses à ne pas faire, interdits, etc.....

L'initié reçoit la lumière de la connaissance par l'initiation. Mais tout initié connaitla Maât et se doit de s'y référer afin de poser des actes, sinon ses actes seront mauvais. Mais depuis la nuit des temps, nos anciens ont toujours pensé que le savoir (essentiellement reçu lors de l'initiation) pouvait être à la fois positif, constructeur, source de progrès et de bienfaits, et à la fois négatif, et destructeur, source de malheurs, lorsqu'on en fait mauvais usage (c'est-à-dire un usage contraire à la Maât).

C'est pourquoi tous les savoirs ou toutes les connaissances ne devaient pas tomber entre toutes les mains, ou dans les mains de n'importe qui, ou dans les mains de quelqu'un de mal intentionné (qui pourrait en faire mauvais usage). Pour cela, nos ancêtres, en transmettant les savoirs, veillaient toujours à conserver certains savoirs secrets, et veillaient à transmettre certains savoirs et certaines connaissances dans les mains des personnes qu'ils jugeaient appropriées. Ainsi avant d'initier quelqu'un a quelque chose nos ancêtres veillaient à vérifier si cette personne possédait une bonne moralité, était quelqu'un de sûr, etc.…

Maât est le fondement spirituel et philosophique de toute la civilisation noire. Lorsqu'on agit en fonction de Maât on est sur la bonne voie, lorsqu'on agit contrairement à ses lois on est sur la mauvaise voie

QU'EST CE QU'ON APPELLE LA SORCELLERIE ALORS ?

La sorcellerie, c'est donc l'utilisation des connaissances reçues lors de l'initiation (connaissances de la nature, connaissance des choses, et du monde physique et spirituel), a des fins qui ne servent pas les idéaux et les valeurs morales contenues dans le code des vertus cardinales de la Maât (Vérité, Justice, Ordre, Harmonie, Droiture, Rectitude, etc.…) cela signifie que si ces connaissances reçues lors de l'initiation peuvent être utilisées à des fins qui ne servent pas la Maât, ça signifie que ces connaissances sont aussi utilisables à des fins qui servent la Maât (donc a des fins qui servent à faire le bien).

Prenons par exemple le cas d'un guérisseur. Qu'est-ce qu'un guérisseur ? Eh bien c'est un médecin. Il soigne les gens. Il connait donc très bien le corps humain (physiquement et spirituellement). Il sait ce qu'l faut et faire et ce qu'il ne faut pas faire, pour guérir une personne de telle ou telle maladie. La Maât exige du guérisseur qu'il utilise ses connaissances qu'il a reçues lors de son initiation, pour soigner des gens et sauver des vies. Eh bien si le guérisseur est mauvais ou méchant, ou si il se fait corrompre par quelqu'un et décide de ne plus suivre la Maât (c'est-à-dire utiliser ses connaissances pour guérir une personne), il peut utiliser ses connaissances pour faire du Mal (physiquement ou spirituellement) à quelqu'un ou le tuer (c'est-à-dire aller contre la Maât). Et là, cet acte qu'il vient poser deviendra ce qu'on appelle de la sorcellerie, puisqu'il aura nui à la vie d'une personne.

Qui sont les gens qui sont appelés « sorciers » en fait ? Ce que les gens appellent à tort des sorciers en les diabolisant, c'est en fait tous ces initiés (guérisseurs, etc.,) qui détiennent ces connaissances qui pourraient leur permettre d'influer positivement ou négativement sur les choses ou sur les êtres (humains, animaux, etc.) qui font partie de la nature. Puisque ces initiés tirent leurs connaissances des lois de la nature, etc.... Cela signifie que l'utilisation de leurs connaissances (a des fins positives ou négatives) ne défie pas véritablement les lois de la nature comme beaucoup de gens le pensent. Voilà pourquoi ces gens arrivent à agir et à faire des trucs qui surprennent les gens !!

GUERRISSEUR

Le guérisseur en Afrique exécute un rite qui lui permet de purifier l'espace et l'horizon avec l'objet qui sert à chasser les mauvais esprits (objet que les occidentaux appellent a tort « chasse mouche ») Dans l'Afrique actuelle, c'est à dire l'Afrique colonisée et l'Afrique des religions importées, ce sont ces types de personnes qui sont appelés « sorciers »

Mais qui dit souvent que ce que ces gens font est « magique » et défie les lois de la nature ? Eh ben ce sont ceux qui les appellent des sorciers, c'est-à-dire les occidentaux. Cela montre qu'en fait les occidentaux (qui pensent et qui ont toujours pensé connaitre les lois de la nature) ne connaissent pas véritablement les lois de la nature, ou n'ont pas véritablement percé les secrets de la nature. Voilà pourquoi quand ils voient des gens qui utilisent leurs connaissances pour faire des choses qu'ils qualifient eux-mêmes de « choses extraordinaires » ils disent que ces choses dépassent les lois de la nature, alors que pour celui qui fait ces choses (c'est-à-dire l'initié qui détient cette connaissance) ce sont des choses qui sont tout à fait possibles à faire compte tenu des possibilités et des principes (physiques et spirituels) existant dans la nature.

Pour nos ancêtres le mode d'accès aux choses c'est la connaissance. Et qui parle connaissance parle aussi de science dans un certain sens. Ce qu'on appelle la sorcellerie, ça relève donc d'une science, et d'une connaissance très poussée des choses et des êtres qui sont dans la nature, au point où il est possible pour celui qui connait les choses, d'influer positivement (ou négativement dans le cadre de la sorcellerie) sur elles. Comme toute science, elle (c'est-à-dire la sorcellerie) a donc des postulats. Et des voies et moyens pour opérer. Ça signifie que celui qui veut influer négativement sur quelqu'un a besoin d'avoir certaines informations, certaines connaissances de la personne ou de la chose sur laquelle il veut influer (positivement ou négativement) afin de pouvoir poser son acte.

Voilà pourquoi ceux qui sont appelés des sorciers demandent toujours des informations a ceux qui viennent les voir pour leur demander ceci ou cela, ou encore de leur rapporter ceci ou cela, afin qu'ils puissent faire les choses. Autrement dit celui qu'on appelle communément un sorcier, ne peut pas influer sur quelqu'un qu'il ne connait pas ou sur quelque chose dont il ne possède aucune information.

Tout cela signifie que du point de vue de la pensée africaine, n'y a pas de sorciers ni de sorcellerie en réalité car tout dépend de l'utilisation (bonne ou mauvaise) que les gens font des connaissances qu'ils ont reçu. Mais pour que l'utilisation des connaissances soit bonne, il faut la Maât. On comprend pourquoi nos ancêtres, depuis l'antiquité ont beaucoup insisté sur la place de la Maât dans tous les actes qu'on pose. Les sorciers au sens où on le comprend (c'est-à-dire des gens qui nuit jour passent le temps à faire du mal), ça n'existe donc pas. Ce qui existe, c'est des gens bien intentionnés ou mal intentionnés comme cela a toujours existé depuis la nuit des temps

!!! Tout est donc une question de bonnes intentions, de Maât (vérité justice, ordre harmonie, etc..) ou de mauvaises intentions, de Isefet (Désordre, chaos, troubles, mauvaises voies etc.) Honneur aux ancêtres

NKAM NSE MIDI NSE TIP NSE

Apres un long entretien avec une des gardiennes de la spiritualité bamiléké que j'ai nommé la prêtresse miɲi nse Nitcheu Djonkam Veroline qui m'instruit les relais par excellence comme moyen de communication avec nse Il y a des choses dans la vie qu'on ne peut quantifier, ni mesurer, ni déterminer leur position exact.

Il est bien beau et curieux de savoir qui sont ceux-là qui viennent au monde avec quatre yeux (des génies). Ceux-là qui ont un don à pouvoir, voir et faire ce que les autres ne peuvent pas. Sachons que tout être humain a un don, et une mission dès sa sortie dans le cercle de la vie (vagin) : sa venue au monde. Nous venons tous de la même manière mais grandissons selon le désir de Nse, qui a tout planifié de notre vie. Tout ce que nous faisons est un mystère pour l'autre mais faisons le bien et cultivons en nous le sens de la vertu et de l'harmonie de notre corps avec notre esprit.

Etre Nkam Nse ou Tip Nse est l'art de la maitrise de la communication avec notre moi intérieur, notre être véritable car nous sommes matière et esprit. L'esprit nous renvoie dans l'univers spirituel, ce monde où nous sommes en contact direct avec la nature, les quatre éléments à savoir le feu, l'air, l'eau, et la terre ,qui sont des supports de communication avec nos ancêtres, quelques soient la génération, s'ils se présentent devant nous, ils nous montreront la voie , car c'est pas nous qui jouons aux jeux hasards pour déterminer de quoi nous souffrons, car tout le monde marche avec Nse, et c'est Nse qui nous garde, et à ce niveau nous pouvez déterminer qui sont les vrais ou faux prêtres ou prêtresses. Les ancêtres ne se présentent qu'à leurs envoyés, et à travers eux ils peuvent nous révéler l'histoire de notre ligné ou de la concession, les origines et comment résoudre ces problèmes qui ont entraîné un fétiche ou une malédiction, chose qui n'est pas à la portée des faux envoyés (usurpateurs).

La différence première qui existe entre ces envoyés de Dieu est que les tîp nse sont initiés par les ancêtres eux même et les nkam nse et niŋi Nse sont initiés par un père et mère spirituel du Choix des ancêtres. Le tip nse commence sa mission dès la naissance je dirais même dès sa conception par contre les autres nkam nse, miŋi nse commencent leur mission au moment où les ancêtres ont décidé et les choisissent pour une mission bien précis selon les règles de la spiritualité établies, ceci en restant toujours en éveil jusqu'aux jours où ses élus violent l'ordre établi par la divinité. En bref, si vous ne mangez pas une nourriture, vous ne saurez jamais quel goût elle a. Vous ne déterminerez les faux élus que si et seulement si vous avez franchi le seuil de la pensée suprême

LES SEPT DIFFERENCES ENTRE LA RELIGION ET LA SPIRITUALITE

Beaucoup de gens confondent la religion et la spiritualité ou certains phénomènes mystérieux et surnaturels. Certains pourraient même la comparer à une secte, mais cela est dû à un manque de connaissances et à la peur d'être manipulé. Si nous nous engageons à faire abstraction de nos appréhensions pour essayer d'étudier et de comprendre le sens même de la spiritualité, nous arrivons à une prise de conscience et à la conclusion qu'elle n'a rien de mystérieux ni de surnaturel, et qu'elle n'est en aucun cas liée à une secte.

1-LA RELIGION VOUS FAIT VOUS INCLINER LA SPIRITUALITE VOUS LIBERE

La religion vous dit de suivre une idéologie et d'obéir à certaines règles car sinon vous allez être puni.

La spiritualité vous permet de suivre votre cœur et de sentir ce qui est juste pour vous. Elle vous libère de façon à exprimer votre vraie nature sans devoir vous incliner à tout ce qui ne s'aligne pas avec vous. Il vous a été donné de choisir ce qui peut être honoré afin de le rendre divin.

2-LA RELIGION VOUS MONTRE LA PEUR, LA SPIRITUALITE VOUS MONTRE COMMENT ETRE COURAGEUX

La religion vous dit ce qu'il faut craindre et vous montre les conséquences. La spiritualité vous fait prendre conscience des conséquences, mais ne veut pas que vous vous concentriez sur la peur. Elle vous montre comment vous positionner malgré la peur, et comment continuer à faire ce que vous sentez être juste, malgré les conséquences qui peuvent en découler. Elle vous montre l'acte fondé autour de l'amour et non de la peur, et ainsi comment contrôler la peur, pour en tirer le meilleur.

3-LA RELIGION VOUS DIT LA VERITE, LA SPIRITUALITE VOUS PERMET DE LA DECOUVRIR

La religion vous dit ce qui est juste et ce en quoi il faut croire. L'immatérialité vous permet de le découvrir à votre propre rythme et selon vos aspirations.

La spiritualité vous permet de vous connecter avec votre Soi Supérieur et decomprendre avec votre propre esprit ce qu'est la vérité, car la vérité dans son ensemble ; est la même pour tous. Ainsi, elle vous permet de croire en votre propre vérité et àtravers votre propre perception et cœur

4-LA RELIGION SEPARE DES AUTRES RELIGIONS LE SPIRITUALITE LES UNIT

Il y a beaucoup de religions à l'échelle mondiale et toutes prêchent que leur histoire est le bon récit.

La spiritualité voit la vérité à travers toutes celles-ci et les unit, parce que la vérité est la même pour tous, malgré nos différences. Elle met l'accent sur la qualité du message divin que les religions partagent et non sur les différences de ses détailshistoriques.

5- LA RELIGION CREE UNE DEPENDANCE LA SPIRITUALITE VOUS REND INDEPENDANT

Vous n'êtes réellement religieux que si vous assistez à des événements religieux et alors seulement, vous êtes considéré comme quelqu'un qui est digne du bonheur.

La spiritualité vous montre que vous n'avez ni à dépendre ni à avoir besoin de quoi que soit pour être heureux. Le bonheur se trouve toujours au fond de nous-mêmes et nous sommes les seuls à être responsables de notre bonheur. Nous sommes toujours là où nous devons être, au-delà d'assister à certains événements. La divinité se trouve en nous et c'est la raison pour laquelle nous sommes toujours dignes.

6- LA RELIGION MET LA REPRESSION EN PRATIQUE LA SPIRITUALITE MET LE KARMA EN PRATIQUE

La religion dit que si nous n'obéissons pas à certaines règles, il y a une punition qui nous attend.

La spiritualité nous permet de comprendre que toute action a une conséquence et de réaliser que la punition suite à nos actes sera la conséquence provenant des actes que nous mettons en pratique. Elle s'appuie uniquement sur les forces fondamentales de l'univers et vous n'avez pas besoin de croire à l'existence de cette force.

7- LA RELIGION VOUS FAIT SUIVRE LE PARCOURS D'UN AUTRE LA SPIRITUALITE VOUS PERMET DE CREER LE VOTRE

La fondation d'une religion est l'histoire qu'elle raconte au sujet d'un Prophète ou de plusieurs Dieux, leur voyage vers l'illumination et la vérité découverte en vous faisantsuivre leurs pas.

La spiritualité vous laisse faire votre propre voyage vers l'illumination et découvrir la vérité par vos propres moyens en suivant ce que votre cœur vous dit être vrai, parce que la vérité est toujours la même, peu importe la manière que vous utilisez pour y parvenir.

Chaque religion est arrivée par la spiritualité, par le voyage à travers lequel une personne est devenue Dieu ou Prophète. Les détails de l'histoire ne sont pas forcément importants, ils aident seulement le personnage à découvrir la vérité. Ce qui est important, c'est le message qui partage la vérité, « le code divin du cœur humain » qui résonne harmonieusement à travers chacun d'entre nous. C'est pourquoi chaque religion a aussi quelque chose de vrai, la vérité. Sauf que la religion est toujours utilisée pour manipuler."

CONTEXTE MORTUAIRE TRADITIONNEL CHEZ LES BAMILEKE UNE DISTINCTION DE L'AME ET DU CORPS

Dans la conception traditionnelle Bamiléké, l'âme représentée par le souffle est considérée comme le principe de vie et de pensée de l'homme. C'est pourquoi, à la naissance, lorsque le nouveau-né pousse son premier cri, on utilise l'expression « Nse æh jµhë bĩi » Dieu lui a donné le souffle, ce souffle symbolise à la fois la vie et l'âme qui l'accompagnera. Cette notion d'âme joue un grand rôle dans la croyance religieuse.

Avec le concept de vitalité, la mort devient moins mystérieuse. Cette présentation permet de revoir les éléments qui constituent cette notion d'âme. L'âme est donc le principe d'animation du corps, ce qui donne une définition fonctionnelle à ce corps. Il est cet ensemble matériel doté d'un principe de vie. Dès lors, la distinction de l'âme et du corps se pose comme une évidence, un fait indubitable, la source de toutes les fonctions corporelles et particulièrement de l'activité vitale.

LA CONSTRUCTION SOCIALE DU CORPS ET LES REPRESENTATIONS RELATIVES A LA MORT.

Il ressort de cette illustration que la mort de l'homme correspond à une séparation du corps en deux. Le corps matériel représenté par la chair et sa charpente osseuse «fühï» et le corps immatériel «Jμhë» esprit ou âme. Les étapes qui suivront la période du deuil vont s'inscrire dans la logique de rendre hommage à ces deux éléments:

Une première étape qui consiste à pleurer et inhumer le corps mort, «fühï» dépouille. Une deuxième étape plus complexe, consacrée aux rituels de l'esprit «Jμhë» en villégiature. La croyance en cette deuxième étape de vénération du corps est une particularité locale. Toutefois, il convient de mentionner que toute personne n'a pas accès à cette deuxième étape, soumise à une catégorisation du corps du défunt.la catégorisation du corps dans le contexte mortuaire.

Elle existe en trois étapes :

Une mauvaise mort «vrûə kœbon», qui s'accomplit lorsque la mort survient contrairement aux normes traditionnelles de temps (âge), de lieu et de manière. C'est celle que la conscience humaine réprouve (accident, suicide, etc.).

Une bonne mort « vrûə mœbôn » mort sur le lit. C'est celle qui est considéré comme bonne mort. Une disparition naturelle établie selon les normes de la tradition.

Le cas d'une personne âgée morte après avoir accompli sa mission sur terre : procréer, respecté et accompli les devoirs prescrits par la coutume. Elle aura droit à des funérailles grandioses, et aux rites de vénérations. Traduire une analyse du corps dans le monde de l'invisible n'est pas évident. Que se passe-t-il quand une personne meurt ? Comment se préparent ses obsèques et ses funérailles chez les Bamiléké ?

LE CORPS, DE LA MORT A L'ENTERREMENT

Le phénomène de la mort est une des choses les plus importantes dans la société Bamiléké. De la mort à l'enterrement il y a tout un rituel à respecter. La première chose à faire est de prendre un coq pour aller demander au devin si la personne mérite d'avoir une sépulture. C'est le devoir du chef de famille.

a) les rituels du corps avant l'enterrement.

Dans le cas de la mort d'un adulte ou d'une vieille personne, des obsèques aux funérailles, ces deux sentiments antagonistes (joie et souffrance) se mêlent. Ce décès est considéré comme la fin d'une vie au vrai sens du terme, la conclusion d'une longue période de jouissance. Leur disparition est dite féconde, pour reprendre l'expression de l'ethnologue français Louis-Vincent Thomas selon laquelle: «... la disparition en Afrique noire fait partie de l'ordre des choses »

A cette occasion, des funérailles complètes et régulières sont organisées. A travers les manifestations diverses. Le corps est célébré par des pleurs, des veillées, et autres rites. Ces rites sont de plus en plus perceptibles chez les femmes qui doivent toujours justifier de leur innocence.

b) Les rituels funéraires à travers les manifestations corporellesOu Rites du veuvage

Dans la tradition Bamiléké, lorsqu'un homme meurt dans les conditions normales, ses femmes (s'il était polygame) doivent subir des épreuves. Il s'agit de justifier de son innocence par les rites corporels.

A cette occasion, elles sont emmenées à la rivière ». Dans la tenue d'Adam, elles rentrent alors successivement dans la rivière. Chacune des veuves place entre les jambes un morceau de bois ou une petite calebasse vide. Elles demeurent debout dans le sens du courant. Si l'objet est entraîné loin, la femme est justifiée. Dans le cascontraire, elle est sévèrement punie.

Dans le cas où c'est l'homme qui perd sa femme, les rites d'innocences ne sont pas nécessairement observés. Il n'est pas considéré comme responsable de sa mort, sauf s'il l'avoue. Quoiqu'il en soit, la période de deuil est toujours plus longue lorsqu'il s'agit d'une femme.

3/ PRATIQUES CORPORELLES ET RITUELS D'ENTERREMENT

D'une manière générale l'inhumation est un devoir envers les morts. Dans la société Bamiléké, c'est la phase importante du rituel funéraire. Elle est complexe et ressort quatre points : l'importance des rituels d'Inhumation du corps organisé chaque soir par les sociétés secrètes et les sociétés de danses. La toilette funèbre, le cercueil et l'espace d'inhumation.

4/ PRATIQUES CORPORELLES ET RITUELS APRES L'ENTERREMENT

La transformation du corps et la notion de corps-esprit

Cela dit, les conceptions mortuaires sont extrêmement complexes et variées. L'anthropologue africaniste Louis-Vincent Thomas a consacré toute son œuvre abondante à ce seul sujet. Selon lui, pour la majorité des africains, la mort ne semble pas constituer « La négation de la vie, mais plutôt une mutation. » Attachons-nous à l'évidence d'un monde particulier et complexe où le corps vénéré est invisible. Le corps en tant que matériel humain est confondu avec l'esprit invisible.

Ce qui permet d'appréhender l'hypothèse d'un ensemble d'interaction dans cet espace social. Dans la société traditionnelle Bamiléké, les morts ne sont pas vivants, certes, mais ils continuent d'exister sous la forme de forces spirituelles et sont en interaction avec les vivants. Nous vivons dans une société qui ne considère pas qu'il existe une frontière entre les mondes visibles (vivants) et invisibles (mort). L'un comme l'autre participent du monde réel. Le monde des Dieux (Nse), des « esprits – Jµhœ» et des « génies » est le corollaire du commun des mortels. Ce sont deux mondes distincts et concrets qui mettent en place une série de rapports entre défunts, vivants et ancêtres.

B) LA VENERATION DES MORTS

La mort devient un passage particulier, parce que le corps change à la fois d'état et de statut. De l'état corporel, il passe à l'état spirituel. La transformation qu'il subit correspond à une renaissance, d'où les différentes représentations, pratiques et vénérations inhabituelles.

Comme le précise Maɲī NGAN : « Les ancêtres ont un pouvoir particulier. Ils peuvent agir sur les vivants, pour le bien-être de leurs descendants, ou encore pour les punir s'ils ne respectent pas les coutumes ou transgressent, dans leur vie quotidienne, les traditions et les interdits. C'est ce qui explique la crainte du « Ndu <-> malédiction ».

» Pourtant, malgré ce passage au stade supérieur de la vie, la crainte de la mort ne disparaît pas chez les vivants. C'est la raison d'être du culte des ancêtres. En dehors de ces rites, la séparation entre le monde des vivants et celui des morts est nette : àchacun sa place. G.m Simo dit à ce sujet : « Pour entrer en communication avec les esprits des ancêtres, on vient régulièrement dans les cases sacrées pour demander la bénédiction, faire des offrandes et rendre hommage. »

C) LA VIE ANCESTRALE COMME MOYEN SOCIALD'ELEVATION DU CORPS

Tout d'abord, l'accès au statut d'ancêtre est soumis à certaines conditions. Sont exclus tous ceux qui, de leur vivant, n'ont pas pu parvenir à un certain degré de sagesse.C'est le cas des fous (bia), des adolescents non-initiés, des célibataires, des personnes qui décèdent de mauvaise mort. Et, surtout, il faut que le défunt soit installé comme ancêtre dans le lignage, ce qui suppose qu'il ait laissé un héritier, et qu'il ait de son vivant remplit ses obligations traditionnelles au regard des rituels et autres us et coutumes. Ces conditions semblent effectivement être généralisables, nous nous y intéresserons de manière plus différenciée par la suite. Si ces conditions étant réunies, le décès ne permet pas à lui seul de parvenir à la qualité d'ancêtre **FǓ NSE**

L'accès au statut ancestral exige, en plus, une consécration, bien souvent ritualisée, que nous détaillons dans nos travaux de recherches. Le processus de célébration du corps dans le contexte mortuaire traditionnel, revient à honorer le défunt. C'est un moyen de lui exprimer l'attachement qu'on lui portait de son vivant. Les différentes étapes qui constituent la matérialisation du corps correspondent au désir de se le concilier et, de se déculpabiliser à son endroit.

Les comportements des Bamiléké vis-à-vis de la mort semblent modifier de façon considérable les représentations du corps dans le contexte mortuaire. Par ailleurs, ces représentations participent activement à la reconnaissance du droit de légitimité du corps. Dans cette approche, ces représentations à travers les pratiques et les rituels spécifiques légitiment le temps qui permet à la famille du défunt d'exprimer son inquiétude, de verbaliser ses ressentis, de recréer dans un espace précis une nouvelle relation avec le disparu.

La construction d'un espace et d'un statut social pour le corps dans le contexte mortuaire interroge la place des défunts dans les représentations collectives. Pour le sociologue Jean-Didier Urbain, « Un mort sans lieu est un mort errant, un mort qui est nulle part et partout. » Le statut d'ancêtre et les rites qui leurs sont consacrés pose bien le problème de l'espace social des cases sacrées qui deviennent des espaces privés familiales.

C'est donc toute la problématique de la société Bamiléké à travers le contexte mortuaire qui se détermine dans l'édification des pratiques et des rites d'exhumations. Et comme nous allons le montrer dans la suite, les rites mortuaires constituent des cérémonies pleines de symboles. A travers elles, les Bamiléké manifestent leurs façons de considérer l'autre existence.

RITE FUNERAIRE

Il existe 300 ethnies au Cameroun. Les Bamilékés sont l'une d'entre elles, la plus grande du pays. La mort a une place très importante dans cette tribu. Comme dans beaucoup de tribus africaines, chez les Bamilékés, les vivants gardent des liens très étroits avec les morts. Ce sont des traditions ancrées dans la culture de l'ethnie. Pour eux, elles garantissent la cohésion, l'ordre social et même, la survie du groupe.

LE RITUEL FUNERAIRE CHEZ LES BAMILEKES

Les rituels funéraires sont pour les Bamilékés une façon de considérer l'existence d'un autre monde, celui des morts, qui interagit également sur le monde des vivants. Il est donc important de les conserver pour garantir le bien-être de la tribu.

Les funérailles sont un moment de convivialité où tout le village se déplace et rend hommage au défunt afin qu'il les protège une fois dans l'au-delà. Après plusieurs jours de veillée funèbre pour que l'âme du défunt puisse passer dans l'autre monde le plus rapidement possible, arrive l'étape de l'enterrement. Le corps est inhumé à proximité du village. Ensuite, en l'honneur du défunt, pour donner à son âme toutes les ondes positives possibles et pour chasser les mauvais esprits, les habitants dansent. Plusieurs troupes viennent costumées pour animer la journée de deuil.

Les proches sont vêtus de leurs tenues les plus festives. Des symboles sont obligatoirement présents pendant des funérailles, notamment des plumes de volaille et une véritable queue de cheval, qui montrent la bravoure du peuple Bamiléké.et ce rituel est aussi et surtout cette ouverture qui permet à la divinité d'anoblie l'esprit du défunt en ancêtre ou non

LA CONSERVATION DU CRANE

Quelques mois, voire années plus tard, les Bamilékés rouvrent la tombe du défunt pour déterrer son crâne. C'est via ce dernier que les vivants pourront ensuite entrer en contact avec lui. Ils passent également par des objets ayant longtemps appartenu au défunt car ils sont alors imprégnés de son essence spirituelle. Le crâne doit donc être récupéré puis déposé dans une calebasse en terre cuite. Il est ensuite induit d'huile de palme puis recouvert de feuilles issues de « l'arbre de paix. ». C'est une relique sacrée qui sera placée sous la surveillance de l'héritier légitime.

LA VENERATION DES MORTS

La mort n'est pas la négation de la vie, mais une simple mutation pour le peuple Bamilékés. Le corps se divise en deux, d'un côté la chair, le matériau qui va se désintégrer, de l'autre l'âme ou l'esprit qui restent éternellement. Le corps n'est donc plus matériel mais continue d'exister sous la forme de forces spirituelles qui interagissent avec les vivants. En effet, les ancêtres ont un pouvoir particulier.

Selon les Bamilékés, les morts sont les intermédiaires entre Dieu et les vivants. Ils peuvent donc influencer le monde divin et agir sur les vivants, pour le bien-être de leurs descendants, ou encore pour les punir s'ils ne respectent pas les coutumes ou transgressent, dans leur vie quotidienne, les traditions et les interdits.

LE STATUT « D'ANCETRES »

Contrairement à ce que l'on pourrait penser, tout le monde n'est pas un « ancêtre ».En effet, c'est un statut qui se mérite. Il faut atteindre un certain degré de sagesse durant sa vie pour avoir l'honneur de l'acquérir. Cela passe notamment par le respect des obligations traditionnelles et des coutumes des Bamilékés ou encore le fait d'avoir laissé un héritier. Ces conditions ne sont pas respectées par tout le monde. Par exemple, les fous, les célibataires ou encore les personnes qui décèdent d'une mauvaise mort (suicide, accident, etc.) sont exclus d'office. Ils n'auront donc jamais l'honneur de recevoir un culte …

POURQUOI ORGANISONS-NOUS LES FUNERAILLES?

La célébration des funérailles est l'occasion de déclarer éternels nos morts. Ces personnes décédées deviennent "Fusié" c'est-à-dire des personnes retournées à la terre d'où elles étaient venues. Comme le dit la Bible, "tu es né poussière et tu retourneras poussière".

Contrairement à ce que certains pensent, les Fusiés ont la fonction d'intersection auprès de Dieu exactement comme le font les Saints dans le catholicisme. Pendant les rites sur les crânes de nos proches, nous leur demandons d'intercéder pour nous. A ce niveau, moi, catholique fonctionnant dans une logique d'inculturation, me trouve plus cohérent avec ma spiritualité dans la mesure où je demande l'intersection à une personne qui me connaissait et qui m'était proche que de demander à un quelconque Saint que je n'ai jamais connu.

La catéchèse nous dit que les morts sont au purgatoire en attente du jugement dernier. Je trouve incohérent que l'institution de Rome nous canonise des personnes "Saints" alors qu'elles ne sont pas jugées. Le Pape François lui-même dit qu'il n'a pas les compétences de jugement. Qui demande donc aux Papes de juger de la sainteté des gens sur la base des témoignages humains alors que Dieu, le seul compétent, peut les déclarer coupables après? Je ne suis donc pas d'accord avec cette décision de Rome et je ne l'applique pas. Je reste convaincu que mon père ou ma grand-mère intercéderait mieux pour moi auprès de Dieu que Mère Theresa ou tout autre Saint.

Je parle directement et librement à mon père ou à ma grand-mère pour lui expliquer qu'il ou elle ne peut pas laisser éprouver le peu de rejeton qu'il ou elle a laissé sur terre et je pense que cela fait plus sens que de parler à un Saint qui recevrait au même moment des milliards de demande. Dans la coutume, ce dialogue se fait en versant de l'eau, en déposant le jujube ou l'arbre de paix ou encore en faisant un sacrifice mais, on n'est pas obligé. Le plus important, c'est de se décharger.

Si les morts sont au purgatoire dans l'attente du jugement qui les conduirait au paradis ou en enfer, de quoi se nourrissent-ils? La Bible ne répond pas à cette question. Nous, les Bamiléké, pensons qu'ils ont faim là où ils sont. La Bible nous dit que ce n'est qu'au paradis qu'on a la vie éternelle et qu'on ne sent plus la faim et la soif mais, elle ne nous dit pas ce qu'on fait en attendant d'entrer au paradis. Les Bamiléké pensent que les "morts ne sont pas morts" (elles sont au purgatoire). Où est le purgatoire? D'autres peuples africains pensent que les morts sont dans le vent qui souffle, l'eau qui coule, l'arbre qui grandit, etc. Nous pensons que les morts reviennent vivre dans un lieu de la concession que l'on déclare sacré (forêt sacrée). Certains signes naturels nous conduisent à ne plus déboiser ou débroussailler un lieu de la grande concession. En fait, la traduction française "forêt sacrée" ne correspond pas à l'expression dans nos huit langues. On parle normalement "d'espace de Dieu "nzœ'h Nse", lieu où habiterait les Fusié. Nous sommes dans l'ordre de la croyance et aucune science exacte ne nous permet à nos jours de déterminer la vérité.

Ce que je peux affirmer avec force du point de vue ethnolinguistique, c'est que Dieu, le seul en qui nous croyons tous, ne s'est pas manifesté uniquement chez les Juifs et/ou les Arabes. Dieu s'est manifesté à tous les peuples. Les Juifs ont eu l'avantage de l'écriture qui leur a permis d'écrire leur histoire (Ce n'est qu'au 16ème siècle que les Livres de la Bible ont été choisis parmi les œuvres de la littérature juive par des théologiens. Les désaccords sur les Livres dits "inspirés [de Dieu]" ont d'ailleurs expliqué les différences de Bible entre les églises chrétiennes. Cela veut dire qu'un projet de rédaction de la Bible n'a jamais existé et que les auteurs n'étaient pas forcément du même espace géographique et de la même époque. Il y a près de 16 siècles d'écart entre le premier et le dernier Livre écrit de la Bible. C'était une longue parenthèse.) Il faut rentrer dans la littérature orale pour retrouver les manifestations de Dieu. Et C'est ce que je fais.

Une étude ethnolinguistique des attributs de Dieu (omniprésence, omnipotence, omniscience) dans les huit langues Bamiléké montre que nos parents les attribuaient déjà à Dieu avant l'arrivée des colons. Ce ne sont pas les colons qui ont inventé nos langues; au contraire, ils les ont interdites. "Nse" signifie qu'il est là, présent. C'est l'omniprésence.

"Shabœ" signifie qu'il dépasse tout le monde. C'est l'omnipotence."Nganha Nap" signifie qu'il est le créateur. C'est omniscience. Mieux, "Nap" est le verbe "fabriquer" uniquement utilisé dans le contexte de la poterie. Et selon la littérature juive (Bible), c'est de la même façon que Dieu nous a fabriqués. J'invite tous les peuples à faire le même travail dans leurs cultures. Je suis persuadé que Dieu, le juste, s'est manifesté à tous les peuples et que des traces irréfutables existent dans les langues nationales. J'invite tout le monde à demander davantage l'intersection de nos proches morts que d'un Saint déclaré par les hommes et qui peut encore être jugé coupable par Dieu. Parlez à vos parents et grands-parents morts, "troublez leurs sommeils" et vous trouverez rapidement une solution à vos problèmes.

Aux non-croyants et à ceux qui dépensent 48 millions pour faire une évacuation sanitaire en vue d'aller prendre le paracétamol à Paris, je leur demande de me laisser tranquille dans la mesure où ce n'est pas un petit million que je dépense pour faire le "salaka" en hommage éternel à celui qui m'a donné la vie, qui va me tuer. Je trouve socialement injuste que l'on trouve normal que des centaines de millions soient dépensés par complexe pour aller mourir en Occident et anormal que je retourne simplement au village rendre éternel mes morts (dans mon cœur). Il est vrai que certains clochards d'amis qui succèdent à nos parents font de la chefferie un métier cupide. Mais, c'est une autre histoire liée au contexte général du pays où chacun broute même là où il n'est pas attaché...

LE SACRIFICE ET LA TRADITION BAMILEKE

Je me permets de dire ce que je pense du sacrifice. De

prime à bord le sacrifice peut se définir comme l'offrande faite en vue d'acquérir un support ou un bien. Le bamiléké ne fait pas de sacrifice humain et offrir la chair des animaux est différent de (verser le sang) en ce sens que le sang humain est considéré pour le bamiléké comme vecteur et porteur de l'AME. L'âme est tout ce qui lie l'homme spirituellement à son moi. Je tiens à préciser que le bamiléké n'étouffe pas l'animal lors des rituels coutumiersafférant aux sacrifices.

D'ailleurs, le bamiléké se donne la rigueur de ne sacrifier au lieu sacré que les boucs castrés pour la plus part de temps ou les coqs, ceci par ce que le Bamiléké est conscient qui ne faut pas bloquer la reproduction, certains diront même que le Baham ne vend pas la mère poule. Je ne veux en aucun cas pointer du doigt ici ces gens dits religieux qui passent le temps à boire le sang et à manger la chair, nul ne peut se Touiller pour tous dans la communauté bamiléké auquel cas ceci tombe dans les sacrifies sectaires, d'ailleurs chez les bamiléké et dans les famille encore sérieuse lors de l'élaboration du lien familial durant les réunions familiales, on dit << celui qui prend un enfant de cette famille pour résoudre ses problèmes dans le noir , donnera sa tête>> .

Il est donc très clair que l'offrande aux ancêtres ou à Dieu n'est pas sanguin mais est chair, pas chair humaine bien sûr. La question que quelqu'un m'a posée un jour était de savoir si la tradition bamiléké encourageait le sacrifice humain et comment un ami peut sacrifier une personne avec laquelle il n'a aucun lien de famille? J'ai eu de la peine à lui répondre par ce que l'imaginaire populaire croit que ce qu'on appelé FOMLA est sous la couverture de la tradition bamiléké , que non , je dis non et non , le fomla qui estune secte , il faut le dire au même titre que la franc maçonnerie , la rose croix , l'église catholique , les églises endormies ou réveillées , le fomla , n'est en aucun cas protège par la tradition bamiléké au contraire , la tradition bamiléké combat ces sectes avec la plus grande énergie et tout homme spirituellement équilibre doit combattre ces choses

. Ne confondons plus le sacrifice bamiléké qui est une offrande divine à des actes de sectes criminel

NOS SYMBOLES

Dans la plus part des langues africaines, les mots qui désignent le concept Symbole mettent en relief la fonction médiatrice. Le symbole est ce qui fait correspondre la réalité visible avec la réalité invisible, et accorde l'homme avec son destin. Le symbole est aussi ce qui fait correspondre l'homme avec sa réalité, sesorigines et le rend libre.

Le rôle du symbole est de servir à l'homme de médiateur pour maintenir le lien avec le fil, et il se rend compte que son corps est un champ de forces, et certainesportes de son corps lui permettent d'entrer en contact avec d'autres réalités : l'homme va donc utiliser son corps dans toutes ses dimensions, il l'utilisera comme matière, un peu à l'image des reliques, des éléments du corps sont prélevés pour servir de symbole dans les cultes traditionnels par des modifications superficielles ou profondes : le symbole dans leur initiation de la mort donc l'accès à la nouvelle vie.

1-SYMBOLIQUE DE LA CASE AU TOIT CONIQUECHEZ LES BAMILEKES.

Cette image symbolise les quatre éléments qui gouvernent l'univers : La façade principale représente l'eau qui symbolise la force de l'esprit de la croissance (humaine, matérielle...) La façade de gauche symbolise le feu qui illumine la tribu (la société humaine). La façade de droite symbolise l'air qui est l'élément qui maintient toutes les vies. La façade arrière symbolise la terre. (Le support par excellence de la mère nature symbole de Nse) cette structure représente une pyramide sacrée et son sommet est le gage de la croyance Bamiléké vers le très haut ; l'être suprême.et regroupé deux à deux symbolise l'art sacré de la fécondité détenu par la femme.

Toit de chaume sacré. Exclusivement réservé a des lieux publiques d'où la forme ronde ; de ce chef d'œuvre architectural ; qui symbolise chez les Bamilékés l'axe de l'unité, du dialogue et de la solidarité entre les peuples.

NB à la réalisation, de chacune de ces œuvres sacrées; il est important de préciser le niveau de l'implication obligatoire de toutes les forces actives de la communauté, qui doivent participer financièrement, moralement et matériellement. En outre, il faut appartenir à la catégorie des dignitaires de la couronne royale pour avoir le privilège de faire ériger un tel ouvrage chez soi.

2-L'HUILE ROUGE DANS NOTRE TRADITION.

L'huile rouge est un produit emblématique dans la tradition bamiléké. L'huile rouge, comme toute ressource vitale, a aussi une valeur considérable. C'est que la nourriture est un contrepoint majeur des relations sociales et des célébrations : à travers le don, le partage et l'échange, elle crée des liens entre les vivants et, au travers des rituels, des liens entre ces vivants et les âmes de leurs ancêtres. Pour plusieurs groupes, l'huile de palme est l'élément indispensable de nombreuses pratiques rituelles. Dans les chefferies Bamiléké, elle est utilisée, avec la poudre de djuhü, pour oindre le Fœh « roi » et préserver ainsi sa pureté. Dans la « tradition » Bamiléké, elle est présente dans les rites liés à la protection vitale et à la fécondité. On oint d'huile rouge le nouveau-né pour qu'il soit invisible aux yeux de créatures néfastes en quête de sang pur. Elle est mentionnée dans son rôle de protection contre la sorcellerie :

Elle est indispensable dans la cérémonie de rite de dissimulation du nombril de l'enfant dans le peuple du Ndé. Elle est aussi un élément essentiel de la dot : la belle famille en reçoit en général une « tine » (soit 20 litres), dont un litre est « traditionnellement » prélevé et remis aux ancêtres afin qu'ils participent à la bénédiction du mariage. La jeune fille sera ensuite embaumée d'huile rouge afin d'être féconde. Toujours chez les Bamilékés, l'huile est présente dans les rituels liés aux ancêtres. Lorsqu'on se recueille auprès d'eux, on en arrose leurs crânes, gardés dans une petite « case à crâne », pour qu'ils donnent leur bénédiction aux officiants. Si quelqu'un à un plus à ajouter qu'il le fasse car je sais que en dehors de quelques points qui sont cités il y en a encore et encore. Tout comme l'huile de palme, l'eau joue le même rôle mais plus dans l'apaisement et le vin blanc qui met la joie et la paix du corps et de l'esprit ?

3-SYMBOLISME DE LA CHEVRE

S'il existe un animal riche en symbolique c'est bien la chèvre. Comme pour la plupart de ses congénères cette symbolique est ambivalente. Ainsi, la chèvre peut tout aussi bien représenter le courage, l'agilité, la sobriété que l'insouciance, le mensonge, la perfidie, l'inconstance, la versatilité et l'infantilisme... La chèvre partage, dans une moindre mesure, la signification du bouc, en incarnant le démon. Elle vous confronte dans cette perspective à vos désirs souvent perçus comme coupables. Mais elle répond aussi à une symbolique positive et maternelle de nourrice, son lait étant consommé par l'homme. La corne de chèvre est également le symbole de la fécondité (corne d'abondance). La chèvre peut représenter l'amour de la liberté, l'obstination, la pureté et l'innocence.

La chèvre nous montre que travailler en groupe est souvent la façon la plus efficace pour résoudre un problème. Elle amène la paix et la tranquillité dans nos vies. Elle apprend comment être en harmonie avec ceux qui nous entourent. Une chèvre blanche met en avant votre franc parlé et votre nature spontanée, des vertus appréciées par ceux qui vous côtoient. Elle représente également la joie de vivre. Une chèvre noire présage qu'il est déconseillé de se laisser aller à ses pulsions, il vaut mieux réfléchir avant d'agir. Une chèvre sauvage signifie que vous êtes capable de vous en sortir de n'importe quelle situation grâce à sa force, sa combativité et son agilité. Tout comme la chèvre, la poule joue presque le même rôle : la vitalité.

4-QUELQUES DANSES TRADITIONNELLES

Chanter et danser vont partie de la vie intégrante du peuple Ndé. Et cette aire géoculturelle Bamiléké au Cameroun est couverte par près de trois dizaines d'aires musicaux qui rythment les sentiments, les émotions et les cérémonies au centre desquels se retrouvent des citoyens partagés en gros en treize principautés et villages. Sans ordre, citons ces danses qui animent les traditions, les joies et les peines du peuple Ndé.

1. Le KAM qui s'exécute surtout après un deuil chez les Bamena et les Bu'.

2. Le MEGHUM, très virile, d'origine Bandenkop?

3. Le NWEZEH', danse très royale pratiquée surtout par les Chefs et Rois pour montrer leur puissance.

4. Le NJONKA', qui serait importé de Batoufam?

5. Le MATSI, (d'origine Bandjoun?) Danse de classe d'âge et de rang social par excellence. Satire abondante. Expression orale stylisée. On le danse avec son égal.

6. Le KULA, souvent pratiqué par les Bazou et les Banoumga lors des mariages.

7. Le LALI (d'origine Mifi); Danse exprimant le service public pratiquée par les jeunes quand ils rentraient avec du bois de chauffage à la chefferie.

8. Le SHULA', danse peu ordinaire. Utiliser pour clôturer les funérailles des chefs et notables.

9. Le KESHO, danse fétiche Bangoulap.

10. Le LONBMBAH, danse Bazou et Banoumga, jouée avec un violon fait de fibres deraphia.

11. Le NGO' des Bahouoc semble avoir été à l'origine liée à la recherche des termites.

12. Le KEHKEH des Balengou est comparable au NZWENTEH de Bakong, danse desétourdis, et pourtant, son rythme n'a rien de sot! Plutôt charmant.

13. Le MEHTEH' danse de femmes commune à tout le Ndé, et au-delà.

14. Le NKWAH (aujourd'hui modernisé en Bend Skin), danse à l'origine très féminine réservée aux Reines.

15. Le KENAH et le NDANJI, d'origine Bamoun, sont très gérés par les Bangangté. Exemples d'emprunts très nationalisés.

16. Le NGU' est une danse de fin de guerre gagnée. Raison suffisante, sans doute, qui commanderait sa rareté aujourd'hui. Jadis, on l'exécutait en exhibant les trophées de guerre qui étaient les crânes des ennemis.

17. Le NGOH NGAH rappelle ce jour de semaine férié. Détente?

18. Le MANGA MBEU, danse de genre satirique dans les paroles, d'origine Bangangté, Bangoulap, Banoumga. Très populaire chez les jeunes.

19. Le NGO'OSO des Bamena, lié aux termites

comme le NGO'BWUH des Bahouoc.

20. Le MEKOMBU, de la famille de NDANDJI, inspirée par les Bamoun et célébrée par les Bangangté. Y a-t-il une relation entre cette danse et les Bamenkombu de Bouda ? Je dirai oui

21. Le NKU'GHAN est très Batchingou; de même que le BETUO. De là s'est rependu dans le Nde mais son origine et lointain

22. Le TSWEH KAN, danse initiatique dans les groupements Bamena, Batoufam, Bandenkop, Bangwa, Batcha. Concerne donc les jeunes initiés, exécutés pendant neuf semaines.

23. Le NGWA, danse virile très dansée par les Bandoumga.

24. Le MEHTU', le KEHBAMBU, le MBABELET semblent désigner une seule et même danse dont l'instrument principal est le LON NSAKWA fabriqué avec quatre cordes de bambou tendues sur deux ou trois caisses de résonnance en calebasse.

25. Le ƝWA'LAG à Bazou et à Balengou

26. Le NZOUH BIGOUP à Bazou qui tire ses origines du NZOUH à Batoufam

27. Le TCHITCHA ET Le LUG ƝAKA dansés à Bazou d'origine du Nkam via le nordmakombé

28. Le NKAIN danse initiatique des jumeaux de Bangwa et Bagam-Fokam d'origineBaleng

29. Le NWANG danse mystique des Maɲi nse dans tout le Nde

30. Le KŒKRA de Bazou via Bamboutos transité par le Haut Nkam et Nkam

31. Le TCHOUGO TOU à Bazou par Njeuta de mbœ zeh et de mbœ yanlon

32. Le DJELEBAN à Bazou par Ngoko

33. Le NGUEU' NGRA à Bazou Badoumga Bassamba

Voyez-vous, le peuple du Ndé gère assez de danses pour pouvoir satisfaire tous les goûts de ces hommes et femmes « ondoyants et divers ». Quelle richesse!!! Le saviez-vous? A vos plumes pour mieux présenter ces danses traditionnelles. A vos instruments pour mieux préserver ces musiques ancestrales tantôt exportées avec succès! A vos oreilles et à vos jambes et torses pour mieux écouter et danser ces rythmes à conserver pour les générations du Ndé présentes et à venir.

5- LA QUEUE DE CHEVAL; L'UN DES SYMBOLE CULTUREL CHEZ LES BAMILEKE.

La symbolique de la queue du cheval en pays Bamiléké est née vers le XVIe sièclea la suite des incursions punitives de la cavalerie guerrière peule, qui les ont notamment forcées à traverser le Noun. Les Peuls, fervents cavaliers, disposaient de chevaux, ce qui était très étranger aux Bamiléké, qui n'avaient jamais vu un animal transporter un homme et capable de courir à une vitesse déconcertante.

Le cheval était alors considéré comme un animal surnaturel dompté par des individus hors du commun, des extra-terrestres. Les guerriers Baleng n'avaient jamais eu le courage d'affronter ces cavaliers, car il s'agissait, selon eux, d'animaux et de personnes extraordinaires. Pourtant, un jour, un homme hardi, armé de courage du fait du massacre de sa famille par les cavaliers étrangers, se résolut à attaquer l'ennemi de front. Il était archer, et dans un guet-apens, il fit trébucher un cheval, tua le cavalier et coupa la queue de la bête. Quand il se rendit au palais, le Fœh n'en crut pas ses yeux : le courageux Baleng tenait en main la queue du cheval qu'il venait de couper.

Le Fœh organisa alors une grande fête pour célébrer la victoire sur l'ennemi, en brandissant la queue de cheval, comme un trophée. L'animal et le cavalier jadis considérés comme surnaturels pouvaient donc être vaincus ? La queue du cheval en était la preuve irréfutable ! Depuis lors, le pays Bamiléké décida de faire de la queue du cheval le symbole de victoire : victoire sur l'ennemi ; victoire sur le désespoir ; victoire sur la mort. Victoire sur la mort ? Oui, car les Bamiléké, tout comme tout descendant du Nil, ne détestent pas la mort. C'est une descendance qui pleure le disparu, puis fête et célèbre la victoire de la vie sur le trépas, y compris notamment à travers des funérailles commémoratives. Le symbole de la victoire est désormais brandi à toute occasion festive de triomphe : danses de sociétés secrètes, deuil, funérailles, etc. La queue de cheval a fait du chemin déjà, et entend rester dans la cosmogonie et la sociologie Bamiléké pour longtemps encore.

6-NOS LANGUES MATERNELLES

Parler sa langue maternelle est une voie par excellence pour faciliter la meilleure des transmissions qui est la transmission orale, mais l'écrire est encore mieux car à ce titre elle devient un véritable patrimoine culturel

7- NOS NOMS DE FAMILLE

Contrairement à ce que d'autres nous ont fait croire, les noms que chacun de nous porte sont chargés d'un certain degré d'énergies et émettent une certaine vibration qui nous permettent de nous rapprocher de la divinité tout en respectant l'ordre traditionnel établi via la Maât.

8-NOTRE CORPS ET NOTRE ESPRIT

Pour parvenir à rester toujours en connexion avec la force suprême qui estl'énergie vitale qui est en chacun de nous l'être humain se doit de fusionner son corps et son esprit pour atteindre les cinq niveaux de la pensée : à savoir :

1. Se connaitre soi-même.

2. Une prise de conscience véritable.

3. Une élévation de la pensé sur le plan horizontal à savoir être en relation avec soi-même, avec la nature, avec son prochain, avec les ancêtres.

4. Une élévation de la pensé sur le plan vertical à savoir être en contact direct avec l'être suprême qui est notre énergiecosmique,

5. éprouver.

L'homme par sa parole juste, sa pensée juste, ses actes justes est symbole de l'harmonie, de l'amour et de l'équilibre sociétal

9-LES ANIMAUX

L'éléphant symbolise le courage, la force d'une communauté et l'esprit du rassembleur. La panthère, la puissance et l'abnégation. La tortue et la mygale est le socle de la justice et de l'honnêteté. Le chimpanzé, a vivacité et la ruse. Le serpent la sagesse

10-LA PIERRE

La pierre quelle que soit sa forme et sa nature et son origine, symbolise l'unicité des forces de l'univers en présence, il en est de même pour une certaine plante produit de la mère nature.

En plus des symboles matériels, il existe ceux immatériels qui ont plus d'apport spirituel, et ces symboles sont représentatifs sur des tenues traditionnels appelés le zeh dop.

LE ZEH DOP

1. le cercle représente le cycle de la vie et de la réincarnation.

2. Les rayons du cercle matérialisent la barrière, le passage entre la vie sur la terre et la deuxième vie dans l'au-delà.

3. Les points à l'intérieur des secteurs de cercle représentent la vie, les vivants

4. Le vide à l'intérieur des secteurs cercle représente l'absence de vie, qui n'est pas nécessairement la mort. Ce sont des absent, nos ancêtres, car les morts ne sont pas mort. En passant, tous les morts ne sont pas les ancêtres…pour être ancêtre, il faut le mériter

5. Le losange représente la femme, symbole de la procréation et de la fécondité, génératrice de la vie …

6. Le fluide dans le losange représente le fluide de la

procréation, génératrice de la vie...

7. Le losange est entouré des points représentant de la vie. Autour du losange de la? Il n'y a que des vivants ? Pas de vide.

8. Les traits sinueux sur le tissu représentent les incertitudes de la vie.

9. Le centre représente l'être suprême appelé sī, nsī, sīē, nīnī, ndəm, mbōo, nshųàpų, etc.

10. La couleur blanche du tissu représente la pureté, et la couleur bleue l'eau, le nid, le nun, symbole de la vie terrestre.

L'ÊTRE DANS SA NATUTE VÉRITABLE POUR POUVOIR S'AUTODETERMINER

L'homme en tant qu'une entité se doit de réveiller en lui son être véritable loin des prétentions. Pour le faire il faut nouer avec sa tradition véritable et être en contact permanant avec son moi, son entourage, la nature et avec ses ancêtres. communiquer en tout temps et en tout lieu avec les forces de la nature qui sont un ensemble de manifestations liées à la matière et à l'esprit, qui symbolisent le créateur NSI : l'énergie vitale qui est en chaque être.

LE DÉVELOPPEMENT PERSONNEL

Connais-toi toi-même

LE CHOIX DE SA NATURE

L'être doit passer tout son temps dans les recherches du

plus haut degré du bien, quand on se met constamment en colère et qu'on passe tout son temps à cultiver la haine et la médisance en soi, on s'empoisonne soi-même tout le temps croyant faire du mal à l'autre.

Et pour le bonheur de l'être dans son moi intérieur pour atteindre un certain seuil d'équilibre, il faut déjà être en équilibre soi-même afin d'espérer.

- Quand le corps est agréable, on a la santé et quand le corps est trèsagréable, on atteint le plaisir

- Quand le mental est agréable, on reçoit la paix et quand le mental est trèsagréable, on ressent la joie

- Quand l'émotion est agréable, on ressent de l'amour et quand l'émotion est très agréable ; on a la compassion

- Quand l'énergie vitale est agréable, on éprouve la félicité et quand cette énergie est très agréable, on atteint l'extase

- Quand l'environnement est agréable, on a le succès

On ne réussit pas dans la vie parce qu'on travaille trop dur, mais il faut juste savoir bien utiliser son savoir et son intelligence pour mieux servir afin de ne pas trop dépenser ses énergies inutilement

Exemple d'un enfant qui tombe dans le puits et épuise tout ce qu'il avait comme force se sent obligé de crier au feu au feu et quand les sapeurs arrivent et après l'avoir sorti de là, on lui demande où est le feu il répondit : si j'avais crié au maman au maman personne ne serait venu ; quelle ingéniosité.

La vie des êtres soit en couple ou en société est semblable à une discussion interminable qui se pose entre ceux qui considère la lumière comme le bon sens et ceux qui prennent l'obscurité comme le mauvais et vis vers ça, il suffit juste de se placerdans le juste milieu pour régler les problèmes de la vie et tout marchera comme sur les roulettes car la vie est une ambiguïté pleine de différences.

COMMENT SAVOIR QUE LA PERSONNE AVEC QUI VOUS ETES EST LA BONNE PERSONNE POUR VOUS

Les besoins des êtres humains son entre autre : Sociologique, Psychologique, Mental Émotionnel. Le corps a besoin ·d'un compagnon mais pas l'âme, c'est grâce à notre implication que les choses merveilleuses viendront vers nous, c'est pour cette raison que c'est une absurdité de dire qu'on est fait l'un pour l'autre, car personne ne peut être comme vous si non c'est la catastrophe, il faut toujours aller vers ceux qui sont différents de nous si non nous ne pouvons pas nous connaitre nous-même.

LE MOI

Quand un être s'identifie par quelque chose même son intellect va fonctionner par rapport à cette chose-là. Quand la vie s'impose à nous, nous devenons notre propre maître, voilà pourquoi le isme est une arme de destruction massive de la Conscience.

LE BIEN ETRE

Le principe voudrait que chaque être se connaisse bien afin d'accéder à un certain niveau de son bienêtre, car quand on se sent heureux, on se sent bien même si on est malade. Être heureux c'est faire croître son énergie vitale, mais quand on atteint la dépression, on perd de l'énergie vitale, alors l'être a le devoir de se maintenir toujours dans son état de bien. Tout le monde a été heureux dans la vie, mais le plus difficile c'est de se maintenir à ce degré d'État du bien être si non la chute est catastrophique.

BASE DE LA SOUFRANCE HUMAINE

L'une des causes de la souffrance humaine c'est cette tendancieuse habitude de vouloir toujours connaître son avenir. Si un être sais déjà ce qu'il sera demain, il ne se gênerait plus de se réinventer encore moins de se mouvoir pour faire quelque chose de sa vie, de même si ce dernière sait qu'il est mortel alors là, il se trouve dans l'incapacité de faire une vie et aussi si un être sais qu'il est immortel alors là c'est la catastrophe, imaginons un peu le zèle qu'il aura comme guide et maître.

Ce n'est ni la pauvreté, ni la maladie encore moins les problèmes quotidiens d'un être qui sont la base de sa souffrance, mais c'est le fait que l'être en soi est à moitié en vie, car il a comme support son physique, son aura, son mental pour vivre et à cela cette vie à moitié reste pour lui une torture. La recherche de la plus grande partie de la vie est à venir pour se rendre pleinement vivant. Quand la vie est à moitié, seul le besoin, l'envie et surtout le plaisir restent le plat de résistance et en ce moment l'être soufre de tout et rien même de la mort avant qu'elle n'arrive.

Si on vit pleinement, on devient heureux et le plaisir s'évapore et disparaît.

L'INSOMNIE COMMENT LA RÉSOUDRE

On peut bien dormir sans le savoir, d'autres n'arrivent pas à bien dormir Parce qu'il y'a un manque en eux et pour bien dormir il fait être bien.

Les causes même de mal dormir sont Psychologique, Génétique, Cellulaire, Mental, Émotionnel.

Bien dormir est un plaisir, ceci amène l'être à être relaxé, à avoir un bon repos et surtout accélère la régénération de tout le système.

Certains parfois ne dorment pas bien juste parce que dans leur tête, ils ont peur de mourir, car dormir c'est aussi une forme de mourir. Quand la vie n'est pas bien organisée, même dormir est impossible.

COMMENT SURMONTER SA PEUR

Vous ne pouvez pas surmonter quelque chose qui n'existe pas. La question que je pose, est ce qu'en ce moment vous avez peur? Est qu'à chaque moment de votre vie vous avez peur? La réponse c'est non. Alors quand vous n'êtes pas dans la peur restez juste comme ça sans rien faire.

Pour créer de la peur, vous devez utilisée un trop plein d'imagination, pour ne pas être dans la peur, vous n'avez rien à faire.

La peur a lieu à cause d'une imagination excessive des choses qui ne sont pas arrivées ou écrites, voire ce qui va se produire dans votre mental sous des formes très différentes et très probablement ne se produiront jamais. Tout ce que vous avez craint probablement à plus 90% ne se sont jamais produit et ne se produiront jamais cela se trouve juste dans votre mental. Oui votre peur concerne tous ce qui n'existe pas, dont vous ne pouvez pas battre encore moins surmonter ce qui n'existe pas. Laissez juste tomber cet effort, après tout c'est votre création : comme un film d'horreur que vous produisez dans votre mental et que personne d'autre ne peut le voir. Dont produisezdes films d'amour et de comédie et essayez pour voir. Commencez à utiliser votre mental différemment car vous vous êtes habitué à créer des films d'horreur en permanence dans votre mental qui sont ennuyeux. Au moins en créant d'autres choses dans votre mental même si cela n'arrivera pas, vous êtes au moins dans la gaîté, car si vous n'êtes pas capable d'apprécier ce qui est dans le monde, vous apprécierez ce qui est gaie dans votre mental. Honneur aux ancêtres

LES QUATRE ELEMENTS

1- EAU

Elle représente les 72 % de l'univers alors il ,faut faire très attention de consommation de l'eau sans la laisser se décharger des énergies négatives transportéespendant son parcourt alors il faut toujours la laisser en repos pour un temps avant de la consommer pour éviter le risque d'intoxication et d'empoisonnement(masse) comme nos maman le faisaient traditionnellement en la laissant passer la nuit.

2- AIR

IL Représente les 6% de l'univers facteur négligeable. La bonne gestion de notre équilibre doit automatiquement passer par la gestion de la qualité et la quantité de l'air que l'être gère au quotidien.

3-   TERRE

Elle représente les 12 % de l'univers et est la cellule nourricière de la vie de l'être, le support par excellence pour rester bio avec l'adaptation de l'être dans la gestion alimentaire.

4-   FEU

Il représente les 10 % de l'univers et joue un rôle très régulateur. Sauf que le feu détruit plus les constituant pouvant mener à bien la conservation à l'état initial tout aliment à consommer avec l'équilibre de la température avec le corps de l'être.

Ces quatre éléments réunis donnent la vie, d'où le cinquième élément qui et la vitalité.

Table des matières

Made in the USA
Middletown, DE
14 July 2023